태초에 하나님이

태초에 하나님이

초판 1쇄 찍은 날 · 2007년 5월 21일 | 초판 1쇄 펴낸 날 · 2007년 5월 25일

지은이 · 배용찬 | **펴낸이** · 김승태

편집 · 이덕희, 최선혜, 방현주 | **디자인** · 이훈혜, 이은희, 정혜정
영업 · 변미영, 장완철, 김성환 | **물류** · 조용환, 엄인휘

등록번호 · 제2-1349호(1992. 3. 31.) | **펴낸 곳** · 예영커뮤니케이션
주소 · (110-616) 서울 광화문우체국 사서함 1661호 | **홈페이지** www.jeyoung.com
출판사업부 · T. (02)766-8931 F. (02)766-8934 e-mail: jeyoungedit@chol.com
출판유통사업부 · T. (02)766-7912 F. (02)766-8934 e-mail: jeyoung@chol.com
제작 예영 B&P · T. (02)2249-2506~7

copyright ⓒ 2007, 배용찬

ISBN 978-89-8350-432-6 (03230)

값 11,000원

태초에 하나님이

배 용 찬 지음

예영커뮤니케이션

글을 쓰면서

대학을 졸업한지 꼭 40년이 되는 2005년에 나는 작은 책 하나를 세상에 내놓았다. 책을 낸 것은 큰 호수에 물방울 하나가 일으킨 아주 작은 물결이겠으나 평생 동안 하나님을 모르고 살아왔던 나에게는 대단한 일일 수밖에 없었다.

하나님을 안다는 것은 실로 가당치 않은 일이다. 그것은 인간에게는 영원히 불가능한 일일지 모른다. 그렇지만 감히 '알고자 한다'는 의미는 무조건적 사랑으로 나를 만나 주신 하나님 앞에서의 나의 몸부림일 수밖에 없다. 누구에게나 공평하게 주어지는 그 엄청난 은혜를 많은 사람들이 알지 못하고 그냥 지나치는 것이 안타까웠고 나 혼자 알고 있기에는 너무 죄송스러웠다. 그래서 얼마 남지 않은 삶의 끝자락에서 서둘러 책을 내는 일을 시작하게 된 것이다.

지난 40년 동안 그분은 나를 별난 세상 속에서 살게 하셨다. 폐쇄된 광산현장에서 오랫동안 땅속을 들여다보게 하셨으며, 우연치 않은 기회가 주어져 세계를 두루 다니게 하셨다. 울창한 아마존 숲을 보고 찰스 다윈 선생의 진화론이라는 선견지명(?)에 감탄하였고, 남미 나즈카 평원과 마추피추 고대도시를 보고는 외계인간이 이루어 놓은 초 문명을 생각하였으며, 안데스 산맥을 넘어 티티카카 호수 앞에 섰을 때에는 내가 자연과학 분야에 몸담고 있음을 자랑스러워했었다.

세상의 어느 것 하나도 하나님의 손길이 닿지 않은 것이 없고 풀 한 포기, 벌레 한 마리 안에도 비밀스런 설계가 숨겨져 있다는 사실을 알고 난 후, 나는 그 하나님을 믿지 않으려야 믿지 않을 수 없게 되었다. 하나님이 나를 자연과학계—지구가 장구한 시간과 우연으로 진화해 왔다는 사실을 철저하게 믿는—에서 일하게 하신 것은 그들의 잘못됨과 거역을 철저히 익혀 후일 이들에게 하늘의 일을 전하라는 밀지를 주신 것이 아닌가 생각했다.

그래서 진화론으로 이루어진 자연과학을 익히게 하셨고, 철저하게 무신론적인 사상으로 무장하게 하셨으며, 과학이라는 학문을 조금이나마 익히게 하셨다. 세계를 두루 섭렵하면서 시야를 넓히라고 나에게 40년이라는 시간을 허락하셨을 것이다.

예수 믿는 사람들을 핍박하기 위하여 앞장섰던 사울이 예수를 만난 이후 바울이 된 것처럼 진화론을 앞세워 예수 믿는 사람들을 조롱하던 나는 꼼짝없이 바울과 같이 되어버린 것이다. 비록 광야는 아닐지라도 메마르고 척박한 세상살이 40년은 그래서 필요했던 것이 아닐까.

이제는 하나님의 신묘막측하신 섭리를 과학으로 풀어, 세상 사람들이 하늘의 신령한 소식을 접하는 데의 걸림돌을 치우는 일이 나에게 주어진 사명일 것이다. 지식이 부족하고 지혜가 따라주지 않았지만,

하나님은 나에게 끝까지 눈길을 떼지 않으시면서 손을 잡아 주셨다.

그 큰 깃발을 들고 나서기에 나는 너무나 작고 무지함을 잘 알고 있다. 다만 한 방울의 물이 큰 연못에 떨어져 흔적도 없이 사라질지라도 그 물방울들이 모여 빗방울이 되고 빗방울이 모여 시내를 그리고 큰 강을 이룰 수 있다는 바람으로 시작한 일이다.

이 책을 낼 수 있도록 끝없는 기도와 격려를 해 준 아들과 세 딸, 세 사위 그리고 그들의 정신적 지주이자 내 평생의 동반자인 윤영숙 권사에게 감사의 말을 전한다.

2007년 5월, 호주 멜본 서재에서

배 용 찬

그를 지켜본 사람들의 이야기 [1]

배용찬 장로를 처음 보았을 때 나는 두 가지 잘못된 생각을 가졌다. 스스로 '목사파' 임을 자처하면서 적극적으로 목사를 돕겠다는 그에게 세속적인 공명심을 느꼈던 것이 첫째였고, 하나님의 창조섭리를 과학으로만 설명하려는 그의 논지에 전적으로 공감할 수 없었던 것이 그 다음이었다.

내가 멜본한인교회에 부임한 후 처음 댁으로 심방했을 때 "나는 목사파입니다. 목사님이 특별한 잘못이 없는 한 목사님의 목회를 적극적으로 돕겠습니다."라는 말을 듣고 한편으로는 고마운 마음이 들기도 했지만 다른 한편으로는 목사를 이용하려는 저의가 있지 않나 하는 걱정도 생겼다.

그 후 장로님은 실제로 나의 목회를 매우 적극적으로 협력하셨고 때로는 부담이 될 정도로 일 욕심을 내면서 교회를 섬기셨다. 그 덕분에 배용찬 집사님은 '늦깎이 장로님' 이 되셨다.

한편 창조과학에 몰입하며 성경을 지나치게 문자적으로 해석하는 그의 논지를 온전히 받아들일 수 없어 다소 걱정을 했던 것도 사실이다. 영원하고 완전한 성경을 '피고인' 의 자리에 앉히고 한시적이고 불완전한 과학을 '판사' 의 자리에 앉히는 어리석음을 범할 수도 있다고 생각했기 때문이다.

그러나 이 책을 읽으면서 두 가지 우려가 모두 기우였음을 깨닫게 되었다. 목사를 적극적으로 돕는 일도, 교회 일을 열심히 감당하는 것도, 간증하고 책 쓰는 일도 모두 하나님께로부터 받은 큰 은혜를 갚을 길이 없어 쩔쩔매는 그의 '몸부림' 이었음을 알게 된 것이다.

그가 '하나님을 안다.' 라고 말할 때, 그것은 이론적 지식 이상의 앎일 것이다. 히브리어 '야다' 의 뜻이 그러하듯이 그는 이민생활의 고통과 좌절과 '불 시험' 을 통해서 아주 늦은 나이에 하나님을 인격적으로 만나고 체험하고 알게 되었다. 그의 삶과 사역은 하나님을 향한 살아 있는 믿음의 표현이었다. 그는 '목사파' 가 아니라 '하나님파' 라고 불려야 할 것이다.

하나님의 창조세계를 불완전한 과학의 관점에서 접근하고 있다는 것만 해도 그렇다. 그의 글을 읽으면 읽을수록, 초점이 창조과학 자체가 아니라 창조주 하나님에게 모아지고 있다는 사실을 깨닫게 된다. 이에 더하여 진화론의 허구를 폭로하는 데에는 과학만큼 위력적인 수단이 없을 것이라는 생각도 하게 되었다.

진화론을 떠받치고 있는 과학이라는 도구를 '진화론 깨기' 에 역으로 사용한다는 사실이 참 멋지고 통쾌했다. 과학이라는 우상에 사로잡힌 채 진화론에 세뇌되어 있는 현대인들에게 복음을 전하는 데에 창조과학은 매우 효과적이고 유익한 방법이 될 것이다. 불완전한 인간의 미숙한 방법을 통해서도 완전한 역사를 이루어 가시는 하나님, 그분이 바로 배용찬 장로의 하나님이며 우리 모두의 하나님이심을 믿는다.

주현신 목사
(호주 멜본한인교회 담임목사)

그를 지켜본 사람들의 이야기 [2]

한 교회에서 함께 신앙생활을 하면서 지켜본 배용찬 장로의 개인적 역사에서 참으로 많은 은혜를 받게 된다. 오랫동안 한없이 교만하여 세상이 크고 높은 줄 몰랐다는 주위 교우들의 촌평을 들으며 한 세월을 같이 보냈으니 그 시간이 짧지만은 않았다. 그런데 그토록 세상을 사랑하던 한 인간의 갑작스런 변화를 지켜보며 나는 하나님의 아름다운 간섭하심을 깨달을 수 있었다.

이 책에 쓰인 폭넓은 간증과 지식과 지혜가 단지 한 인간의 머리와 마음에서 스며나오는 것이 아니라 주님의 끝없는 사랑이라는 것을 믿음의 눈으로 바라볼 수 있게 하신 주님께 감사드린다.

이 책은 단순히 예수를 사랑하는 한 인간의 간증만이 아니다. 믿지 않던 자들도 이 책을 통해 보이지 않는 미래를 주님과 함께 설계할 수 있다는 독백이 담긴, 일종의 천국 복음서이다. 그리고 진정한 크리스천은 과거가 아닌 미래만을 바라보며 기억하고 살아가야 한다는 것을 깨닫게 해 준다.

같은 과학도의 눈으로 들여다 본 이 책은 단순히 과학도의 한계를 뛰어넘기에 충분하며, 하늘은 침노하는 자의 것임을 분명히 알게 해 주고 있다. 또한 명쾌하며 사려 깊은 그의 해박한 통찰력으로 독자들에게 쉽게 접근한다.

철저히 인본주의로 살았던 그의 과거를 통해 지금 주님은 그를 사용하고 계신다. 몸과 마음을 다해 사역한 후 그 분이 주실 미래 청사진을 비전으로 바라보는 배용찬 장로, 그는 이 시대의 사울이었고 작은 바울이 되어가고 있다.

이 글을 읽고 주님을 믿지 않는 많은 사람들이 주님께 돌아오는 놀라운 역사가 일어나기를 기대한다. 또한 주님을 믿는다고 하면서도 아직 세상의 모든 종교를 마음속 도서관에 간직하고 살아가는 우리 크리스천들에게도 주님의 놀라운 간섭이 일어나기를 고대한다.

이제 나도 배용찬 장로처럼 성실과 정직 속에서 아름답게 늙어갔으면 하는 바람이 생긴다. "주위에서 몰려오는 어떤 모함과 그로 인한 어떤 외로움 그리고 아무리 강한 세상의 유혹이 다가와도 내 주님이 원하시는 길이라면 기꺼이 모든 것을 버리고 남은 목숨을 주님을 위해 바치겠노라"는 그의 확고한 신앙고백은 차라리 거센 비바람에도 움직이지 않는 숭고한 한 그루 거목을 연상케 한다.

과거의 영광과 자아를 초개같이 버리고 주님과의 약속에 남은 삶을 바치고 있는 그에게 주님의 영광이 가득하기를 기원한다.

최운송 박사
(호주 국방성 국방과학연구소 연구원)

프롤로그

불 시험 | 이제는 생명까지입니까 |
세상 속으로 | 창세기에 매달리다

　　금년은 우리 부부가 결혼한 지 37주년이 되는 해이다. 지난 반평생을 함께 한 아내에게 나는 늘 빚진 사람으로 살면서 이런 사람을 배필로 정해주신 하나님에게 감사하고 있다. 그녀는 처음 만날 때부터 나를 예수님 앞으로 인도하기 위하여 준비해 주신 하나님의 은총이었다.

　　결혼 당시 우리 집은 기독교신앙의 불모지였다. 가난한 선비집안이었던 우리 가문은 아버지가 지방의 중견직 공무원자리밖에 오르지 못했으나 숙부가 중앙정부의 장관이 되는 바람에 명문거족으로 발돋움을 하게 되었다. 할아버지를 정점으로 하는 유교적 분위기 속에서 아내는 예수에 대한 말 한마디 꺼내지 못하고 숨을 죽이며 오랜 세월을 보냈다.

　　결혼 후 15년 째가 되던 해, 집안의 큰 기둥이었던 숙부가 폐암으로 병석에 눕게 되자 아내는 오랜 기도 끝에 이때를 복음의 씨를 뿌리는 계기로 삼고 나섰다. 당시 병 치료차 일본으로 가 계신 숙부에게 인편을 통하여 준비한 음식과 함께 간절한 전도의 편지를 은밀히 적어 보내곤 했다. 숙부만 예수 믿으면 온 집안을 바꿀 수 있다는 확신에 모든 것을 걸었던 것이다. 자신의 존재가 이때를 위함이라는 에스더의 각오였다.

　　치료를 마치고 귀국한 숙부는 달라진 모습이다. 몸은 비록 야위고 힘들어 보였으나 그 표정에는 전에 보지 못했던 평안함과 자신감이 넘쳐났다. 그 마음에 예수를 받아들인 것이다. 숙부는 임종 한 달 전 결국

한경직 목사님을 모시고 병석에서 세례를 받으신 후 그 자손들에게 모두 예수를 믿으라는 유언을 남기고 세상을 뜨셨다. 우리 집안에서는 천지개벽과 같은 엄청난 변화였으며 한 알의 겨자씨가 열매를 맺는 큰 사건이었다.

그 후 1년 동안 아내는 보름에 한 번 오는 삭망 때 그리고 소상(1년) 대상(3년) 때와 생전의 숙부 생신과 환갑날, 명절에 맞추어 한번도 거른 적이 없이 예배를 인도했다. 평생을 불교에 심취해 있던 숙모를 위시하여 고모, 일가친척 등 아무도 기독교에 대한 지식이 없었던 터라 예식은 먼저 함께 예배를 드린 후 아내를 제외한 나머지 사람들이 차려진 제사상에 다시 절을 하는 진풍경 예배가 되었다.

찬송가를 함께 불러줄 사람이 없어 어린 딸들을 데리고 가서 부르기도 했으며 설교를 할 수 없어 성경 66권에서 찾아낸 말씀을 읽어주면서 예배를 인도했다. 함께 했던 가족들이 그녀의 진지하고 성실한 모습을 보고 조금씩 감동하기 시작했고, 그렇게 시작한 작은 씨앗은 후일 온 집안이 하나님의 백성이 되는 놀라운 역사의 단초가 되었다.

그녀는 결혼 초부터 간절한 소망 하나를 가슴에 품고 있었다. 교회 울타리 안 목회자의 가정에서 성장한 아내는 비록 목회자와 결혼은 하지 못했지만 남편이 늦게나마 목회자가 되기를 간절히 소원하고 있었던 것이다. 그러나 그 말조차 꺼내지 못하게 하는 나의 완악한 모습에 25년도 넘게 그 소망을 가슴에 품고 있어야만 했었다.

그런 아내가 2002년 호주의 겨울로 접어들던 6월, 시름시름 생기를 잃어가더니 몸져 누워버렸다. 밤에 잠을 이루지 못하면서 불안해하는 증세로 몸은 수척해 갔고 정신은 하루하루 혼미해져 갔다. 날이 갈수록 나아지지 않는 병세는 전문의도 신경 안정제를 투약하는 일 이외에는 손을 놓고 있었다. 우리 아이들 모두는 엄마를 붙들고 눈물로 하나님에게 매달렸다. 눈만 뜨면 예배를 드렸다. 하루 다섯 번씩 드리는 예배는 눈물과 절규의 예배가 되어갔다.

새벽 독대에서 나의 읍소는 더욱 처절해졌고 기도의 시간은 길어져 갔다. 그동안 우리 부부가 함께 드리던 그 기도장소에는 외로운 부르짖음만이 예배당을 뒤흔들었다.

"하나님, 정녕 이 사람을 버리시는 것입니까?"

평생 하나님만을 의지하며 살아온 아내가 이런 병으로 고통당한다는 사실이 도저히 이해할 수가 없어 그 이유를 대라고 나는 하나님에게 대들기까지 했다. 식구들은 지쳐갔고 교회의 담임목사는 목이 쉬어 설교를 못할 정도로 기도에 동참해 주었다. 많은 교우들이 심방해 주었고 가깝게 지내던 친구장로는 매일 출근하다시피 하면서 기도로 힘을 보탰다.

거의 한 달을 그렇게 기도하던 중, 마음속에 혹 내 신앙생활에 문제가 없는가 하는 생각이 들게 되었고 마침 빌립보서 2장을 읽으면서 퍼뜩 정신이 들었다. "각각 자기 일을 돌볼뿐더러 또한 각각 다른 사람들의 일을 돌보아 나의 기쁨을 충만하게 하라"는 4절 말씀을 읽고 내 중심으로 신앙생활을 해 왔던 이기적인 모습을 돌아보게 된 것이다.

끊임없이 연단하시는 하나님이 나의 온전치 못한 신앙을 바로 잡아 주시기 위하여 또 아내를 사용하신다고 생각되었다. 그날부터 나의 기도는 바뀌기 시작했다.

"하나님, 깨닫게 해 주시니 감사합니다. 이제 이후로는 나보다 남을 위하여 헌신하는 삶이 되도록 하겠습니다."

사실 당시 아내의 병은 더 깊어져 있어 감사할 형편이 아니었지만 내 마음속에 하나님이 동행하신다는 믿음과 이런 일을 통해 나에게 주시려는 메시지라는 확신이 생기니 감사하다는 기도밖에 나오지 않았다. 그래서 새벽 기도의 내용이 원망과 하소연에서 감사로 바뀌었고 그 이후 아내는 조금씩 차도를 보이기 시작했다. 또한 아내의 몸의 한 부분이 젊어졌다. 이것은 내 아내에게 그 극한의 고통을 겪게 하신 하나님의 선물이 아닌가 생각해 본다.

그렇게 불구덩이 같던 두 달이 지나갔다. 그것은 암담한 절망과 혹독한 고난의 시간이었다. 그 두 달 동안 하나님은 아내를 사용하시어 나의 신앙을 점검하신 것이었다. 회개와 찬송으로 세월을 보내면서 나와 우리 가족만을 위해, 자기중심적 일에만 몰두하고 있는 내 자신을 발견했다. 이런 모습을 통해 주신 은혜가 나만의 은혜가 아니라 이웃과 함께 나누어야 하는 선물임을 깨닫게 되었다.

이제는 생명까지입니까

아내가 거의 회복되어가던 어느 날, 나는 지칠 대로 지쳐 있는 몸에 이상을 느끼고 병원에 갔다. 진찰을 받은 결과 암이라고 했다. 의사의 진단을 받고 보니 하늘이 무너지는 것 같았다. 그런데 얼마 후 아내도 오른쪽 목에 작은 혹이 생겨나 병원에 갔다가 피부암이라는 청천벽력의 소식을 듣게 되었다. 우리 부부가 한꺼번에 죽을병에 걸린 것이다. 나는 내 병은 뒤로 접어두고 아내를 살릴 수 있는 방법을 찾으려고 백방으로 뛰어다니기 시작했다.

그러면서 예의 그 새벽독대에서 또 부르짖었다. 그동안 여러 번 어려울 적마다 응답해 주신 하나님이시니 무엇인가 그 뜻이 있으리라는 막연한 느낌은 있었으나 우리가 죽으면 끝일 텐데 어쩌자는 것인지 짐작할 수가 없었다. 이대로 죽기에는 너무 억울하다는 생각으로 죽을 힘을 다해 매달렸다.

"하나님, 제가 하나님이 하라는 대로 하지 않았습니까. 그런데 왜 우리 부부의 생명을 한꺼번에 앗아가시려 합니까?"라며 통곡했다. 아주 늦은 나이에 예수를 믿게 하시더니 하나님은 유별나게도 애를 먹이시며 고통을 주신다는 생각이 들었다.

집에 불이 나고, 멀쩡한 가게를 망하게 하시지를 않나 아내를 두 번씩이나 그 혹독한 불구덩이로 몰고 가시더니, 이제는 육신의 병으로 생명까지 달라고 하시는 것이다. 정말 우리 부부의 생명이 이 세상에서 더 이상 필요가 없다고 생각하시는 것은 아닌지 갈피를 잡을 수가 없었다.

우리 부부가 함께 암이라는 진단을 받은 지 5개월 동안 우리는 거의 초죽음이 되어갔다. 마침 교우 중의 한 사람이 그때 같은 병이 발병한 지 2년 만에 50대 초반의 나이로 세상을 뜬 일이 있어 우리는 더욱 초조했던 것이다. 우리 둘은 서로 얼굴을 바라보며 눈물만 흘렸다. 이렇게 짧은 인생을 살 것을 왜 그렇게 싸우면서 살았는지 후회가 되기도 하고 서로 좀 더 잘해 주지 못한 것이 한없이 후회가 되기도 하였다.

죽음이 한 발 한 발 우리에게 다가온다고 자포자기하고 있을 때 아내를 마지막으로 진찰한 의사로부터 연락이 왔다. 최종적으로 검사를 다시 해 보자는 것이었다. 우리는 그가 지시하는 대로 모든 검사를 받은 후 그 결과를 기다렸다. 긴 암흑의 터널 속에 희미한 한 줄기 빛이 보이는 듯 했다.

일주일 후, 그 의사로부터 전화가 왔다. 최초 진단이 오진이라는 것이 확인되었다는 연락이었다. 그 순간 그 희미했던 불빛은 섬광이 되어 터지면서 우리 주위를 대낮같이 환하게 비추는 듯한 착각이 들었다. 아내가 살았다는 사실이 꿈만 같아 우리는 부둥켜안고 길길이 뛰었다.

그 길로 또 하나님에게로 달려갔다. "하나님 감사합니다. 살려 주셔서 정말 감사합니다." 생명의 주인이신 하나님의 실체를 다시 확인하는 순간이었다.

사실 처음의 진단에서 암세포가 추출되었을 것으로 나는 확신하고 있다. 그러나 결사적으로 매달린 우리 부부의 기도가 그 암세포를 보통의 세포조직으로 만들었다고 생각한다. 호주의 의학수준이 그렇게 허술하지 않다는 점을 감안하면 최초의 진단이 오진일 이유가 없다는 것이 나의 판단이다.

한편 감사기도를 드리면서도 지난 몇 달 동안의 일들에 대해 수수께끼처럼 풀리지 않는 의문이 있었다. 하나님이 장난삼아 우리에게 고난을 주시고 즐기시는 분이 아니심을 분명히 알기에 나는 그 뜻을 헤아릴 수 있는 지혜를 달라고 다시 기도하기 시작했다.

그러면서 그동안 몸이 아파 소홀히 했던 성경을 다시 펼쳐들었다.

성경의 말씀에서 하나님은 나에게 무엇을 요구하는가 하는 질문의 답을 찾기 시작한 것이다.

예수께서 산 위에서 긴 설교를 마친 후에 제자들에게 말씀하신 마태복음 7장을 읽는 순간 나는 전기에 감전된 것처럼 몸이 굳어버렸다. 많은 사람들이 "주여, 주여" 하면서 자신들이 선지자 노릇도 하고 귀신을 쫓아내기도 하고 권능을 행하기도 하였지만 예수님은 "내가 너희를 도무지 알지 못하니"라고 꾸짖는 장면이다. 이 부분을 읽으면서 내가 바로 그런 사람이 아니었나 하고 생각하기에 이르렀다. 세상에서 많은 일을 했다고 자랑하기만 했지 하나님이 원하시는 일을 했다고는 장담을 할 수 없는 내 모습을 돌아보게 되었던 것이다.

성경을 읽고 감동해서 눈물만 흘리고 있었던 나에게 그 하나님의 심중을 제대로 헤아리지 못하고 살아왔다는 자책감이 들었다. 말씀을 그저 교양으로 삼으면서 남은 생애를 보내라고 그 큰 은혜를 주시지 않으셨을 것이라는 생각을 한 것이다. 하나님의 뜻을 정확히 헤아리지 못하고 지난 몇 년간 그런 생활을 해 왔다는 것이 그렇게 죄송스러울 수가 없었다.

세상 속으로

그 해도 다 가는 12월 23일, 그러니까 내가 예수를 영접한 지 꼭 5년째 되던 날, 나는 수술을 위하여 병원에 입원했다. 아내의 암 진단으로 미루다가 잡힌 수술 날짜였다. 마침 크리스마스 때라 입원해 있던 환자나 의사들은 모두 집으로 돌아가고 그 큰 병원에 환자라고는 나와 70대 할머니 한 분이 전부였다. 근무하고 있던 모든 간호사들이 나를 위하여 근무하고 있는 듯 했다. 황제환자가 따로 없었다.

오후가 되어 수술실로 들어가기 직전, 수술에 대한 두려움도 있었고 하나님의 뜻을 묵상해오고 있던 때라 나는 잠시 성경을 펴 들었다. 시편 118편 17절과 18절 말씀이 눈에 들어왔다.

'내가 죽지 않고 살아서 여호와께서 하시는 일을 선포하리로다. 여호와께서 나를 심히 경책하셨어도 죽음에는 넘기지 아니하셨도다' 라는 말씀을 읽는 순간 나는 먼저 이 수술로 죽지 않을 것이라는 사실과 하나님은 내 옆에서 당신의 일을 하기를 기다리시고 계신다는 확신을 가지게 되었다.

수술은 성공적으로 끝이 났고 나는 열흘을 입원해 있다가 퇴원했다. 퇴원 후 주신 말씀을 계속 묵상하면서 얻은 결론은 아주 간단한 것이었다. 내가 그동안 익힌 과학으로 하나님의 사역을 세상 사람들에게 풀어 주라는 것일 것이다.

그동안 배우고 익힌 지식이라는 것이 진화론을 바탕으로 한 과학이니 누구보다도 그 진화론의 폐해를 잘 알 것이라는 것과 성경에서 사람들이 의문을 가지고 있는 일들을 과학으로 풀어 알리라는 점일 것이다.

이런 결론을 다시 확인하기 위하여 또 하나님에게 물어보았다. "하나님, 제가 얻은 결론이 정말 하나님이 원하시는 일인가요?" 나의 이런 질문에 그분은 분명한 음성으로 말씀은 하지 않으셨지만 근 한달을 두고 기도하자, 그렇다는 확신이 내 마음에 들어왔다.

그때부터 나는 또 바빠지기 시작했다. 성경을 보는 각도를 달리하여 다시 읽기를 시작했다. 하나님의 창조사역에서부터 에덴동산의 조성과 인간의 탄생, 실낙원, 노아의 방주와 바벨탑사건, 인류의 번성 그리고 이스라엘 백성들의 고난의 역사를 읽으며 그 속에 숨겨져 있는 과학을 따로 적기 시작했으며 예수의 탄생과 사역 그리고 죽음과 부활에 대한 세상 사람들의 의심을 정리하는 작업을 시작하게 되었다.

특히 창세기는 내가 가장 흥미를 가지고 읽었던 부분이었다. 그것은 현대과학이 주장하고 있는 우주 및 지구의 역사와 자연세계의 생성 그리고 인류의 탄생에 대하여 정반대로 설명하고 있기 때문이다.

이 상반된 논리를 설명하기 위해서 반드시 지질학적 배경을 가진 사람이 필요하였고 그래서 하나님은 나를 세 번 씩이나 불속으로 넣으시고 그렇게 혹독하게 연단하셨을 것이라고 이해가 되었다.

주위에 흩어져 있던 자료들을 모아 글을 쓰기 시작하였다. 그렇게 글이 모아졌을 때 호주 기독교계 월간지인 《크리스챤 리뷰》에서 원고 청탁이 들어왔다. 이 글들을 정리하여 "창조론"이라는 제목으로 1년간 연재하게 되었다.

또 내가 예수를 믿지 않을 때 그리고 교회에 다녔지만 예수를 모르고 살았을 때 가지고 있었던 수많은 질문들을 모으기 시작했다.

세상은 정말 6일 동안 창조되었는가? 하나님은 정의로우신 분이라고 하면서 왜 세상에는 불의가 여전히 남아 있는가? 예수는 정말 실존했던 인물인가? 부활은 역사적 사실인가? 기독교는 다른 종교와 화합해야 하는가? 등 의심나는 질문들이 한둘이 아니었다.

이들 질문에 대한 답을 성경말씀에서 찾고 나의 작은 지식으로 만들다 보니 또 한 권의 분량이 되었다. 이를 『예수, 알고 믿어야 할 100가지 질문』이라는 제목으로 《크리스챤 리뷰》지에 2년째 연재하고 있으며 작년에 펴낸 『예수, 알면 믿게 된다』라는 책의 바탕이 되었다.

잡지에 글을 쓰고 책을 내게 되니 여러 교회에서 집회요청이 들어오기 시작했다. 부탁하는 교회마다 나는 최선을 다해 특강을 했다. 특히 젊은이들의 집회에는 내가 먼저 청하기도 하면서 집회를 인도했다. 그것은 나와 같이 늦은 나이에 예수를 믿어 하나님 일을 하는데 시간에 쫓기는 삶을 살지 않도록 해 주고 싶었고, 한 살이라도 더 젊을 때 하나님을 알면 그 만큼 삶이 부요해진다는 사실을 알리고 싶었기 때문이었다.

창세기에 매달리다

나의 하나님 연구는 다시 시작되었다. 연구라고 하지만 신학자처럼 심오한 학문을 파고드는 것도 아니고 유명한 목사처럼 영적 묵상으로 사람들의 영성을 높이는 작업도 아니었다. 다만 하나님의 경륜과 섭리의 아주 작은 부분이지만 이를 알아내고 다른 사람들과 나누자는 다분히 소박한 시도일 뿐이었다.

많은 기적이 성경에 있지만 대부분의 사람들이 이 기적 때문에 예수를 영접하지 못한다는 사실을 감안하여 창세기부터 시작하기로 하였다. 이 창세기에는 성경의 모든 전제와 서론으로 출발할 뿐만 아니라 온통 기적으로 채워져 있기 때문에 집중적으로 읽어 내려갔다.

한 100번쯤 읽었을 때 그분의 솜씨가 느껴지기 시작하였다. 태초가 45억 년이 아니라 훨씬 가까운 때였고 물과 빛이 먼저 있어서 지구상에 생명의 존재를 가능하게 했으며 태양과 달이 지구를 위하여 배치되어 있다는 것 그리고 아담과 하와는 완전한 인간으로 만들어졌다는 사실을 이해하기까지는 상당한 시간이 걸렸고 내가 배운 지질학적 배경을 떨어내기 위해서는 그만큼의 시간이 필요했던 것이다.

대부분의 사람들은 성경에 나타난 현상들이 과학적이지 않거나 과학과 조화를 이루지 못한다고 생각한다. 따라서 모든 과학자들은 크리스천이 될 수 없다는 편견을 가지고 있는 것이 일반적이다. 그래서 하나님의 존재를 과학적 방법으로 증명해 보일 수 없기 때문에 그러한 편견을 해소시키기에는 많은 어려움이 있게 마련이다.

과학적 방법이란 당연히 반복적인 실험이 뒷받침되어야 한다. 그렇지 않은 경우는 철학이나 믿음의 범주로 취급되어야 한다. 그러나 창조를 포함한 중요한 성경적 교리는 실험실에서 이루어질 수 있는 것들이 아니다. 창조, 생명, 죽음, 하나님의 존재, 하나님이 우리의 몸으로 오신 것, 성령님을 보내주신 것 등은 과학의 논쟁을 넘어서는 일이다.

이들은 과학으로 증명될 수 없는 것이기 때문에 믿을 수 없다고 말한다면 이는 신앙의 본질을 이해하지 못하는 데서 오는 오류이다. 창조의 문제는 과학으로 재단하기에는 그 대상이 너무 크고 오묘하다. 그래서 하나님을 만난 후 과학으로만 설명하고 이해하려고 했던 과거 나의 의식세계는 하나님이라는 무한의 존재가 찾아옴으로서 새로운 세상이 펼쳐진 것이다.

창세기를 통해 인간은 하나님의 계획 속에 그의 형상으로 태어난 귀중한 존재라는 사실 그리고 자연이 탄생시킨 것도 아니고 자연의 한 부분도 아니며 동물 중에 한 종은 더더욱 아니면서 다른 동물들을 다스려야 할 귀한 존재라는 사실을 알게 된 것이다.

우리는 자연에 의지하는 것이 아니라 자연을 창조하신 하나님께 의지해야 한다. 우리는 잠깐 살기 위해 태어난 것도 아니며 진화 과정의 일부도 아니다. 우리는 처음부터 영원히 살도록 창조되었으며 우리는 앞으로 영원히 살 존재로 지음 받았다. 영원히 하나님과 함께 살 것이냐 아니면 영원히 하나님 없이 저주아래 살 것인가 하는 점을 우선 염두에 두어야 한다고 생각되었다.

2004년, 나는 장로가 되었다. 아주 늙은 장로로 장립되면서 그 영광을 하나님에게 돌릴 수밖에 없었다. 처음에는 나 같은 사람이 언감생심 장로를 꿈이나 꿀 수 있을까 하고 생각하였지만 창세기와 씨름하면서 나의 기도내용이 달라졌다.

"하나님, 어차피 하나님 일을 할 텐데 집사보다는 장로가 보기에 좋지 않겠습니까?"

나의 이 유치한 기도마저 들어주시어 허락받은 장로 직분이었다. 장로로 장립을 받고 보니 정년이 코앞에 다가와 있었다. 이 짧은 시간을 허락해 주실 때는 또 무슨 뜻이 있을 것 같아 나의 하루하루는 더 바삐 돌아갈 수밖에 없었다. 교회 일을 내 생활의 최우선으로 정하고 살았다. 늦게 배운 도둑질에 날 새는 줄 모른다는 속담대로 나는 교회 일에

미쳐갔다. 그렇게 교회 일을 하다 보니 남들이 나를 '목사파' 라는 별칭
을 붙여 주었다. 사람들은 '하나님파' 를 그렇게 부르고 있을 뿐이라고
자위하면서 성경을 파고드는 일에 매달렸고 그 중에서도 창세기 1장을
읽고 읽으면서 묵상하는 일을 첫째로 삼았다.

하나님을 만나기까지 너무 오랜 시간이 걸렸다. 인생의 3분의 2가 지나서야 겨우 하나님을 만났기 때문이다. 엉겁결에 잡은 그 손이 처음에는 누구의 손인지도 모르고 움켜잡았다.

늦어도 한참 늦은 나이에 건져주신 그 은혜를 갚을 길이 없어서 지시하시는 대로 시작한 일이 그 별세계의 모습을 알리는 일이었다. 창세기는 그분의 치밀하신 계획과 질서가 담겨있는 역사서이며 과학서였고 그분의 크신 경륜과 사랑이 배어있는 대 서사시였다.

읽으면 읽을수록 기막힌 질서가 그 속에 있었고 놀랄만한 과학이 담겨있는 기록임을 확인하게 되었다. 하늘과 땅을 먼저 만드시고 그 공간을 물과 뭍으로 그리고 식물과 해와 달로 채우신 후 마지막으로 동물과 인간을 살게 하신 경륜에 감탄하면서 그 속을 하나씩 더듬어 갔다.

창세기 1장의 기록은 천지를 창조하신 일부터 시작된다. 이 일이야말로 기적 중의 기적이다. 이 기적을 인정하면 성경 66권에 나타나는 모든 기적이 이해되지 않을 수 없다. 사람들은 첫번째 기적을 이해한다고 하면서도 모세가 홍해를 가른 사실을 믿으려하지 않고 예수가 물 위를 걸은 사실에 시비를 걸고 나선다.

두렵고 어렵게만 보이던 그 하나님은 자상한 형님으로 다가와 내가 누구이며 앞으로 무슨 일을 해야 하는지를 손을 꼽아 가며 가르쳐 주셨다. 인간은 자신을 닮은 피조물이라는 것, 자연은 인간을 위하여 창조해 주셨다는 것 그리고 인간이 이룩한 과학으로 자신을 넘보지 말라는 것이 그것이었다.

모든 만물 중 으뜸이 되는 인간을 창조하신 후에는 그와 동행하면서 사랑하시기를 원하셨지만 인간은 자꾸 옆길로 가고 있다.

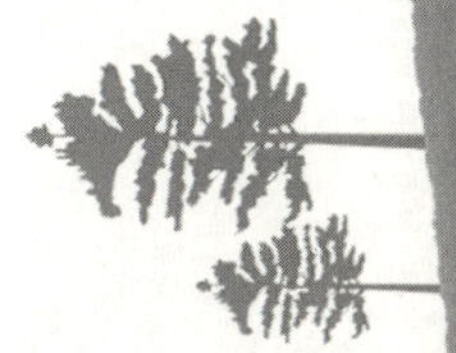

하나님을 만나고 나서

천지를 지으신 하나님

창세기 그리고 하나님

"태초에 하나님이 천지를 창조하시니라"(창 1:1). 내가 예수를 믿지 않았을 때 가장 황당하게 생각했고, 예수를 믿은 후에는 가장 집착하게 된 문장이다. 이에 대해 역사이래로 수많은 사람들이 논쟁을 해 왔으며 아직도 그 토론은 계속되고 있다.

말 그대로 하늘과 땅을 창조주 하나님이 자신의 주권으로 이루신 일이라고 확신하는 사람이 있는가 하면 실체가 없는 한 존재에 의해 세상이 창조되었다는 것을 이해하지 못할 뿐만 아니라 일부 종교의 주관적 경전일 뿐이라고 일축해 버리는 사람들도 많다.

세상의 처음 모습은 어떠하였는가 하는 문제는 누구나 가지고 있는 원초적 질문이다. 언제, 누구에 의해 어떻게 지어졌는지를 아는 일은 자신의 태생을 알고 인생의 좌표를 설정하는 것만큼이나 중요한 일이기 때문이다. 그래서 고대 메소포타미아 문명과 이집트 문명 그리고 황하문명에서 시작된 철학적 신관으로부터 과학으로 증명해 보려고 했던 수많은 가설과 이론들이 인류의 의식세계를 붙잡아 오고 있다.

그때의 모습을 본 사람이 없는 상태에서 출발하는 이러한 이론들은 누가 더 멋지게 그리고 얼마나 합리적으로 재구성하는가 하는 문제로 귀착하게 된다. 그러나 아무리 잘 짜여진 시나리오라 할지라도 인간의 의식적 산물은 시간이 지남에 따라 힘을 잃게 마련이다.

우주와 인간의 탄생에 대한 바빌론과 그리스-로마신화에서부터 우연한 메커니즘에 의해 생명체가 발생해 왔다는 진화론에 이르기까지 모두 한 시대를 풍미해온 이론들이었다.

그러나 3,500년 전에 쓰여졌던 성경에서는 세상의 첫 모습을 생생하게 기록하고 있다는 것을 인정하는 사람은 많지 않다. 시간과 공간을 뛰어넘는 창세기의 기록들은 그동안 신화로 취급되어 그 신빙성에 무게를 두지 않았으나 현대 과학이 그 사실여부를 하나씩 밝혀내고 있다.

특히 생명체의 중심이 되는 인간의 탄생에 대한 과거의 잘못된 인식은 인간의 존엄성을 인정하지 않는 물질만능 사상을 가속화 시키는 결과를 가져왔다. 무기물에서 우연히 출발한 인간이라면 영혼의 존엄성을 인정할 필요도 없고 하나님의 존재를 확신시킬 필요도 없다. 그들에겐 삭막한 미래만이 있을 뿐이다. 나아가 환경에 적응하는 생명체만이 살아남고 우성생식에 의해 뒤떨어진 개체는 자연적으로 도태된다는 진화론의 출현은 인류최대의 재앙이었다.

자연과 생명체는 하나의 독특한 구조로 구성되어 있으면서도 착오 없이 그 자리에서 특유의 생존방식을 가지고 있으며 지구 역시 생명체가 살아가기 위하여 한 치의 어김도 없이 준비되고 운행된다는 사실을 현대과학이 조금씩 풀어내고 있다.

하늘의 별들은 태양과 같이 매우 고온의 용융체이나 지구에 영향을 미칠 수 없도록 적당한 거리에 배치되어 있으며 이 지구는 자전하면서 회전축이 공전 축에 적당한 기울기(66.5°)로 기울어져 있다. 때문에 태양이 지구와 가장 가까운 곳을 통과하는 적도 부근은 열용량이 작은 육지부분을 교묘하게 피하고 열용량이 큰 바다가 많은 부분을 통과함으로서 대기의 온도가 조절되어 4계절의 차이를 이루어 생육하고 번성하는 데 절묘한 조화를 이루고 있다.

지하에는 마그마라는 용융체가 중심부에 자리하고 있고 지상으로 올수록 변성암과 퇴적암 그리고 후기에 관입, 분출에 의해 만들어진 화성암으로 구성되어 지각을 이루고 있으며 이들 지각은 지구 역사상 큰 지각변동에 의해 모양이 변형되어 현재에 이르고 있다고 현대 지질학은 설명하고 있다.

이렇듯 내가 배운 과학이 미리 있었던 일들의 아주 작은 부분에 대하여 밝힌 것일 뿐이라는 사실을 알고부터는 인간의 지식이 얼마나 한계가 있는 것인가를 가늠하게 되었다. 또한 그 작은 지식으로 지구의 속을 들여다보면서 자만했던 나의 반평생을 부끄러워하지 않을 수 없게 되었다.

아무도 알지 못하고 보지 못했던 그 당시의 모습을 알려줄 사람은 그때 그 자리에 계셨던 하나님 이외에는 없다. 그 하나님이 하신 일을 기록한 것이 성경이라고 한다면 진리를 인위적인 사상이나 신화에서 찾을 것이 아니라 성경에서 찾아야 하는 것은 너무 당연하다. 성경의 창세기에는 인류의 기원뿐만 아니라 온 우주와 지구 그리고 모든 생물의 기원이 모두 담겨있어 진리를 탐구하는 문명의 길잡이가 되기 때문이다.

6일 창조의 다양한 해석들

장구한 시간을 대상으로 연구하는 지질학을 익힌 덕에 지구의 역사를 45억 년이라고 확신하고 있었던 나는 하나님이 6일 동안에 세상을 만들었다는 성경의 기록을 보고는 한동안 아연할 수밖에 없었다. 45억 년을 6일로 만들어버린 성경이라는 책이 무엇인가 잘못되었다고 지레 판단하고 오랫동안 성경을 읽을 엄두를 내지 못했던 것이 사실이다.

6일 창조에 대해서는 역사 이래로 수많은 토론이 있어왔다. 아무리 전능한 하나님이라고 할지라도 6일에 모든 것을 창조할 수 없다는 주장과 그래도 하나님이니까 가능했을 것이라는 주장, 비유적으로 표현했을 것이라는 주장에 이르기까지 다양하다.

실제로 이 문제에 대한 의문이 남아있는 한 창조기사의 신뢰문제에 영향이 있는 것은 사실이다. 그동안 있어왔던 세상의 창조과정에 대한 설명은 다음의 세 가지 유형으로 요약할 수 있다.

우선 하루 24시간으로 하여 6일 동안에 모든 것이 창조되었다고 주장하는 문자적 창조론(Literal Creation)이 있다. 이는 하나님의 전능성을 그대로 수용하는 주장으로 지구의 역사를 지시하는 화석은 오래된 역사를 나타낸다는 종래의 주장과 달리 노아의 홍수 때에 단시간 안에 형성될 수 있다는 점을 근거로 한다. 종류대로 지어진 생물은 종(種)안에서의 소진화(小進化)만을 인정함으로서 지구의 역사를 최대 수만 년 정도로 잡고 있다.

이 주장은 기존의 과학적 인식을 감안하면 6일이라는 문자에 너무

의존하는 근본주의적 해석에 치우칠 수 있다는 비난을 받을 수 있고 지구의 역사가 이렇게 짧을 수 없다는 거부감을 극복하기가 어렵다는 문제점을 가지고 있다.

둘째로, 점진적 창조론(Progressive Creation) 또는 간격이론(Gap Theory)을 들 수 있다. 하루를 24시간으로 보는 것이 아니라 불특정한 시대로 간주하여 하루와 하루 사이를 긴 시간, 예를 들어 몇억 년까지도 수용한다는 주장이다.

이는 진화론의 일부까지도 수용할 수 있는 장점이 있으나 셋째 날의 꽃들이 창조된 후 이의 번식을 위한 꽃가루 운반동물이 긴 시대를 지난 여섯째 날에 창조되었다고 하는, 시간적 모순을 극복할 수 없다는 결점이 있다.

셋째로, 6일 창조를 종교 신학적으로 해석하는 유신론적 진화론(Theistic Evolution)이 있다. 천지와 생물은 진화론적 이론에 의해 진화되었으며 그 과정마다 하나님의 섭리가 주관했다는 주장이다. 현대 과학과 신학 모두를 포용할 수 있는 이론이지만 동시에 모두를 부정할 수 있는 불완전한 이론으로 평가되고 있다. 특히 인간이 유인원으로부터의 진화를 하나님이 주관하였다면 에덴동산에 있었던 아담과 이브를 설명할 수 없게 되는 모순이 생긴다.

그러나 성경 창세기의 창조기록은 당시의 언어와 문화적 관습에서 하나님의 영감을 받아 기록했다는 점에 유의해야 할 것이다. 모든 성경의 말씀이 가지는 함축적인 내용과 행간에 숨겨져 있는 하나님의 숨결을 느끼는 것이 무엇보다도 중요하기 때문이다. 하나님의 말씀을 영감으로 받아쓸 때 모세는 비록 자신의 학식과 경험을 바탕으로 하였지만 그의 지식으로 기록하지 않았다는 것을 의미한다.

성경의 기록은 순전한 하나님의 의지의 반영임을 감안한다면 그분의 논리에 인간적인 사상과 배경을 접목시켜야 할 하등의 이유가 없다. 따라서 점진적 창조론이나 유신론적 진화론은 과학이라는 인간의 고정된 사고를 하나님의 말씀에 접목시킨 편법에 지나지 않는다. 그런 논리로는 하나님의 섭리와 경륜을 이해하기는커녕 진리를 가리는 걸림돌이 될 수밖에 없다.

창조의 6일이 지나고 마지막 날에 휴식하게 되는 창세기 1장의 전개는 시간의 문제뿐만 아니라 창조사건이 우연에 의해서인가 아니면 전능자의 의지에 의해서인가 하는 문제로, 그리고 창조가 어떤 순서로 진행되었는가 하는 문제로 접근하는 것이 바른 태도일 것이다.

인간의 사고는 무척 제한적이다. 따라서 하나님의 창조기사를 온전히 파악하는 것은 불가능에 가깝다. 많은 이론과 주장이 넘쳐나고 있지만 옳고 그름을 판단하기 전에 창세기 기록의 의도를 파악하려는 노력이 더 필요하다.

창조 이해하기

창세기 1장 1절은 세상이 만들어지는 최초의 시간을 '태초(In the beginning)'라고 하면서 시간의 시작을 지정한 그때에 하나님이 하늘과 땅을 만드셨다는 것이 요지이다. 이 문장은 전 성경의 서문이기도 하면서 하나님이 세상의 모든 것을 만드신 주관자임을 먼저 선포한 것이다. 그러나 단순한 서문이 아니다.

시간과 공간 그리고 물질의 시작이 하나님이라는 주체에 의해 이루어졌음을 기록한 것이기에 인간의 지능으로는 감당하기 어려운 사건이다. 그러나 성경을 읽어가다 보면 이 사실을 인정하지 않고는 모든 기록이 받아들여질 수 없다는 것을 알 수 있다. 모든 사실들이 여기서 출발하기 때문이다.

창조(Bara)라는 말의 뜻은 이전에 존재하지 않았던 것(No existence)에서 존재하는 것(Existence)으로 만드는 행위 즉 무(無)에서 유(有)를 만들어내는 행위를 의미한다. 하나님은 제1일에 천지를, 제5일에 물고기와 새를 그리고 제6일에 인간을 창조하셨다고 기록하고 있다.

원천적 창조인 천지의 창조에 이어 동물의 창조에서는 다른 생물에 비하여 지각능력(Consciousness)을 부여하고, 인간의 창조에서는 자연 어느 것에서도 발견할 수 없는 영(靈, Spirit)을 주어 구별된 창조의 행위를 이루신 것이다.

또 "하나님이 가라사대"라는 말이 9번 반복되고 있다. 행위와 사물의 주체임을 분명히 밝히고자 도입부를 그렇게 시작하고 있음을 알 수 있다.

그리고 하나님은 낮과 밤(5절), 하늘(8절), 땅과 바다(10절)에 대해서는 손수 "칭하시어" 이름을 지으신 사실에 유의해야 할 것이다. 이들 5가지는 세상의 근원을 이루는 중요한 요소라는 점과 자신이 지배권을 가지고 있음을 확인시키기 위하여 직접 이름을 지으신 것으로 추측된다. 인간이 과학이라는 방법으로 낮과 밤의 운행을 바꾸거나 땅과 바다를 통제할 힘이 없다는 것을 분명히 하기 위하여 하나님은 미리 그 경계를 지정해 놓으셨다고 보아야 할 것이다.

1장에서 "종류대로"라는 말이 열 번이나 쓰이고 있다. 종간의 교잡(Mixed Animal Hybrid)이 불가능하다는 사실을 분명히 명시한 것이다. 사자와 호랑이 사이에 태어난 라이거(Liger)나 타이언(Tion), 염소와 양사이의 기프(Geep), 사자와 표범 사이의 레오폰(Leopon), 당나귀와 말 사이의 노새(Mule) 그리고 말과 얼룩말 사이에서 태어난 제브로스(Zebrose)는 모두 인간들이 만들어낸 인조물들이며 자연에서는 발생할 수 없는 현상이다. 이들이 그 이상 번창하지 않는 이유는 그들의 염색체 안에 이미 그 후손들을 만들 수 없도록 설계되어 있기 때문이다.

6번씩 사용하신 "보시기에 좋았더라"라는 말은 날이 바뀔 때마다 쓰고 계셨다. 매일 매일의 창조사역을 완전한 상태로 완결시켰다는 의미로 사용하신 것이며 매일의 마지막에 "저녁이 되며 아침이 되니"라는 말 역시 다음 날로 넘어가는 경계를 표시한 것이다. 아침보다 저녁이 먼저인 것은 태초는 어둠부터 시작했다는 의미를 내포하고 있다.

창세기 기록을 이해한다는 것은 성경 66권에 나타나고 있는 하나님의 전능성과 속성 그리고 수많은 기적과 이사들을 이해하고 받아들인다는 뜻이다. 그러나 이 문장을 이해한다는 것이 그리 쉬운 일이 아니다. 세상의 지식과 경험이 발목을 잡고 있기 때문이다.

사람들은 먼저 하나님의 존재부터 알지 못하는 상태에서는 이를 받아들이려고 하지 않는다. 그리고 설령 그 하나님의 존재를 인정한다 하더라도 얼마만큼의 능력이 있기에 하늘과 땅을 만들고 이렇게 정교하게 운행될 수 있도록 하겠는가 라는 의문이 앞서기 마련이다. 납득할 수 없는 전제에 더하여 사람들은 그 다음에 기록된 하나님의 구체적인 창조과정을 접하고는 더욱 당혹스러워한다.

그래서 사람들은 "백 보를 양보해서 첫째 말씀은 이해한다 하더라도 하나님이 6일 동안 세상을 창조했다는 사실은 도저히 믿어지지 않는다."라고 한다. 그러나 첫 단추를 제대로 끼우지 않았는데 그 다음 단추를 맞출 수 있다는 것은 억지일 뿐이다.

첫 말씀을 이해하는 전제하에서 그 다음의 기록을 받아들일 수 있는 것이며 그렇지 못할 경우에는 아직도 세상의 지식을 성경보다 더 신뢰하고 있다는 증거이다. 이런 생각들은 우리들이 얼마나 검증되지 않은 과학이라는 굴레 속에서 지내왔는가 하는 점을 되돌아보게 한다.

이제 이 말씀을 비롯하여 이후에 전개될 창조의 과정을 인정하기 위해서는 몇 가지 전제조건이 있어야 할 것이다. 먼저 지구는 태양으로부터 떨어져 나와 생겼다는 생각과 그 나이가 수십억 년이 되었으며 그것도 우연히 생겨났다고 하는 진화론적 이론, 그리고 인간이 세상에 처음 나타나는 원인과 과정, 그 시기에 대한 세상의 지식, 즉 우리가 학교에서 배운 모든 과학지식을 일단 내려놓을 필요가 있다.

지구의 역사라든가, 생명의 탄생과 진화에 대한 기존의 지질학적인 지식으로는 창세기의 한 구절도 이해할 수 없기 때문이다.

창세기 1장을 읽어보면 커다란 구조가 있음을 알게 된
다. 먼저 터를 만들고 그 터에 새로운 것을 넣으시는 구조임을 눈치채
게 된다. 즉 6일 동안의 창조는 처음에 공간을 만든 후 이 공간을 분리
하고 채우는 2중구조로 진행되었다. 처음의 3일 동안은 공간의 설정과
분리작업이 있었고 4일부터 6일까지 이 공간을 채워 넣는 작업으로 이
루어졌음을 알 수 있다.

첫째 날은 빛을 통한 낮과 어두움의 분리였으며 여기에 넷째 날에
낮과 밤을 주관하는 두 큰 광명을 채워 넣었고, 둘째 날은 물 가운데 궁
창을 이용하여 물을 분리하여 다섯째 날에 와서는 궁창에는 새를 그리
고 물속에는 물고기를 채워 넣었으며, 셋째 날은 물중에서 다시 땅과
바다를 분리하여 여섯째 날에 육지의 동물과 사람을 창조하여 그 공간
을 채워 넣는 2중적인 구조를 보이고 있다.

공간의 설정과 그 내용물을 채워 넣는 일은 현대과학의 기본적인 구
상이다. 사물의 설계 없이 만들어지는 물건이 없으며 그것도 일정한
순서에 따라 제작되어야 하는 것이 과학의 순서이다.

무한한 능력자이신 하나님이라면 이런 것들을 순간적으로 만들 수
도 있었을 것이다. 그러나 6일이라는 순서를 정하고 단계적으로 이루
어낸 데에는 인간들이 알아내야 할 비밀이 숨겨져 있을 것이다.

그것은 순차적이고도 체계적인 창조의 순서 속에 그의 마지막 작품
인 인간의 창조를 위하여 미리 필요한 것을 준비하시는 하나님의 치밀
한 설계와 배려이다. 즉 미리 만들어 놓았던 하늘과 땅, 해와 달 그리고
식물들과 동물들은 모두 여섯째 날 만드실 인간을 위한 준비과정이었

던 것이다. 최후의 걸작인 인간에게 생육하고 번성하며 땅을 정복하고 생물을 다스리라고(28절) 허락하신 그 경륜에서 하나님의 마지막 목적이 어디에 있는지를 짐작할 수 있게 된다.

이런 창조의 진행과정을 지켜보신 하나님은 자신의 설계대로 되었음을 자족하면서 보시기에 좋았고 마지막에 이르러 자기의 모양대로 남자와 여자를 창조하신 후에는 "보시기에 심히 좋았더라."라고 더욱 즐거워하셨다. 처음에 구상하고 이를 진행한 자신의 최종작품에 대한 희열을 그렇게 표현한 것이다.

열심히 작업을 하신 하나님은 마지막 일곱째 되던 날 쉬셨다고 했다. 이날 하나님은 엄청난 일을 해서 피곤했거나 자신의 창조물에 도취해서 잠이 드신 것이 아니다. 지난 6일 동안의 창조 일에 비해 이 날은 특별한 의미를 부여하기 위한 날이라고 할 수 있다.

만들어진 피조물에 대하여 사후관리의 책임을 다 하신 것이다. 이들을 만든 그대로 둔 것이 아니라 복을 줌으로써 거룩하게 하신 일이다.(창 2:3) 모든 피조물이 그냥 만들어진 존재가 아니라 모두 독특한 의미와 존엄성을 갖추었다는 의미이다.

약 200년 전 영국인 목사였던 팔레이(Bishop Paley)는 하나님이 무한한 능력을 가지신 전능자라는 증거들에 관한 책을 썼다. 그는 믿을 수 없을 만큼 복잡한 설계와 목적을 보여주는 많은 생물들이 있음을 제시하고, 이러한 생물들은 지적 존재인 창조주에 의해 창조될 수밖에 없다고 주장했다.

그는 이런 복잡한 조직은 그것을 조직한 사람에 의해서만 가능하고, 원대한 마스터플랜은 그 계획입안자에 의해서만 가능하다고 주장했

다. 목적성이 있다는 증거는 곧 지적인 창조자가 존재해야 함을 보여
주는 것이다.

　그러나 1859년 다윈(Charles Darwin)이 진화론을 발표하자 그의
주장은 빛을 잃고 사라져갔다. 많은 과학자들이 이 진화론을 받아들이
면서 창세기 기록을 신화나 문학작품으로 격하시켜 유신론적 실존주
의로 발전시켰는가 하면 일부는 신앙에 진화론을 중첩시켜 유신론적
진화론으로 절충하기에까지 이르고 있다.

　그 이후 하나님의 창조내용을 더 과학적으로 더 확실하게 주장할 수
있기까지는 실로 200년의 세월이 필요했다. 기록된 내용을 사실로 인
정함으로 창세기를 이해하는 일이 인간의 경험을 토대로 창세기를 이
해하려는 시도보다 그렇게 쉽지 않기 때문이다.

하늘과 땅을 여신 하나님, 그 처음의 3일

물과 빛으로 시작하는 첫째 날

아주 옛날, 아무도 상상할 수 없는 그 때에, 그곳은 캄캄하고 조용하였으며 아무것도 없었다. 형체를 제대로 갖추지 않은 정적만이 공간 속을 흐르고 있었다. 이때 땅은 "혼돈(formless)하고 공허(empty)하며 흑암이 깊음 위에" 있어서(2절) 모양도 없는 캄캄한 암흑 세계였다. 후에 있을 생명과 아름다운 자연을 만들기 위한 터전을 설명하고 있는 것이다.

이때 하나님은 자욱한 수증기 속의 "수면에 운행(hovering over the water)"(2절)하고 계시면서 세상의 처음을 시작하고 있었다. 세상의 처음에 물이 맨 먼저 나오는 대목이다.

물질의 근원인 원자나 전자로부터 시작하지 않고 물이라는 화합물로 시작하는 창세기의 모습은 생명의 기원이 단순한 원자나 분자로부터 시작하지 않았다는 분명한 메시지를 담고 있다. 태초의 지구 모습은 모두 물로 덮여 있었을 것이며 이 물 위로 하나님은 빛과 생명의 출

현을 준비하시면서 무변광대한 대양을 굽어보시는 모습을 표현한 것
이다.

물은 경이로운 화합물이다. 생명의 근원물질이라고 하는 물은 현재
까지 알려진 바로는 지구에서만 존재한다. 고체와 기체 그리고 액체의
세 가지 모양을 보이나 매우 좁은 온도범위인 0~100 °C (32~212 °F)
의 영역에서만 액체로 존재하는 특수한 물질이다.

지구는 70%가 물로 덮여 있으며 이중 97%가 바닷물이고 2%가 남
극과 북극의 얼음상태로 존재하고 있다. 나머지 약 1,500만㎢ 정도인
1%가 지표수 또는 지하수이며, 인간이 이의 일부를 사용하고 있다.

물이 생명의 존재와 유지에 불가결한 이유는 독특하게 가지고 있는
자체의 성질에서 비롯된다. 비열이 매우 크고 응고열과 기화열이 커
서 가열할 때 많은 에너지가 필요하며, 냉각되기 위해서는 많은 에너
지를 잃어버리게 되어 생명체의 생명유지에 필수적인 역할을 하기 때
문이다.

이렇게 경이로운 화합물인 물을 기본으로 하여 하나님이 "빛이 있
으라"(Let there be light, 3절)라고 하시어 모든 만물의 근원이 되는
소재를 미리 준비하셨다. 이 말은 "하야"라고 하는 히브리말로 '-이
되다' 라는 뜻으로 '빛이 발생하라' 라는 의미가 있다. 성경에서 빛은
하나님의 상징으로도 표현되고 있다. 이는 빛이 모든 물체의 으뜸이라
는 상징성을 내포하고 있다고 보아야 할 것이다.

빛은 적외선부터 가시광선(可視光線)과 자외선까지의 전자기파이
자 광자(光子, proton)의 흐름으로 설명되는 이중적 에너지의 한 형태
로, 빛이 지나는 경로를 직선으로 나타내어 광선이라고 하며 빛에 의

해 전달되는 에너지를 빛에너지라 한다.

하나님은 이후에 만드실 천지만물의 기본 재료로 빛을 먼저 준비하신 것이다. 빛은 에너지인 동시에 물질이며 이들은 상호 변환할 수 있다고 아인슈타인이 상대성 이론에서 설명하고 있다. 이 빛 즉 물질로 전환할 수 있는 에너지로서의 빛은 섬광이 근원이다.

물질을 구성하는 기본입자는 원자이며 원자는 + 인 원자핵과 그 주위를 돌고 있는 − 전자로 구성되어 있고 원자핵은 다시 양자와 중성자로 되어 있다. 우라늄의 원자핵을 중성자로 충돌시켜 핵분열을 일으키는 것이 원자탄이고, 중수소의 원자핵을 융합시켜 방출되는 에너지를 이용한 것이 수소폭탄이다. 하나님은 20세기에 들어와서야 가능했던 이런 에너지의 발견과 이용을 태초라는 세상의 첫째 날에 이미 사용하신 것이다.

하나님은 이런 원소의 핵분열과 핵융합으로 발생되는 강력한 섬광을 내신 것이며 이 섬광으로 캄캄한 우주에 찬란한 빛을 비추게 하셨고 이 빛 아래에서 다음의 창조과정들을 진행하셨다.

이 빛으로 다음에 하신 일은 이를 구분하는 것이다. "하나님이 빛과 어둠을 나누사(4절) 빛을 낮이라 칭하시고 어두움을 밤이라 칭"(5절)하시는 최초의 명명이 있었다. 손수 자신을 나타내신 후에는 처음으로 그 기능을 부여하기 위하여 이들을 낮과 밤으로 구분하셨다. 정적의 어둠에서(from the darkness) 밝음을 구분해 내신 것이다. 이렇게 해서 세상의 첫째 날이 시작되었다.

　　　　　　둘째 날은 물로 시작한다. 이는 이미 있었던 물을 정리하신 날이다. "물 가운데 궁창이 있어 물과 물로 나뉘게"(6절) 하신 것이다. 그 모양이나 위치가 정하여져 있지 않은 상태의 물을 일정한 공간을 중심으로 구분하여 물이 물로서 그 역할을 하도록 할 필요가 있었다.

　이에 궁창(Expanse, Firmament)이라는 공간을 물 가운데에 만드시고 이를 중심으로 하여 "궁창 아래의 물과 궁창 위의 물로 나뉘게 하시매"(7절) 그 "궁창을 하늘(sky)이라 칭"(8절)하게 된다.

　하늘은 현재의 대기에 해당되며 궁창 위의 물은 수증기층에 그리고 궁창 아래의 물은 현재의 지하수와 지표수에 해당된다. 지구를 둘러싸고 있는 지상 약 80km까지의 대기권은 질소 78%, 산소 21% 기타 1%로 구성되어 있다. 가장 많이 있는 질소는 번개 등의 고온에서 질산염을 만들어 지상의 모든 생명체의 영양공급원이(욥 36:30-31) 되고 있다.

　그러나 진화론자들은 현대과학이라는 창을 통하여 이런 대기를 생명의 탄생배경으로 설명하고 있다. 즉 45억 년 전 지구가 처음 생겨났을 때에는 물도 식물도 없었고 유리수소, 암모니아, 메탄 등 수소 화합물을 많이 포함하고 있는 대기가 있었을 것이라고 추정하고 있다. 또 수증기의 대부분은 지각 중에 스며들어가 대기 중에는 거의 존재하지 않았다고 한다.

　그 후 10-20억 년의 긴 시간이 지나면서 대기 성분 상호간에 복잡한 화학 반응이 반복되는 과정을 거쳐 대량의 암모니아와 메탄은 태양의 자외선이나 번개 방전 등의 광학작용을 받아 시안화수소가 되었고 이것이 다시 중합해서 디 아미노 마레오 니트릴(DAMN)이라는 물질이 생성된다고 하였다.

또 비중이 작은 수소가 지구 밖으로 흩어지면서 당초의 환원 상태인 대기는 점차 산화 상태로 바뀌게 됨에 따라 암모니아와 메탄은 산화되어 대기 중에 유리질소나 탄산가스가 생성되는 변화가 있게 되었다는 것이다. 이런 환경의 변화에 따라 이미 만들어져 있던 DAMN을 기본으로 하여 아미노산과 핵산이 만들어지고 단백질을 거쳐 원시 생명이 탄생되었다고 주장하고 있다.

진화론은 최초의 원시지구에는 물이 없었다는 점과 환원성 대기를 생명 탄생으로 설명하려고 하다 보니 결국 장구한 시간(수십억 년)에 문제점을 해결하려는 인위적인 가설을 세울 수밖에 없었다. 현재와 다른 대기조성의 원인 그리고 복잡한 화학반응의 구체적인 제시와 온도 및 광학적인 변화과정에 대한 합리적인 설명이 없는 것은 아무도 이를 검증할 수 없다는 점을 기대한 결과일 것이다. 결국 증거(Evidence)도 미약할 뿐만 아니라 증명(Prove)은 더욱 불가능한 이론의 전개에 지나지 않는다.

궁창 위의 물은 천하의 물을 궁창을 중심으로 양분한 것이기 때문에 현재 지상과 지하에 있는 모든 물의 양만큼 있었을 것으로 추정된다. 지상 50㎞에서 80㎞ 사이에 걸쳐 전 지구를 감싸고 있는 물층(수증기층:Vapor Canopy)을 상상할 수 있다.

노아의 홍수사건 때 없어진 것으로 생각되는 이 층은 태양으로부터 오는 X선, 감마선, 자외선 등 인간에게 피부암, 돌연변이, 생태계 파괴의 원인을 제공하는 유해광선을 차단하고 지구에 도달한 복사열은 외부로의 확산을 차단시켜 지구를 고온다습한 항온(27℃ 정도)을 유지시키는 원인이 되었을 것이다.

이 수증기층으로 인해 셋째 날에 창조될 식물이 살아갈 수 있는 조건을 완벽하게 구비하게 되었고, 후에 창조된 인간이 900세 이상을 살아갈 수 있는 환경을 제공하게 되었을 것으로 추정하고 있다. 이때가 둘째 날인데 다음에 올 식물의 창조를 위한 공간인 하늘과 지상의 물과 하늘의 물층의 준비가 있었던 날이다.

땅이 모습을 갖추다

땅을 대상으로 하는 직업을 가진 탓에 나의 젊었을 때의 기억은 온통 산과 연관된 것뿐이다. 산에 가면 땅의 모습을 알아볼 수 있는 노두(땅 위에 노출되어 있는 암석)가 있기 때문에 같은 산을 반복해서 오르는 일이 다반사였다.

이런 산들이 소위 지각변동이라는 지질작용에 의해 생겨났기 때문에 지금도 산에만 가면 습곡과 단층 그리고 지층의 모양에 대단히 관심이 많다. 이러한 땅도 옛날에는 모두 물속에 잠겨 있었을 것이라는 생각을 그때는 도무지 하지 못했었다.

궁창을 중심으로 갈라진 물 중에서 궁창 위의 물은 수증기상태로 공간에 퍼져 존재할 수 있었지만 궁창 아래의 물은 이리저리 뒤섞여 있어서 일정한 장소가 없었다. 물은 물대로 모아 그 경계를 만들어야 하며 그 물 밑에 있는 땅도 역할을 다하기 위해서는 별도의 모습을 가져야 했다. 이에 물을 한 곳으로 모으기 위하여 땅을 올리고 그곳에 있던 물을 한 곳으로 이동시키는 작업이 있었다.

지구상에는 때때로 지각변동이 일어나 지층을 움직이는 현상이 있어왔다. 지진과 화산활동 등의 조륙운동으로 대륙은 지각판 위를 이동하게 되고 이때 수직 및 수평으로 압력을 받아 지층이 구부러지는 습곡현상과 갈라져 이동하는 단층작용이 일어나게 된다. 이때 평평하던 지층은 솟아오르기도(융기) 하고 단층작용으로 땅이 꺼지기도(침강) 하는 조륙운동으로 지구 표면에 변화를 주게 된다. 평평한 지층 위에 있던 물은 지층의 융기작용으로 땅이 드러나게 함으로서(9절) 지구의 표면에는 땅이 나타나고 물은 낮은 곳으로 모이게 되었다.

이렇게 솟아오른 대륙을 팡게아(초대륙, Pangaea)라고 하며 그 대륙을 둘러싸고 있었던 바다를 판탈라사(초해양, Panthalassa)라고 명명하고 있다. 최근 해양탐사가 진전됨에 따라 해저의 모습이 조금씩 밝혀지고 있다. 해저에는 대륙에 있는 산맥보다 더 큰 규모의 해령(Ocean Ridge)과 해곡(Ocean valley)이 있으며, 대륙을 모두 바다에 깎아 넣는다고 할 때 바다의 평균 깊이가 2,000m를 넘을 만큼 깊은 곳이 많다.

처음의 땅은 가장 먼저 만들어진 화성암으로 구성되어 있다. 이 암석은 지하 깊은 곳에는 지금도 고온과 고압으로 인하여 마그마(Magma)라고 하는 용융체의 형태로 존재하고 있다. 이 화성암이 지표에 노출됨으로서 여러 가지 풍화작용에 의해 퇴적암도 되고 오랜 기간을 거치면서 변성암도 되면서 땅을 구성하고 있다.

진화론자들은 태초의 원시 대기는 환원성이며 산소가 없었다고 한다. 최초의 산소는 수증기가 분해되거나 광합성 세포에 의해 발생됐다고 본다. 산소가 없던 태초의 대기에는 오존층이 없었을 것이므로 자외선 및 고 에너지의 파장을 지닌 복사선이 지구 표면까지 직접 도달했을 것임에도 불구하고 어떻게 최초의 분자들이 서로 반응하여 화학진화, 단 분자에서 고분자 물질로, 그것도 무질서에서 질서로 변화할 수 있었을까 하는 의문이 생긴다.

만약 오늘날 식물들이 과거의 생물들에서 계속적으로 진화된 것이라면 유해산소를 효율적으로 방어하기 위해 현재 식물들에서 볼 수 있는 구조보다 훨씬 더 복잡하고 정교한 방어 구조를 갖추고 있지 않으면 안 될 것이다. 그러나 그러한 것은 어디에도 없다. 초기의 대기 상태를 오늘날과 같은 상태로 가정하지 않으면 생명체가 살아날 가망성은 전혀 없다(사 40: 21)고 성경은 가르치고 있다.

드러난 땅에 이제 "풀과 씨 맺는 채소와 각기 종류대로 씨 가진 열매 맺는 나무를"(창 1:11) 나게 하실 차례다. 여기서 식물을 내되 종류대로 나게 하신 점에 유의할 필요가 있다. 현대 생물학에서는 생명체의 구분할 때 계, 문, 강, 과, 속, 종을 기준으로 하고 있으나 여기서 '종류대로' 라는 의미는 종보다 넓은 의미의 '속' 이나 '과' 정도가 될 것으로 추정된다.

즉 같은 종간에 상호 유전자교환은 가능하나 이종간에는 불가능하다는 것을 분명히 지적하는 기록이다. 벌의 다리에 묻은 꽃가루가 같은 종끼리만 수정하는 신비는, 그 수효대로 만상을 이끌어내시고 각각 그 이름을 부르고 계시는(사 40:26) 증거가 될 것이다.

그 땅 위에 식물을 내고

　　　　　　땅을 물에서 들어 올리는 조륙운동이 안정 됨에 따라 드러난 땅에 먼저 나타난 것은 식물이다. 당시 전 지구는 사막도, 극지방도 없는 평온한 대지였고 그 대지에 셋째 날을 맞아 '풀과 씨 맺는 채소와 각기 종류대로 씨 가진 열매 맺는 나무"(11절)을 내게 하셨다. 다음에 올 여섯째 날의 지상의 모든 동물과 인간에게 필요한 기본적인 먹이를 준비하신 것이다.

하나님은 지상의 모든 생물 특히 동물을 만드시기 전에 식물을 먼저 만드셨다. 그것은 식물을, 빛 에너지를 이용하여 동물들이 먹을 수 있는 식량으로 미리 준비하셨기 때문이다.

생명체가 지구상에서 생명을 유지할 수 있는 원동력은 빛 에너지이다. 이 빛 에너지를 광합성(Photosynthesis)이라고 하는 복잡한 반응을 통하여 생명체가 이용할 수 있는 화학 에너지로 변환하여야 하는데 이를 식물이 맡아 하고 있는 것이다.

공기 중의 탄산가스와 뿌리에서 취한 물을 분해 합성(광합성)하여 탄수화물을 만들어 동물들에게 양식을 제공하고 부산물로 생성된 산소를 동물들이 호흡하게 한다. 동물들이 이 탄수화물을 연소시켜 에너지를 얻고 배출한 탄산가스를 다시 흡수하여 광합성에 이용하는 기막힌 조화와 공생관계를 그때 이미 만드신 것이다.

식물을 풀, 채소 그리고 과목의 세 가지 종류로 구분한 것도 사려 깊은 하나님의 배려이다. 풀은 다섯째 날에 만드실 동물의 먹이를 위한 준비이고 채소는 마지막 날에 지으실 인간을 위한 준비이며 과목은 이들 모두를 위한 먹이의 준비라고 할 수 있다.

식물은 뿌리의 삼투압의 차이로 물을 빨아들이고 분자간의 응집력을 이용하여 가지 끝까지 물을 끌어올린다. 세계에서 가장 큰 나무는 세쿼이아(캘리포니아 레드우드 국립공원)라고 하는 나무로 높이가 111.6m나 된다. 아무리 성능이 좋은 펌프라도 물을 10.3m 이상 빨아올릴 수 없는데 이 나무는 아직 살아 그 기능을 다하고 있다.

이 엄청난 응집력은 물의 수소결합력 때문이며 그 힘은 200기압에 맞먹는 장력이라고 한다. 여기에 2기압의 뿌리 근압과 20기압의 잎의 흡수력이 더해져 상상을 초월하는 일이 지금도 일어나고 있다.

또한 식물의 번식방법에도 오묘한 비밀이 숨겨져 있다. 영양번식방법(고구마, 다리아)과 포자번식법(고사리, 이끼)이 있으나 가장 일반적인 방법은 동물처럼 암수의 생식세포가 수정하여 번식하는 유성번식 방법이다. 즉 꽃가루가 암술머리에 수분되어 화분관을 발아시키고 정세포가 씨방 속의 배낭 안에서 동시 중복 수정하여 각각 배와 배유를 만들어내는 것이다. 이 놀라운 단계를 하나도 어김이 없이 거친다.

주로 녹색을 띠고 있는 식물은 지상생물의 90% 이상을 점하고 있을 만큼 풍부하게 분포되어 자라고 있다. 녹색의 원인이 되는 엽록소(Chlorophyll)는 가시광선 중 555nm파장의 황록색만을 흡수하여 에너지로 만들기 때문이다. 녹색은 인간에게 안정감을 주는 '알파파'를 방출하며, 이 색은 또한 인간이 가장 밝게 볼 수 있는 색이라고 한다.

이 녹색식물이 공간의 10%만 점유하고 있어도 그 주위의 습도를 20-30%까지 향상시킬 수 있고 실내온도를 3℃ 가량 조절할 수 있다는 사실만 보더라도 식물이 인간에게 얼마나 유익한 존재인지 증명되고 있다.

식물이 가지고 있는 피보나치(Fibonacci) 현상이라던가 화청소(Anthocyanin)의 합성작용으로 만들어지는 형형색색의 아름다움은 식물이 덜 진화된 생명체가 아니라 특별한 목적으로 창조된 것임을 보여주며 이 식물을 지상생물 중 가장 먼저 창조하신 것은 인간에 대한 하나님의 특별한 배려이다.

낮의 주관자, 해

땅의 기본요소를 준비하신 후에는 다시 천상이 갖추어야 할 요소들을 창조하심으로 위와 아래, 음과 양 그리고 하늘과 땅이라는 상호 보완적인 기본질서를 갖추도록 한다. "궁창에 광명체"가 있게 하여 "징조와 계절(seasons)과 날(days)과 해(years)"(14절)의 기준을 삼도록 하셨다.

즉 비어있는 궁창에 두 큰 광명을 만드시어 첫째 날의 빛과 어두움을 낮과 밤으로 명명해 두었던 것을 이 날에 와서는 "큰 광명체(태양)로 낮을, 작은 광명체(달)로 밤을 주관하게"(16절) 하시면서 별들 또한 옆에 두어 땅에 비추게 하신 것이다.

낮과 밤을 주관한다는 것은 주체적으로 움직임을 관장한다는 것이다. 징조와 계절과 날과 해를 이루게 하는 원인을 제공함에 따라 비로소 시간이 시작되었음을 시사하고 있다.

지구는 태양으로부터 분리되어 만들어졌다는 진화론을 철석같이 믿고 있던 나로서는 청천벽력과 같은 충격이었다. 태양이 만들어지고 지구가 형성된 그때부터 시간은 시작된다는 기존의 사고를 이 구절에 맞추려고 갖은 궁리를 다 해 보았다. 그러나 결국 태양과 달 그리고 별들은 오로지 지구를 위하여 준비하신 하나님의 계획이라는 사실을 믿는 방법이 가장 확실한 선택이라는 것을 알게 되었다. 그렇게 되기까지는 상당한 시간이 필요했다고 고백하지 않을 수 없다.

큰 광명체인 태양과 작은 광명체인 달의 생성원인을 현대과학은 아직 정확히 풀지 못하고 있다. 다만 태양은 우주에 산재해 있던 수소 원자가 상호인력으로 모아질 때 헬륨 원자가 발생하면서 핵융합으로 만들어져 빛을 내는 것으로 추정하고 있으며 이때 만들어진 가스체가 회전에 의해 태양을 중심으로 9개의 행성이 떨어져 나와 형성되었을 것이라는 가설을 세우고 있다.

진화론에서 주장하는 이런 이론으로는 태양에서 지구가 떨어져 나왔으며 그 지구는 자전에 의해 낮과 밤이 나타나는데 바로 발광체인 태양빛에 따라 결정된다고 주장한다. 그러나 성경은 태양보다 앞서 만들어진 것이 빛이라고 기록하고 있다.

태양이 창조되기 전, 빛은 이미 존재하고 있었고 지구는 어떤 고정된 빛의 원천으로부터 낮과 밤의 주기를 나타낼 수 있었다는 것이 성경의 내용이다. 이렇게 고정된 빛의 원천에 의해 첫째 둘째 셋째 날 지구는 저녁과 아침을 맞았다. 지구가 태양 없이 자전했다는 의미를 담고 있는 것이다.

여기서 현대인들은 심한 거부감을 나타낼 수밖에 없다. 모든 에너지의 원천이며 지구의 모체가 된다고 믿었던 태양이 첫째 날에 만들어졌던 빛과는 사뭇 다르다고 하는 것을 납득할 수 없다는 것이다. 그러나 첫째 날의 빛은 창조자가 가지고 있던 빛의 본질(오르 Or)을 말하고 있으며 넷째 날의 광명은 빛의 제공자(마오르 Maor)라는 의미로 표현되고 있어 그 빛의 성질이 서로 다르다.

과학은 성경에 내포된 이런 깊은 의미를 얼마 전까지만 해도 명쾌하게 설명하지 못했다. 하지만 A. 아인슈타인(1879-1955)에 의해 이 문제는 풀리기 시작했다. 그는 특수 상대성이론에서 빛이 물질로부터 만들어질 수 있다는 사실을 증명했다. 즉 그는 이 이론에서 빛의 에너지는 물질에서 발생한다는 것을 설명하고 있다. 태초에 시간과 공간과 물질(원소)이 창조됐고(창 1:1) 그리고 빛이 발생했으며 나중에 태양이 존재했다는 성경의 내용은 아인슈타인의 이론에 의해 사실임이 확인됐다.

그러므로 성경이 강조하고 있는 점은 빛의 원천은 태양이 아니라는 데 있다. 태양은 낮을 주관키 위해 창조됐을 뿐이다.(창 1:16) 이런 발광체는 태양 말고도 수없이 많다. 열을 동반하지 않고 발광하는 형광이나 인광 물질, 그리고 물체가 서로 마찰했을 때 일어나는 발광체 등이 그것이다.

하늘의 수많은 별들의 생성원인도 아직 미지의 분야이다. 다만 예로부터 이 별을 보고 위치와 시간을 재는 기준으로 삼았으며 새와 곤충들이 이동할 때 표적으로 삼고 있다는 학설이 있다. 결국 하나님이 만드신 결과물을 피조물이 유익하게 활용하고 있다는 것은 우리가 알지 못하는 심오한 계획이 있음을 보여준다.

지구에서 바라보는 태양은 우주의 중심인 것처럼 보이나 하나님이 보시기에는 지구를 위하여 배려한 한 피조물일 뿐이다. 이는 코페르니쿠스가 '하늘이 돌고 있다'고 믿고 있던 당시에 '땅이 돈다'고 했던 것만큼이나 충격적인 말일 수 있다. 진화론의 사고에서 헤어 나오지 않으면 이런 설명은 아무리 이해를 하려고 해도 받아들일 수 없는 궤변으로 들린다.

밤의 주관자, 달

　　　　　　달에는 토끼내외가 금도끼 은도끼로 절구질을 하고 있다는 동화를 읽고 한동안 그 곳에도 사람이 살 수 있다는 상상을 했던 적이 있다. 그렇게 신비롭게만 보이던 달에 1969년 아폴로 우주선이 착륙하면서 나의 꿈은 깨어지고 말았다.

진화론 이론의 연장으로 달 또한 지구에서 인력의 작용으로 떨어져 나간 위성으로 보고 있다. 그러나 달의 지표 관찰 결과 지구보다 다른 시기에 지질활동이 완료되어 있으며, 암석의 구성성분과 그 조성이 지구와는 근본적으로 다른 점으로 보아 서로 다른 환경에서 만들어졌음을 알 수 있다.

또 달은 다른 혜성이 지구와 충돌하여 그 파편으로 형성되었다는 설도 있다. 그럴 경우 그 파편들이 달 이외에 여러 곳으로 흩어져 있어야 한다. 그러나 달 주위에는 아무런 흔적도 없다. 이런 주장들이 모두 맞지 않는다고 한다면 그 답은 하나뿐이다. 그 궤도에 처음부터 만들어졌다는 사실밖에는 다른 정답이 있을 수 없다.

이는 하나님이 이 넷째 날에 큰 광명과 작은 광명을 별도로 창조했다는 사실을 간접적으로 시사하고 있다고 하겠다. 9개의 행성과 60여 개의 위성으로 구성된 태양계에서 달은 지구의 유일한 위성이다. 달은 태양계 위성들 중에서 5번째 크기로, 명왕성(Pluto)보다 큰 것으로 알려져 있다.

지구의 약 4분의 1 크기이며, 중력은 지구의 6분의 1 정도이다. 달의 반경은 태양의 400분의 1이고, 태양보다 400배 가까운 거리에서 지구를 돈다. 따라서 완전(개기)일식(Total solar eclipses)도 지구에서만 볼 수 있는 현상이다. 달의 지표에는 대기나 바람이 없고 낮은 영상 100℃, 밤은 영하 173℃까지 내려간다. 달이 지구를 완전히 공전하는 데 29.5일이 소요된다.

달을 만드신 첫 번째 목적은 밤을 밝히는 데 있다. 달은 태양의 빛을 우리에게 반사해 준다. 반사되는 빛의 양은 달의 표면 크기에 따라 결정되는데, 현재 달의 크기가 매우 알맞은 크기라는 것이다. 최근 학계에서는 일부 생물들은 야간에 일정 양의 빛을 필요로 하는 것으로 보고됨으로써 작은 광명으로 밤을 주관케 하시는 하나님의 숨겨진 섭리가 있음을 보여 주고 있다.

두 번째 달의 존재 이유는 지구의 중력을 유지시켜 주기 위함이다. 지구와 달이 서로 당기는 힘의 세기를 지탱하기 위해서는 이론적으로 직경 850km의 강철 케이블이 필요하다고 한다. 달은 지구와의 평균 38만 4,400km 거리를 유지하며 편심도 0.05로 거의 정확한 원운동을 하고 있다. 물론 지구는 편심도 0.017로 달보다 더욱 정확한 공전운동을 하고 있다.

세 번째 달을 만드신 목적은 조류작용이다. 달의 동일한 면이 항상 지구를 향하고, 서로 일정거리를 유지하며 돌고 있는 또 다른 이유는 조력(tidal force) 때문이다. 조류는 대양의 해안과 해협들을 정화하며, 해류가 계속적으로 순환하도록 도와주어 해양의 정체현상을 막아준다. 만약 조류가 없다면 바다는 이내 그 생명력을 상실하여 죽은 바다가 될 것이고 생명체의 보고인 바다가 죽으면 지구는 죽은 행성이 될 수밖에 없다.

일반적으로 진화론자들은 지구와 달의 나이를 약 45억 년 된 것으로 주장하는데 정확한 증거는 없다. 달의 나이를 달 표면에 축적된 먼지의 두께로 추측하기도 한다. 우주로부터 매년 약 1,400만ton의 먼지가 지구로 유입되는 것으로 보고, 이를 기초하여 달의 나이를 지구와 같은 45억 년으로 간주하면 달 표면에 두께 약 6m의 먼지가 쌓여 있을 것으로 계산된다.

그러나 1969년 아폴로 11호가 달에 착륙하였을 때 표면에 축적된 먼지는 2-5cm 정도로 밝혀졌고 그 먼지 두께를 역산하면 달의 나이는 1만 년 내외가 된다. 이는 창조과학자들의 젊은 연대(Young Age) 주장을 강력히 지지해 주고 있다.

현대과학은 지구를 우주의 한 변두리에 자리 잡고 있는 별 볼일 없는 행성으로 규정하고 있다. 그러나 해와 달을 마련하시고 빛과 어두움을 나뉘게 하신 하나님의 계획으로 보아 비록 우주가 광대하지만 결국 그 모든 것은 지구라는 작은 행성 위에 사는 인간을 위하여 창조된 것임을 달의 모습을 보고도 알 수 있다.

여호와께서 그 조화의 시작 곧 태초에 일하시기 전에 나(지혜)를 가지셨으며 그가 하늘을 지으시며 궁창으로 해면을 두르실 때에 내(지혜)가 거기에 있었다(잠 8:22-30)고 하여 하나님 자신의 지혜로 우주를 설계하셨음을 분명히 말해 주고 있다. 이로써 저녁이 되며 아침을 맞으니 넷째 날이 된 것이다.

물고기와 새의 출현

물과 뭍으로 구분되어 있는 지구 위에 물로부터 먼저 생물이 번성하도록 하고 그 뒤를 이어 하늘에 새를 날게 하신 후 "모든 생물을 그 종류대로 날개 있는 모든 새를 그 종류대로 창조"(21절)하여 어류-조류의 순서로 창조하셨다.

첫째 날에 준비하신 생명의 원천이 되는 물로부터 시작하여 하늘에서 살아갈 생물의 순서로 창조하시는 하나님의 치밀하신 설계에 의해 진행되는 이때가 다섯째 날인 것이다. 물속에서 살아갈 수 있는 생물 즉 큰 물고기와 그 속에서 번성하며 살아갈 수 있는 모든 생물 그리고 공중을 날아다닐 수 있는 모든 새를 만드신 후 이들에게 처음으로 생육하고 번성하도록 복을 주시는(22절) 일을 잊지 않으셨다.

물고기에 대한 연구는 아직 인간이 규명하지 못한 미지의 세계이다. 물속을 다니는 잠수함의 연구에서 비롯한 이 분야의 연구는 사람이 바다 속에서 물고기와 같이 자유자재로 움직이려고 하는 욕망에서 출발하였다. 물고기가 물속에서 만들어 낼 수 있는 추진력은 효율면에서 미사일 추진력의 8분의 1이면 충분하다고 한다. 이는 헤엄을 칠 때 생기는 후와류(Wake), 소용돌이(Vortex)를 특수 피부가 상쇄하는 비밀이 숨겨져 있기 때문이다.

또 배의 유선형 모양을 정할 때 폭과 길이가 일정한 비율을 유지하여야 가장 효율적이라고 알려져 있다. 이것은 물고기들의 외형을 연구하여 얻어진 결과이다.

청고래는 몸체길이 32m에 무게가 190ton이나 나가는 거대한 물고기이지만 물속에서 여유롭게 활동할 수 있는 것은 세상의 어느 소재보다 마찰계수가 적은 특수피부가 큰 역할을 하기 때문이다. 돌고래는 수중음파 탐지기가 장착되어 있어 멀리 있는 물체를 미리 파악할 수 있으며 물총고기는 고도의 굴절률을 순간적으로 계산하여 수면 위의 곤충을 잡아먹는 비법을 가지고 있고 전기뱀장어는 330V의 전기를 발생시켜 자신을 보호한다. 이처럼 물속에서 생존하기 위한 창조주의 세심한 배려 없이는 어느 피조물도 생존이 불가능하게 되어 있다.

또 물고기들에게는 살아가는 데 각기 나름대로의 적온이라는 것이 있어, 그 어종이 가장 왕성한 활성을 나타내어 먹이의 섭취도 왕성해지는 수온대를 스스로 찾아 살아가고 있다. 또 자신의 몸을 보호하고 다른 종의 어류와 어울려 살아가기 위한 다양한 외형과 보호장치는 과학자들이 손을 다 써 보지 못한 미지의 세계이다.

새는 더욱 수수께끼 동물이다. 인간이 새와 같은 인체조직을 만들 수만 있다면 1ℓ의 휘발유로 56km를 날아갈 수 있다고 연구되고 있다. 이는 유선형으로 된 깃털은 체형을 유지해 주면서 공기를 부양하고 신체를 보호하는 역할을, 뼈 안이 비어있는 기강구조 골격(Hallow Bornes)은 튼튼한 구조와 비행을 보다 가볍게 해 주는 특수재질로 되어 있다.

심장과 호흡계는 공기낭으로 부력을 높이고 더워진 체온을 효과적으로 냉각시키기 위한 장치로 되어 있으며 비행 시 신선한 공기를 받아들일 수 있는 특수 부기관(Parabronchi)을 가지고 있다. 이 부기관은 공기의 흐름과 피의 흐름이 서로 반대로 되어 있어 공기 중의 산소를 최대한 흡수할 수 있도록 되어 있다.

이런 구조 때문에 참새도 6,000m 상공을 날 수 있는 것이다. 소화계는 먹이를 고 혈당화하여 에너지의 효과를 극대화할 수 있도록 되어 있으며, 뇌에는 고도의 항법장치가 내재되어 있어 수만km의 비행을 한 치의 오차 없이 해낸다. 이것은 사전에 특별한 정보의 입력이 되지 않고는 설명되지 않는 신비한 현상이다.

이들의 장거리 이동은 본능적으로 가지고 있는 이주본능 때문에 그 개체의 한계를 넘는 에너지를 필요로 함에도 불구하고 계속되고 있다.

이렇게 물속의 물고기와 공중의 새를 종류대로 내신 후에 이들에게 "생육하고 번성하라"는 축복을 하시어(창 1:22) 살아 있는 생물에 대한 특별한 관심을 보이신 날이 다섯째 날이다.

창조의 마지막 날

       빛과 물, 하늘과 땅 그리고 식물을 만드신 하나님

은 마지막으로 지상에서 살아갈 동물을 창조하신다. "땅은 생물을 그 종류대로 내되 가축(livestock)과 기는 것(creatures that move along the ground)과 땅의 짐승(wild animal)을 그 종류대로"(창 1:24) 만드심으로 가축, 뱀, 야생동물을 원천적으로 종류대로 구분하신 후 이를 보고 즐기셨다고 되어 있다.

가축은 인간의 필요에 따라 특별히 도울 짐승을 이르며, 기는 것은 각종 곤충들과 파충류의 일부를 말하고 땅의 짐승은 자연에서 자유롭게 살아가는 동물을 의미한다. 즉 여섯째 날, 지상에서 번성할 포유류와 곤충들 그리고 이들이 먹고 살아갈 수 있도록 풀과 식물을 준비하심으로 최종적으로 창조할 인간을 위한 모든 준비작업이 이루어진다.

현재까지의 과학으로 동물의 신비한 현상을 살펴보면 하나님의 하신 영역의 광대함과 그 무한한 지혜를 인간은 가름할 길이 없음을 알 수 있다. 올챙이가 물속에서 사는 데는 전연 불편함이 없어 개구리로 변태되어야 할 이유가 없으나 개구리로 되는 것은 별도의 설계에 의해 이루어지는 현상이다. 또한 나비는 전혀 다른 모양과 목적으로 알, 애벌레, 번데기, 성충의 단계를 거치며 각 단계마다 독립적인 기능과 모양을 가지도록 설계되어 있다.

덩치가 커서 재빠르게 움직이지 못하는 코끼리는 놀라운 청각기능을 가지고 있어 그 결점을 보완하고 있으며 기린은 긴 목으로 물을 마실 때 뇌출혈이 일어나지 않게 하기 위하여 직경이 60㎝나 되는 튼튼한 심장을 가지고 있다. 회색 곰은 북극지방에서 흔치 않는 먹이를 얻기 위하여 30㎞ 밖에 있는 음식물 냄새를 맡을 수 있는 후각을 가지고 있고 뜨거운 사막에 사는 낙타는 한꺼번에 150ℓ 의 물을 마셔 오랫동안 물을 먹지 않아도 살아갈 수 있는 육봉을 가지고 있다.

곤충의 눈은 홑눈이 모여 겹눈을 형성, 빛의 명암을 원통형 홑눈으로 감지하며 물체를 파악하는 구조는 신경망을 통하여 뇌로 연결되는 최첨단 광학구조이다. 멸종된 고생대 생물인 삼엽충의 눈은 수백 개의 복합렌즈로 구성된 고도의 광학기구를 가지고 있었다.

독수리의 급강하기술은 내려올 때 앞 깃털 하나를 세워 추락을 방지하는 비행기의 전연장치 역할을 하고, 딱정벌레는 특수한 분사장치를 몸속에 가지고 있어 고압 화학물질을 순간적으로 반응, 유독가스를 발생시키는 고도의 화학장치를 보유하고 있다.

이와 같이 자연계의 모든 생물은 미리 내장된 설계에 의하여 만들어지고 살아가도록 창조되었음을 알 수 있다. 그렇기 때문에 처음 창조되었을 때에는 서로 경쟁이 필요 없는 평화로운 환경이었을 것이고 먹이 또한 풍부하게 있어서 강한 짐승이 약한 짐승을 잡아먹는 약육강식의 논리도 없었을 것이라고 생각할 수 있다.

모든 것이 준비되고 평화로운 환경에서 하나님은 모든 것을 다스리게 하는(창 1:26) 주체가 필요했다. 그 주체로 인간을 택하시고 남자와 여자로(27절) 창조하시어 이들에게 복을 주신 후 생육하고 번성해서 땅에 충만하도록(창 1:28) 하셨다.

여기서 이 인간을 어떤 피조물보다도 더욱 번성하도록 배려하면서 두 가지 명령을 내리게 된다. 먼저 발을 디디고 있는 땅을 정복하여 차지하라는 것과 땅위의 모든 생물을 다스리라는 것이 그것이었다.

만들어진 피조물을 보면서 매일 흡족해 했으나 여섯째 날에는 자신과 닮은 인간의 창조로 특별히 좋아 "심히 좋았더라"(31절)라는 표현을 쓰고 있다.

하나님이 인간을 지으실 때 자신의 형상을 닮도록 했다는 것은 깊은 신학적인 의미가 있다. 우선 인간은 다른 동물들이 갖지 못하는 하나님과의 관계를 가지고 있다는 점이다. 그것은 인간이 홀로 살아가게 창조되지 않았다는 것을 의미한다. 둘째로 인간은 하나님의 품성을 그대로 반영한 하나님의 다른 모습이라는 점이다. 인간이 근원적으로 하나님과 단절하여 존재할 수 없다는 뜻이다. 셋째로 인간은 하나님에게 책임을 지고 있다는 것이다. 하나님의 백성으로 그분의 역할을 이 세상에서 성실히 수행해야 할 청지기적 책임이 그것이다.

하나님이 자기의 형상대로 지으신 인간은 아름다운 자연을 보고 감
　탄하면서도 그것을 만드신 창조주는 눈에 보이지 않는다고
　부정한다.

하나님의 뜻과 행적을 기록해 놓은 성경을 조금만 깊이 읽어보면 다
　알 수 있고 느낄 수 있지만 사람들은 그것을 신화나 가당
　치 않은 기적으로 치부해 버린다. 그래서 현대과학을 종횡
　무진으로 가르고 있는 진화이론은 사람들이 조건 없이 받
　아들이는 진리가 되어가고 있다.

진화론은 믿음이다. 창조론보다 더 큰 믿음이 필요한 믿음이다. 증거
　에서만 보더라도, 진화론을 세우는 것은 하나의 우기기다.
　여기에는 단지 증거 없는 믿음만이 필요하다.

성경은 그 속에 놀랄만한 사실을 기록해 놓고 있다. 기록자가 과학자
　가 아니었는데도 과학으로 기록하였고 수학자가 아니었는
　데도 수학으로 기록한 것은 그 원작자가 한 분 하나님이기
　때문이다. 사람들은 이러한 사실을 애써 외면하면서 한 뼘
　만한 잣대로 그 분의 능력을 재려고 하고 있다.

마지막 걸작품인 인간에 와서는 현대과학도 손을 놓고 있다. 눈에 보
　이는 것은 흉내를 내지만 보이지 않는 감각과 영의 문제는
　근처에도 가지 못하는 것이다. 인간이 하나님에 대하여 한
　없이 배우고 끝없이 익혀가야 하는 불완전한 존재임을 자
　각할 때 하나님은 인간의 손을 잡아 주신다.

현대의 가장 위대한 과학자였던 뉴턴이 "가장 극치의 과학은 하나님
　의 성경으로 돌아가는 것이다. 세속 역사의 어디에서도 성
　경만큼 믿을만한 것을 찾을 수 없다."라고 말한 것은 새겨
　들을 충고이다.

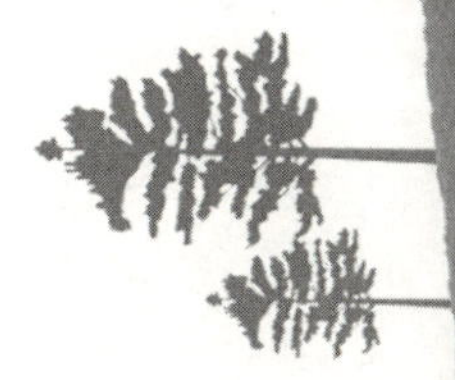

2부

하나님을 배우면서

  진화론, 허물어지지 않는 인본주의 이론

다윈으로부터 시작된 진화론

                        광산에서 땅속의 광물을 찾는 일에 반
평생을 보낸 나는 용하다는 과학적 이론은 말할 것도 없고 지화학 –
물리탐사법 그리고 시추탐사 등 첨단장비까지 동원해 가면서 그 일로
불같은 젊음을 보냈다. 말이 없는 자연을 대상으로 하다 보니 진화론
을 그 맨 앞에다 놓고 지층의 나이를 알려고 화석을 찾아 헤맸으며 광
물의 생김새를 보고 그 연대를 수억 년으로 늘려 잡으며 진화론의 맹
신자가 되어 살았었다.

수십억 년 전, 지구가 만들어지고 원시대기 속에서 번개와 같은 자
연현상에 의해 우연히 생명체가 생겨났고 이들이 오랜 시간에 걸쳐 진
화하면서 현재의 생물계를 형성하고 있다는 진화론은 지금 누구나 받
아들이고 있는 진리가 되어 있다.

1859년 다윈(Charles Darwin)은 『종의 기원』(*Origin of Species*)에

서 "무생물로부터 생명체가 오랜 기간 동안 우연히 발생했으며, 돌연변이, 자연선택과 적자생존의 원리에 따라 종들이 분화되고 진화되었다."라고 하는 진화론(Evolution Theory)을 발표하였다.

그는 식민지 측량을 위하여 파견되는 측량선 비글(Beagle)호에 승선하여 남미의 아마존 숲을 관찰하고 돌아오는 길에 갈라파고스 섬(Galapagos)을 방문한 후 이 이론을 발표하였다. 신실한 기독교인이고 지질학자였던 비글호 선장 핏츠로이(Robert Fitzroy)는 항해 중 다윈에게 라이엘(Charles Lyell)이 쓴 『지질학 원리』를 읽도록 했다. 그러나 이것이 진화론을 구상하는 기초이론을 제공하게 되었고 핏츠로이 선장은 이를 두고두고 후회하면서 그의 여생을 진화론의 비평자로 살았다.

진화이론의 근간이 된 자연발생설은 프랑스 과학자 파스퇴르(L. Pasteur)에 의해 부정되었고 진화의 흔적인 화석(Fossil)은 진화의 고리가 연결되지 않는다고 판명되었으며(Missing Link) 그 외 계통발생설(Systematic Genesis Theory)과 상동기관설(Homologous Structure) 등 진화론을 떠받치고 있던 이론들 모두가 검증에 실패하였다.

수학자들에 의하면 생명체가 무생물에서 우연히 발생할 확률은 10의 1만 4,136승 분의 1로 도저히 발생 불가능한 일로 확인되었다. 따라서 진화론은 최초 무기물의 출처를 설명하지 못하여 열역학 제1법칙에 맞지 않고 하등동물에서 고등동물로의 진화현상도 열역학 제2법칙을 충족시키지 못하는 허구의 과학임이 증명되었다.

1859년, 다윈이 진화론을 발표한 1년 후 엥겔스는 마르크스에게 보낸 편지에서 "다윈의 진화론은 모든 자연세계 이론 중 가장 근본적인 이론을 제공하고 있다."라고 적고 있다. 이들이 일으킨 공산주의는 그 후 세계를 암흑의 공포기로 만들었으며, 진화론의 위세 역시 한동안 꺾일 줄을 몰랐다.

노벨평화상 수상자이자 정치과학자인 럼멜(R. Rummel)의 조사에 의하면 진화론을 채택한 공산주의자들에 의해 1900년부터 90년간 약 1억 5,000만 명의 생명이 살육되었다고 하였다. 이는 1차, 2차 세계대전에서 희생된 3,500만 명의 4배에 해당하는 숫자이다.

원래 기독교인이었던 스탈린은 다윈의 책을 읽고 무신론자가 되었고 히틀러는 진화론의 적자생존원리를 나치즘의 주요강령으로 채택하였으며 모택동과 폴 포트, 카스트로와 김정일과 같은 독재자들은 우생학 이론으로 인종청소를 한 바 있다. 미국에서는 지금까지 무려 2,000만 명의 태아가 본인의 의사와는 상관없이 낙태로 생명의 빛을 보지 못했다.

진화론은 이제 더 이상 단순한 과학상의 문제만이 아니라, 문학, 철학, 심리학, 교육학 심지어는 신학에 이르기까지 적용되면서 현대 인류사상 지대한 영향을 끼친 문명의 반항아가 되어 버렸다.

진리가 아님에도 진리처럼 믿어버리는 신앙은 무비판적이고 반복된 교육에서 비롯된다. 그 신앙은 증명 불가능한 이론, 즉 모든 생물이 자연발생 되었고 그 후로 진화되었거나 진화되고 있다고 하는 이론들을 무조건 믿기 때문이다. 따라서 진화론이 과학을 앞세운 비과학적인 신앙이라 할 수 있는 반면, 창조론은 비과학으로 오도되어 온 초과학적인 신앙이라고 말할 수 있다.

진화론, 어디까지 왔나

　　　　　　1970년대 후반에 나는 자원조사를 위하
여 남미 안데스 산맥을 넘을 기회가 있었다. 페루의 수도 리마에서 올
라가는 길은 험준했다. 고도가 높아짐에 따라 공기가 희박해져 호흡마
저 곤란해졌으며 해발 5,000m의 산 정상에서는 정상적인 숨쉬기가
어려울 지경이었다. 그곳에서 만난 원주민을 보고는 인간의 진화를 생
각하게 되었고 울창한 아마존의 원시림을 보고 지구의 장구한 역사를
생각하면서 진화론을 쓴 다윈의 선견지명(?)에 감탄한 적이 있었다.

이 진화론은 20세기 문명의 기초이론으로 한동안 세상을 풍미해 왔
다. 그러나 20세기 중엽부터 한 창조자가 일시에 모든 생물을 창조했
다고 하는 창조론으로 인하여 그 이론의 사실성을 의심받고 있다. 모
든 현대과학이 뒷받침하고 있는 진화론이 무너질 때 각 학문마다 쌓아
올린 성과가 일시에 무너지는 것을 기피하는 과학자들은 사활을 걸고
이를 지키려는 형국이다.

지질학을 위시하여 고고학, 천문학, 생물학의 각 분야에 종사하는
과학자들은 진화론이라는 발판을 이용하여 학문의 탑을 이룩하였기에
지금으로서 그 기득권을 쉽게 포기할 성 싶지 않다.

20세기에 접어들면서 이 진화론은 모든 영역에서 무차별적인 영향
력을 미치며 인류문명을 오도하여 큰 재앙의 원인이 되었다. 인종우생

학(Eugenics)을 창시한 다윈의 사촌인 C. 겔톤(Chales Galton, 1883)
은 진화론의 적자생존이론과 자연선택이론을 계승 발전시킴으로써 세
계를 이념투쟁과 전쟁의 소용돌이 속으로 빠져 들게 하였다.

고대의 신 중심주의에서 중세 르네상스시대의 인간 중심주의로, 다
시 현대의 물질중심주의로 변해 오면서 진화론은 모든 영역에서 인간
의 존엄성을 파괴하는 데 결정적인 역할을 하게 되었다. 그 구체적인
예를 살펴보자.

첫째, 생명현상을 '단순한 물성(物性)과 그 상호작용의 결과'로 해
석하기 때문에 생명, 특히 인간생명의 존엄성에 대한 근거가 상실되게
하였다. 인간을 물질로 보는 적자생존과 자연선택의 원칙에서 출발한
1차, 2차 세계대전이 그 좋은 예이다.

둘째, 생명체를 물질적으로 분석하게 되면서 내세관에 대한 소망과
삶의 목적을 잃어버린 현실 위주의 삶의 방식을 가져다 주었다. 이에
따라 쾌락주의, 배금주의, 한탕주의, 이기주의 등이 자연스럽게 팽배
하게 되었다.

셋째, 자연선택 이론을 '계급투쟁의 과학적 정당성'에 응용하게 되
었다. 진화론이나 공산주의나 모두 유물론적이며 자연선택적이고 적
자생존적인 이론을 내세우는 점에서 그 이론의 바탕이 모두 진화론임
을 알 수 있다.

넷째, 진화론의 영향으로 만들어진 인종우생학(Eugenics)으로 인하
여 인류는 유전학적으로 인종을 개량하려는 목적을 가지게 되었다. 정
신박약아, 불구자, 유전적 질병을 가진 자 등은 아이를 낳지 못하도록
하는 비인도주의적인 소위 '단종 법안'을 만들어서 미국의 일부 주정

부와 나치 독일에서 실시하기에 이르렀다. 이런 법이 그 뒤에도 덴마크, 스위스, 독일, 노르웨이, 스웨덴 등의 북부유럽 국가들에 의해 채택되기에 이르렀던 것이다.

다섯째, 진화론은 인종우생학 및 니체의 초인주의와 결합되어서 히틀러의 나치즘을 탄생케 하였다. 실제로 히틀러는 인류의 개조를 위하여 헌신한 자신이 후대에 높이 평가받을 것이라는 확신을 가지고 있었다고 한다.

이와 비슷한 국수주의적인 발상은 최근 이웃 일본에서도 대동아 전쟁을 통하여 나타난 바 있으며, 역사적으로는 앵글로색슨주의, 게르만주의, 슬라브주의 등등이 이러한 국수주의적 민족주의를 표방하여 일어난 반역사적 운동이라고 할 수 있다.

멀리 갈 필요 없이 우리 주위에는 이 진화론의 찌꺼기가 얼마든지 널려 있다. 교회에서조차 이런 진화론을 떨쳐 버리지 못하여 엉거주춤하고 있는 교인들을 쉽게 볼 수 있다. 하나님의 존재와 그 전능성을 알면서도 결국 자신의 능력과 물질에 의지하여 살아가는 우리의 이웃은 인간이 최고의 선이라는 선입견을 가지고 있으며 그 바닥에는 확고부동한 진화론이 자리 잡고 있는 것이다.

결론적으로 우리 인간은 창조주 하나님을 중심으로 한 신본주의적인 삶을 살아갈 때에 역설적으로 참다운 인본주의적인 삶을 살 수 있을 것이다. 하나님이 원하시는 아름다운 열매를 맺지 아니하는 나무는 찍혀 불에 던져질 것(마 7:19)임을 확신하고 하나님의 모양과 형상을 되찾을 때에 우리는 비로소 진정한 의미의 인간성을 회복하게 될 것이다.

진화론은 과학인가

자연세계의 창조를 발견하고 이를 검증하는 하나의 관점 및 수단을 우리는 일반적으로 과학이라고 한다. 이는 하나님이 자연을 통하여 자신을 계시하고 또 자연의 법칙을 보이고 있기 때문이다. 그러나 현대인은 이 과학이라는 이성주의적 사고로 무장되어 있어 수많은 시행착오를 겪으면서도 그것을 성급하게 진리라고 단정해 버린다. 그래서 오히려 진리에서 멀어지는 과오를 범하고 있다.

특히 인본주의적인 진화론은 각 영역으로 무차별적으로 침투되어 히틀러는 이를 나치즘에 적용하였고, 마르크스는 공산주의의 이론적 토양이 됨으로써 인류에 가공할 고통을 안겨주기도 하였다.

이에 반하여 하나님의 영역을 인정하고 이를 모순없이 채택하고 있는 창조론은 과학적으로 증명할 수 없는 비과학 또는 사이비 과학으로 배척되어 온 것이 사실이었다. "하나님을 알기 위하여 성경을 읽어 보시지요." 하면 검증되지 않은 것은 읽을 필요가 없다고 하면서도 다윈의 진화론은 아무런 전제조건 없이 믿어버리는 것이 현실이다.

과학이 과학으로서 권위를 가지려면 두 가지 조건을 충족시켜야 할 것이다.

첫째, 실험으로 입증된 사실인가 하는 문제이다. 가설을 세우고 그 가설을 입증할 수 있는 실험을 거쳐 객관성을 갖추었는가 하는 점이다. 실험이라는 검증단계를 거치지 않은 주장이라면 이는 과학이라고 할 수 없다.

둘째, 실험을 할 수 있는 영역인가 하는 문제이다. 실험을 할 수 없는 영역이라면 그것은 처음부터 과학이 아니다. 이로 볼 때, 우주, 지구, 자연 그리고 생명체의 현상은 검증의 영역이 아닌 만큼 이를 다루는 학문을 과학의 범주에 포함시킬 수 없는 것이다.

이러한 관점에서 볼 때, 현재의 과학은 다음과 같은 요인에 의해 왜곡되어 왔다.

첫째, 과학의 수준은 시대에 따라 달라진다는 점이다. 발전이 뒤떨어졌을 때에는 진리에 근접하기 어려웠지만 발전단계가 올라갈수록 진리에 가깝게 접근할 수 있게 된다. 예를 들면 현미경의 발명 이전에는 미생물에 관한 지식이 없었으나 현재는 DNA 구조까지 밝히고 있어 생명의 근원에 거의 접근하고 있다는 점이다.

그래서 과학은 당대에 완전하다고 여겨지지만 후세에 되돌아보면 미비한 결점 투성이임을 알 수 있다. 이는 진리를 향하여 끊임없이 가고 있지만 그 당시의 결과가 진리가 아니라는 것을 의미하고 있다.

둘째로, 과학자의 가치관이 개입됨으로 왜곡되어 있다는 점을 들 수 있다. 과학에는 과학자의 세계관이 투영된다. 당대의 시대에 영향을 받을 수밖에 없는 과학자가 그 시대정신으로 과학에 접근하기 때문에 과학은 시대마다 왜곡될 수 있는 것이다.

최초의 창조계는 완벽하였으며 하나님이 보시기에 좋았다.(창 1:31) 그러나 인간이 원죄로 타락함으로서 이들이 추구하고 있는 과학 또한 타락할 수밖에 없었다. 하나님의 능력이 타락한 과학으로는 효과적으로 이해할 수 없게 된 것이다.

타락한 이성으로 타락한 과학을 회복시킬 수는 없다. 먼저 과학의 주체자인 인간이 구원을 받고 성령의 역사로 이성이 회복될 때 과학은 기독교적 세계관을 갖출 수 있다. 그래야 진리에 이를 수 있으며 이 왜

곡된 과학을 회복시킬 수 있는 것이다.

기독교적 세계관은 믿음에서 출발한다. 모든 분야의 과학에서 믿음은 지식습득의 동기를 부여하며 이를 통일시키기 때문이다. 앎의 과정은 단순히 이지적인 것뿐만 아니라 감정적, 의지적, 영적, 신체적 차원이 일부를 구성한다. 우리의 지식은 물리적인 실체에 대한 관찰뿐 아니라 역사적 사건과 다른 사람과의 관계까지도 포함한다. 이런 면에서 과학적 지식은 지극히 인격적이다.

이러한 현대과학은 만연된 진화론적 사고를 바탕으로 하고 있기 때문에 날로 심각해지고 있는 환경오염 문제와 생명의 존엄성 파괴로 이어지고, 궁극적으로는 사탄이 지배하는 유물론적 세계로 가고 있다.

과학은 심각한 진화론적 사고의 폐해를 부각시키고 과학으로 증명된 창조의 모습을 세상에 알림으로써 세상의 빛과 소금(마 5:13-15)의 역할을 다 해야 할 것이다.

크리스천은 물론 무신론자들도 사실을 바로 알아 진리에 접근하는 일이 매우 시급하다. 비과학 또는 사이비 과학이라고 간주되어 왔던 하나님의 창조사역에 대하여 이제 우리는 과감히 그 과학적 증거를 제시함으로 하나님의 존재를 이해시키고 자연현상에 대한 거짓이론을 바로잡아 인간성을 회복해야 한다.

무신론적 진화론이 과학의 영역에서 논의되고 있는 것은 결코 과학적인 이유에서가 아니다. 그것은 하나님을 인정하지 않으려는 인간의 기본적인 속성에서 비롯된 것이다. 그래서 창조인가 진화인가 하는 논쟁은 결코 과학적 논쟁으로 해결되지 않는다.

그래서 과학을 앞세운 비과학적 신앙인 진화론을 택할 것인가 아니면 비과학적으로 오도되어 온 초과학적 신앙인 창조론을 택할 것인가 하는 문제는 현대를 살아가는 우리들에게 던져지는 운명의 화두가 될 수밖에 없는 것이다.

진화론에서 창조론으로

　　　　　　　하나님이 천지를 창조하였다고 하는 기본적인 창조론 사상은 중세(17세기) 말까지 어떤 도전도 받아보지 못하고 하나의 타성적 신관으로 이어져 왔다. 그것은 성경이 일부 교권을 독점하고 있던 지도층의 전유물로 전락함으로서 일반대중들은 아무런 비판 없이 그들에 의해서만 전달되는 지식을 받을 수밖에 없었던 역사적 배경 때문이었다.

그러나 칼빈의 종교개혁 이후 이 사상은 산업혁명에 의한 이성적 과학관에 의해 일부 수정되다가 19세기 중엽 다윈이 진화론을 발표를 시작으로 20세 초에 이르러서는 전면 부정되기에 이르렀다.

이 진화론은 이후 점차 그 속도를 더해감에 따라 하나님의 원초적 능력마저 부인하려고 하는 데에 위기의식을 느낀 소위 기독교 근본주의자들에 의해 제동이 걸리게 되었고 그간 몇 차례의 사상적, 신학적 그리고 과학적 논쟁을 거쳐 현재에 이르고 있으나 그 결과를 예측하기에는 아직 이르다고 하겠다.

이렇듯 1970년대와 80년대에 활발하게 제안되었던 진화 – 창조의 논쟁이 1990년대에 이르러서는 소위 지적 설계(Intelligent Desigh)라는 이론이 새롭게 나타나 지식인층을 대상으로 세련되고 다듬어진 전략으로 전파되고 있다. 이 이론은 19세기 영국의 자연신학자 W. 팔레이(William. Paley)가 제안한 이론을 생명현상의 초월적 지능을 전제하지 않고는 그 존재자체를 설명할 수 없다는 논리로 발전시켰다. 이는 생물개체의 거시적 진화를 분자 수준에서 미시적으로 설명할 수 있는 통합된 체계가 아직 존재하지 않는 현 생물학계의 한계를 공략하며 점차 그 영역을 확대해 가고 있다.

1920년대 반 진화론 운동으로 시작한 미국에서의 진화 – 창조 논쟁은 결국 인간의 실체와 본성에 대한 논쟁이기 때문에 우리는 이런 논쟁에서 국외자가 될 수 없다.

그렇기 때문에 이제 우리는 왜 진화론을 버려야 하며 왜 창조론을 택하여야 하는가 하는 문제를 심각하게 고려할 때가 되었다. 최근에 와서 진화론은 과학을 앞세운 비과학적 신앙이며 역사상 부정적인 영향만을 끼친 반면 창조론은 비과학적으로 오도되어 온 초과학적인 신앙이라는 증거 때문에 우리는 이 두 가지 논쟁에서 창조론을 택할 수밖에 없는 시점까지 온 것이다.

그 이유는 첫째, 자연과학이 하나님의 말씀에 기초하여 거짓이론을 배척함으로써 인간 내면의 진리를 바로 세워 인간성을 회복시켜야 하기 때문이며 둘째로, 컴퓨터보다 월등한 기능의 인간 두뇌와 정교한 우주 로켓보다 풀 한 포기의 신비함 그리고 유전인자로서 DNA의 존재 등 자연에서의 증거가 너무나 확실하다는 점이다. 셋째로, 태양과 지구간의 거리(온도), 지구의 크기(인력, 자전 및 공전, 기압), 자전축의 경사(23.5°), 오존층(지상 64k, 압축하면 0.32cm), 지구와 달과의 관계, 물의 존재, 공전(1년 365일 5시간 48분 48초) 등 지구현상의 완벽성 때문에 진화론을 버릴 때가 된 것이다.

그렇다면 왜 성경에만 창조가 나타나는가? 나라마다 고유한 건국신화나 창조신화가 있게 마련이다. 그러나 이들이 성경의 창조내용과 다른 점이 있다. 첫째로 무에서 유를 창조한다는 내용은 성경의 창세기가 유일하다. 무에서 유를 만들어 낸다는 이론은 현대 물리학이 발달한 현대에 이르러서야 생각할 수 있는 개념이다.

둘째로 다른 설화들은 인간과 신 사이의 차이를 인정하지 않는 범신론적이며 다신교적이라는 점이 성경과 근본적으로 다르다. 이는 창세기의 창조기록은 전능한 조물주만이 할 수 있는 사역임을 증명하는 것이다.

특히 우리가 살고 있는 지구의 여러 자연현상이 한 치의 오차도 없이 운행하고 있는 점과 이를 기록한 성경이 에너지 보존의 법칙인 열역학 제1법칙과 엔트로피법칙인 열역학 제2법칙을 완벽하게 수용하고 있다는 사실, 그리고 첫째 날의 빛과 공간은 넷째 날의 해, 달, 별의 창조를 위하여 둘째 날의 대기권과 수권은 다섯째 날의 생물창조를 위하여 셋째 날의 암석권과 식물은 여섯째 날의 생명의 창조를 위하여 행하신 하나님의 6일 창조의 치밀성은 어느 과학으로도 이를 부정할 수 없는 과학성을 나타내고 있는 것이다. 즉 말씀으로 완전하게 창조하신 전능성을, 신화적 요소가 전무한 사실성을 그리고 성부로부터 시작되어 성자를 통하여 진행되고 성령으로 종결되는 삼위일체설로 창조사실을 설명할 수 있기 때문이다.

여기서 우리는 20세기 창조론자에 관한 연구로 유명한 넘버즈

(Ronald Numbers)가 한 말을 기억할 필요가 있다.

"15세기 점성술, 17세기 연금술, 19세기 골상학에 대해 전혀 문제없이 연구를 수행하고 있는 학자들도 20세기 창조론에 오면 분통을 터트리고 만다. 다시 말해 시간적으로 공간적으로 멀리 떨어진 사람들의 기이한 사상이나 행동은 전혀 문제없이 연구하던 학자들도 창조론자라는 자신의 이웃에 대한 연구에 임하여서는 대부분 학문적 이해보다는 비난을 앞세우는 것 같다. 위험스럽게 느껴지는 이 이웃에 대해 익숙해지는 것이 보다 현명한 태도가 아닌가 싶다."

과학자들이 놀라는 성경

해가 바뀌어 새해가 되면 우리 교회에서는 2박 3일 정도의 전 교인 수련회를 가지는 것이 관례로 되어 있었다. 경관이 수려한 모닝톤 반도의 해변 캠프장에서 가졌던 그해 수련회에서 나는 놀라운 체험을 하게 되었다. 성경읽기 프로그램에서 성경을 물 흐르듯이 읽어 내려갔다는 사실이다. 성경을 소리 내어 읽는다는 것이 뭐 그리 대단한 일이라고 하겠는가마는 적어도 나에게는 보통의 변화가 아니었다.

구역예배나 작은 기도모임에서 가끔씩 성경을 소리 내어 읽을 기회가 있었다. 그때마다 나는 그 성경읽기가 여간 고역이 아니었다. 다독형인 내가 성경읽기를 어렵게 생각했던 것은 그 문체가 고어체이기도 했지만 지명이나 인명이 낯설어서 도무지 속도를 낼 수 없었던 것이다. 그러던 성경이 그 날에는 토씨 하나 틀리지 않고 한숨에 읽어 내려갈 수 있다는 것은 분명 누군가의 도움 없이는 불가능한 일이었다. 기피하던 성경을 나와 가까이하도록 만드시려는 성령의 도움이 그때부터 시작되었다고 할 수 있다.

성경을 과학으로 접근하는 일이 쉬운 일이 아니었지만 그 경계를 탐험해 보는 일은 성경을 다시 읽고 그 바닥에 깔려있는 하나님의 숨결을 찾아내는 일부터 시작되었다. 읽을 때마다 다른 의미와 메시지를 주고 있는 신비의 책이라는 것을 느끼면서 나의 성경탐험은 그렇게 시작되었다.

성경은 하나님이 저자이고 그 내용을 받아 기록한 담당자가 사람이다. 그렇기 때문에 당시 기록한 사람의 사상과 인격 그리고 문화적 지식에 따라 표현이 조금씩 달라질 수 있으나 그 기본적 내용은 변할 수 없다는 것이 특징이다.

기록자는 하나님이 불러주는 내용을 모두 이해할 수는 없었을 것이다. 무한한 지식과 지혜를 가진 그 분의 경륜을 이해하기에는 인간의 지식체계가 너무 미비하기도 하겠지만 시대적 가치기준이 달라 당시로서는 납득하기 어려웠던 일들도 많이 있었을 것이다.

이렇게 기록된 성경이 수천 년을 이어오면서 그 생명력을 가지고 지금도 읽히고 있는 것은 그 속에 하나님의 숨결이 담겨 있기 때문이다. 시대를 관통하면서 공감할 수 있는 진리를 담고 있기 때문이다.

이러한 성경이 과학과 아주 동떨어진 믿음의 세계로 치부되면서 서로 다른 체계로 이해해야 한다는 것이 현대인의 일반적인 생각이다. 다시 말해 과학은 과학으로서의 고유한 발전단계를 가지고 있기 때문에 그 영역이 독특할 뿐만 아니라 논리의 전개 또한 체계적이어서 사상과 실체를 육안으로 볼 수 없는 신앙인 기독교를 수용할 수 없다는 것이 그 이유이다.

그러나 전통적 인식은 과학과 기독교는 서로 다른 영역에서 인간에게 유익을 주고 있으며 그 경계영역에서 일어나는 문제들은 잘못된 전통적 과학주의와 지나친 신비주의 때문이라고 하면서 과학은 과학의 자리에서 영역을 확장해 나가는 것이고 기독교는 기독교의 자리에서 과학이외의 영역을 추구하는 것이라고 주장해 왔다.

19세기 영국의 지질학자 라이엘(Lyell, 1833)이 '지질학 원리'를 발표하고 뒤이어 다윈(C. Darwin, 1859)이 진화론을 발표함으로서 근대 과학은 기독교와 결별하는 결정적인 계기를 만들었다. 과학과 기독교는 서로의 입장을 존중해 준다는 명분으로 상호간 영역침범을 고의적으로 피해왔다. 따라서 모든 학문은 진화론에서 출발하여 진화론으로 귀착하는 인본주의적 탐구의 세계를 구축하며 기형적인 과학이 발전하게 되었다.

그러나 현대의 많은 과학자들은 오히려 성경을 신뢰하고 이의 과학성을 증명하고 있다. 그 행간에 숨어 있는 창조의 신비를 당시에는 전혀 이해하지 못했지만 과학이 발전하면 발전할수록 성경에 가까워진다는 사실을 현대 과학자들이 보고 오히려 놀라고 있다.

과학은 그 자연법칙을 조금씩 밝혀내는 분야이고 그 자연법칙은 알 수 없는 어떤 존재가 없이는 성립할 수 없다는 사실을 인정하게 된 것이다. 결국 성경은 과학이 발전함에 따라 더욱 절묘한 조화를 이룰 수 있게 된다는 결론에 이르게 된다.

그래서 많은 기독인들은 성경을 읽을 때 과학의 눈으로 보기보다는 더 근원적인 신앙의 눈으로 읽어야 더욱 과학적으로 이해할 수 있게 되다고 한다. 현대 물리학의 거성 아인슈타인은 "종교가 없는 과학은 절름발이 과학이다."라고 하였으며 복음주의 신학자인 쉐퍼(F. Schaeffer)는 "성경은 기록된 대로, 역사적 사실로 믿어야 된다."라고 했다. 이는 모두 과학은 성경을 통하여 발전하고 성경은 과학을 통하여 더욱 잘 이해될 수 있다는 사실을 확증해 준다.

성경에 숨어있는 과학-1

　　　　　　　수년 전 한 동료 지질학자와 대화를 나눈 적이 있다. "고생대 지층에서 산출되는 화석은 어디서 온 것입니까?"라는 질문에 그는 당시 살았던 생물의 잔존물임을 설명하면서 오랜 시간과 우연한 계기에 의해 진화한 생물의 모습을 설명하였다. "그러면 그 생물은 어디서 온 것입니까?"라고 물으니 아주 옛날 무기물에서 단세포가 우연히 발생하여 진화한 생물임을 설명하였다.

혹시 어느 시점에서 창조자가 있어 그에 의해 이런 생물이 만들어졌다고 생각하지 않는가 하는 질문에 그는 "과학은 과학으로 설명해야지 왜 신빙성 없는 신앙으로 설명하려는가." 하고 매우 화를 내는 모습을 보았다. 진화론으로 무장된 과학자의 의식체계를 깨기가 얼마나 어려운지를 알 수 있는 대화였다.

성경은 과학책이 아니다. 또 자연의 이치를 설명하기 위하여 기록된 책이 아니다. 그렇기 때문에 기록될 당시에는 그 의미가 무엇인지를 알지 못했지만 현대과학이 자연의 신비를 밝혀낼 때마다 그 단초를 성경이 마련하고 있다는 것은 우연이라고 볼 수 없다. 수많은 기록들이 현대 과학자들을 놀라게 하고 있다.

약 3,000년 전에 쓰여진 욥기에서는 바다의 근원(Springs of the Sea, 욥 8:16)이라는 말을 쓰고 있다. 그 의미가 무엇인지 알지 못했으나 1960년 미국의 과학자들이 음향항법탐사(SNR) 방법으로 바다 밑에 물을 뿜어내는 샘을 발견함으로써 그 실체를 파악할 수 있었다.

현대 생명공학은 세포 핵 안에 있는 미토콘드리아(Mitocondria)도 별도의 DNA를 가지고 있음을 확인하고 있다. 이 DNA는 모계로만 전달되는 특성이 있어 이를 연구한 결과 인간의 조상은 한 여자로 귀착하게 된다는 사실을 밝혀냈다. 3,450년 전에 쓰인 성경은 이미 한 사람의 여자 즉 모든 산 자의 어미(창 3:20)가 그 조상임을 밝히고 있다.

유전공학은 19세기에 들어와서 시작된 학문이다. 1866년 멘델의 유전법칙이 발표되고 1953년 왓슨과 클릭에 의해 DNA가 발견되어 급격히 발전되었다. 라반에게 14년간 착취당한 야곱이 자신의 삯으로 아롱진 양, 점 있는 양 그리고 검은 양을 스스로 택하여(창 30:32) 후일 큰 재산가가 될 수 있었던 것은 그가 하나님으로부터 받은 영감(창 31:12)으로 유전공학의 개념을 인식했던 결과라고 볼 수 있다.

이스라엘 민족은 남자아이에게 태어나 8일 만에 할례를 받도록 율법에 규정하고(창 17:10) 있다. 여기에도 기막힌 과학이 숨어 있다. 남아의 성기에 표피를 절단하는 이 할례는 수술할 때 생기는 출혈이 문제가 된다. 피부조직이 손상되었을 때 피를 응고하는 성분인 프로드로빈(Prothrobin)은 1935년 댐(Dam)에 의해 확인되었다. 이 성분은 갓 태어난 아기에게는 성인의 30%밖에 없지만 8일이 지나면 성인의 110%까지 증가한다. 이 사실을 알고 나면 왜 하나님이 8일이라는 날짜를 지정해 주셨는지 이제야 이해할 수 있게 된다.

한편 안식일에 대한 개념에는 현대과학이 미처 밝혀내지 못하는 비밀이 숨겨있다. 모든 동물은 전부 7일 주기의 생체리듬을 가지고 있다고 동물학자들이 연구해 놓고 있다. 이는 하나님이 6일 동안 세상을 창조하신 후 7일째 안식(창 2:2)하심으로 이미 입력해 놓으신 생체리듬이라 할 수 있다.

프랑스는 한때 기독교 말살계획의 일환으로 1793년, 10일제 근무를 채택하였으나 15년도 채 계속하지 못하고 1805년 다시 7일제로 복귀하였으며 구소련의 스탈린은 1923년 역시 10일제를 추진하였으나 1940년 실패로 끝나고 말았다.

그러나 무엇보다도 성경이 이런 과학을 담고 있는 책이라는 것은 현대 물리학의 2대 법칙이 정확하게 증명하고 있다는 사실이다. 하나님의 창조가 완료되었다는 "천지와 만물이 다 이루어지니라"(창 2:1)는 질량불변의 법칙인 제1법칙으로 증명되며 "천지는 없어지려니와 주는 영존하시겠고 그것들은 다 옷 같이 낡으리니"(시 102:26)는 엔트로피(무질서)증가의 법칙인 제2법칙을 따르고 있다는 것을 증명한다. 이는 아무리 현대과학이 창세기를 인정하지 않으려 해도 인정할 수밖에 없게 되는 증거들이다.

현대 해운계의 아버지로 불리고 있는 머리박사(Matthew Maury, 1806-1873)가 병중에 있을 때 아들이 읽어주는 시편 8편 8절에서 "해로"라는 단어를 처음 접한 후 그는 대양의 해로를 측정하고 계산하여 큰 업적을 남겼다. 성경의 한 구절에 영감을 얻을 수 있었던 것은 그가 성경을 깊이 묵상하며 신뢰했다는 증거이다.

공기가 무게를 가지고 있다는 사실은 1640년 이탈리아 과학자 토리첼리에 의해 처음으로 확인되었다. 공기는 수은주를 760mm만큼 끌어올리는 힘을 1기압으로 하여 현대에 널리 사용되고 있는 과학 측정의 한 단위이다. 그러나 욥기에서 하나님은 "바람(공기)의 경중을 정하시며"(욥 28:25)라고 하여 이미 무게가 있음을 기정사실화하고 있었음을 알 수 있다.

지구가 둥글다는 사실을 처음으로 주장한 사람이 16세기 천문학자 코페르니쿠스인 것으로 알려져 있다. 그 전까지는 지구가 큰 거북이나 코끼리가 떠받치고 있다고 생각하였다. 그러나 성경은 욥기에서 "그는 북편 하늘을 허공에 펴시며 땅을 공간에 다시며"(욥 26:7, 개역한글)라고 하여 지구가 둥근 구체임을 이미 암시하고 있다. 더욱이 "수면에 경계를 그으시니"(욥 26:10)라고 했을 때 그 경계는 수평선이 아니라 완만한 곡선 즉 원형을 의미하고 있으며 "그가 하늘을 지으시며 궁창으로 해면을 두르실 때에"(잠 8:27)에서 궁창은 둥근 원의 의미로 사용되고 있다.

이렇게 지구가 구체라는 것을 분명히 가르치고 있음에도 불구하고 지구가 평평하다고 오해하게 된 원인은 "그가 땅을 움직여 그 자리에서 움직이시니 그 기둥들이 흔들리도다"(욥 9:6)와 "땅의 기둥들은 여호와의 것이라"(삼상 2:8)에서 기둥을 받아들인 결과로 보인다. 사실 그 기둥은 히브리어로 암무드(Ammud)로 기둥이 아닌 기초라는 의미임을 감안한다면 지구가 둥글다는 것은 그때에도 알 수 있었던 사실이었다.

또 지구는 은하중심에서 3분의 2의 지점에 있으면서 시속 100만㎞의 속도로 회전하고 있다. 그리고 지구를 중심으로 별들의 배치밀도가 사방으로 동일하다는 사실이 첨단 천문학이 밝히고 있다. 이는 지구가 온 우주의 중심에 위치하고 있음을 암시하는 현상이다. "하늘이 하나님의 영광을 선포하고 궁창이 그의 손으로 하신 일을 나타내는도다"(시 19:1)라고 하여 하나님은 지구를 특별한 존재로 여기셨음을 알 수 있다.

특히 지구를 자신이 직접 만드셨다는 점을 성경에서는 여러 번 강조하고 있다. "내가 땅의 기초를 놓을 때에"(욥 38:4) 그리고 그 도량을 정하고 주추를 세우고 모퉁잇돌을 놓을 때에 "새벽 별들이 기뻐 노래하며 하나님의 아들들이 기뻐 소리를 질렀음"(욥 38:4-7)을 분명히 하고 있다.

근세까지도 천문학에서는 하늘의 별의 수를 알지 못했다. 그러나 현대 천체망원경의 발달로 대략 그 윤곽이 드러나면서 태양과 같은 별이 1,000억 개가 모여 은하를 이루고 그 은하 1,000억 개가 모여 우주를 만들었다고 추측하고 있다. 최근 지질학자가 바다의 모래의 수를 계산한 적이 있다. 단위면적에 있는 모래수를 세어서 이를 전 지구의 해변

면적으로 확장 계산한 바에 따르면 전체 모래의 수가 대략 10의 22승 개 즉 온 우주별의 수와 비슷하다는 것이다. 하나님이 아브라함에게 주시는 축복 가운데 하늘의 별과 같고 바닷가의 모래와 같게(창 22:17) 하신 것을 생각하면 우연이라고 하기는 어려운 이야기이다.

우주에는 떨기모양의 별들이 있다. 천체 망원경으로 관찰한 바에 따르면 200개 이상의 별들이 모여 성단을 이루고 있음이 확인되었고 오리온 별 자리에 세 개의 별이 띠 모양으로 있는 것이 확인되었다. "네가 묘성을 매어 묶을 수 있으며 삼성의 띠를 풀 수 있겠느냐"(욥 38:31)라고 했을 때 사람들은 그 의미를 알지 못했다.

현대 천체물리학자 호킹(Steven Hoking) 박사는 중력 망원경을 이용하여 현재의 3차원 이외에 7차원까지 있음을 밝힌 바 있다. 1차원은 선으로, 2차원은 평면으로 그리고 3차원은 공간으로 표현되는 이 차원은 하나가 더 늘어나면 인간들은 이를 기적이라고 인식하게 된다. 하나님의 행사는 모두 이런 고차원에서 이루어지므로 인간들이 이해를 하지 못하는 것이다. 바울 사도는 주의 환상을 보고 "그가 몸 안에 있었는지 몸 밖에 있었는지 나는 모르거니와"(고후 12:2-3)라고 인간의 한계를 말하고 있으며 "사람이 가히 이르지 못할 말이로다"(고후 12:4)라고 그 신비함을 표현하고 있다.

성경 속의 숫자

　　　　　초등학교 때부터 고등학교까지 12년 동안 배운 수학에서 덧셈과 뺄셈 등 계산하는 방법만 익혀온 사람들에게는 숫자만 보아도 머리를 싸안기 마련이다. 특히 대학 입학시험 때 수학시험에서 다섯 문제 중 한 문제 밖에 풀지 못했던 기억 때문에 나에게는 줄곧 숫자에 대한 공포증이 따라다녔다. 그러나 수학의 본 뜻을 알면 우리 일상과 그렇게 가까울 수 없는 것이 숫자이다.

수학은 복잡한 공리와 계산의 집합체라고 할 수 있다. 일면 추상적인 과학이라고 여길 수 있지만 우주 만물의 조성 원리를 밝히고 이를 인간의 생활에 유용하게 적용하는 학문이라고 할 수 있다. 그래서 옛 수학자들은 "수학은 하나님이 우주라는 천을 짜는 베틀"이라고까지 비유한 적이 있다.

이 수학이 성경에 수도 없이 배어 있으며 나타난 숫자 역시 많은 의미를 내포하고 있다. 하나님의 말씀은 질서로 표현되며 그 질서는 수학으로 표현되기 때문이다. 그래서 성경에서 나오는 숫자는 하나님의 치밀하신 인간의 구원계획이 들어있는 암호가 되는 것이다. 세상의 모든 생명체에는 대수적 패턴이 들어있고 기하학적 패턴이 들어있으며 무질서 속의 질서적 패턴이 존재한다는 것은 이미 알려진 사실이다. 생명체가 수학적으로 조성되었다는 의미이다.

그러나 생명이 하나님과 무관하게 있어 왔다고 주장하는 과학자들은 생명을 기계적 물질현상으로밖에 보지 못하기 때문에 그 깊은 내용을 읽어내지 못한다. 그래서 하나님의 창조사역을 인정하고 경외하는 창조과학적 수학자만이 21세기를 이끌어 나가는 지도자가 될 수 있다.

이런 수학을 이용하여 우주 내 자연법칙을 제일 먼저 발견한 사람은 희랍의 철학자이며 수학자였던 탈레스(Tales, BC 624-547)와 피타고라스(Pythagoras, BC 582-497)였다. 특히 피타고라스는 수학의 의미를 깊이 연구하여 "수는 만물의 근원"으로 규정한 바 있다.

고래로부터 숫자의 의미를 알고 이를 실생활에 응용한 사례는 많다. 마이너스(-)는 중국에서 양에 대응되는 음(陰)의 의미로 파악하였으며 영(0)은 공(空)사상을 일으킨 인도에서 그리고 점(.)과 일(1)은 존재철학을 일으킨 희랍인들에 의해 하늘이라는 의미로 시작되었음을 보아도 알 수 있다.

성경에는 수의 가감승제(加減乘除) 예가 여러 곳에서 나온다. 덧셈(민 1:45-46), 뺄셈(레 27:18), 곱셈(레 25:8) 그리고 나눗셈(출 16:36)이 그것이다. 이러한 숫자의 응용은 그 숫자가 가지는 고유의 의미를 우선 고려했다는 점이 독특하다.

먼저 1은 절대 하나님의 숫자로 기본, 장자, 최고, 첫째, 시작 그리고 근본이라는 의미가 있으며 2는 절대수를 나누는 수로 여겨 절대 신성의 분리, 구분, 차이 또는 보완의 의미로 사용되었다. 3은 셋이 모여 하나가 된다는 의미를 가지며 완성, 거룩, 완결, 연합, 승인 그리고 삼위일체 하나님의 의미를 가지며 4는 절대수 3에서 1을 더한 수로 인위적인 세상의 수로 여겼고 5는 역시 절대수 3에서 협력하는 인간의 수 2를 더하여 된 수로 삼위일체 하나님에 대한 절대 믿음, 은혜와 축복의 수로 알았으며 동양에서는 문화권의 중심수로 5감(시각, 청각, 후각, 미각, 촉각), 5장(간장, 심장, 폐장, 비장, 신장)으로 널리 사용된 수이다.

6은 완벽한 수 7에 하나가 미치지 못하는 수로 인간의 수, 인간의 불완전성을 나타내며 7은 하늘의 수 3에 땅의 수 4를 더한 수로 신적 충만, 만족, 완성 그리고 완전성을 나타낸다. 8은 4의 배수로 강조와 반복의 의미가 있어 부활과 새 시작, 새 질서를 나타낸다. 9는 완전수 3에 같은 완전수를 곱한 수로 하나님의 심판, 완성을 의미하며 10 역시 완전수 3에 영적 완전수 7을 합한 수로 전체, 완전한 우주, 완벽한 하나님의 질서를 위미하고 있다.

이외에 11은 무질서 또는 미완성의 수로, 12는 굳은 결속과 완전한 통치의 의미로 그리고 40은 시련과 견습, 준비라는 의미로 사용되었다.

"누가 그것의 도량법을 정하였는지 누가 그 줄을 그것의 위에 띄웠는지 네가 아느냐 그것의 주추는 무엇 위에 세웠으며 그 모퉁잇돌은 누가 놓았느냐"(욥 38:5-6)라고 하여 하나님이 세상을 창조하실 때 처음부터 면밀한 수학적 기초로 시작하였음을 직접 설명하고 계시는 것을 알 수 있다.

인간창조, 우연인가 필연인가

　　　　　무신론자들은 충분한 시간과 적합한 자연환경 그리고 생명체에 필요한 재료만 충분히 있다면 누구의 도움 없이도 복잡한 생명체를 만들어 낼 수 있다고 주장하고 있다.

　모든 물체는 원소로 만들어졌고 그 원소는 분자와 충분한 핵자(양자와 전자, 중성자)가 있어야 형성이 가능하다. 또한 이 원소를 만들기 위해선 환경을 이에 적합하게 조정하는 것이 필요할 뿐만 아니라 정밀한 수의 전자가 필요하다.

　전자의 수가 10의 37승 분의 1의 정확도로 양자의 수와 같지 않으면 분자를 만들지 못한다. 여기서 10의 37승 분의 1이라는 숫자는 상상하기 어려울 정도로 민감한 숫자이다. 비유하면 고물상에 바람이 불어 점보 747기가 스스로 조립될 수 있는 정도의 확률이다. 자연의 한 개 물체가 이러한데 가장 오묘하게 구성되어 있는 인간은 상상을 초월하는 정밀도가 요구되는 개체이다.

현대과학은 인류가 오스트랄로피테쿠스를 비롯하여 크로마뇽인을 거쳐 현대인이 되기까지 인류의 진화시간을 여러 가지 화석을 기초로 하여 400만 년까지 늘려 잡고 있다.

그러나 이들 근거가 되는 화석 모두 가상의 추리에 근거하고 있거나 증거력이 없는 것들로 되어 있다. 자바원인은 긴팔원숭이로 판명되었으며 오스트랄로피테쿠스 아프리카누스는 개코 원숭이로, 북경원인은 현대인으로 그리고 영국의 필트타운인은 사기극으로 판명되었다. 그 외 네안데르탈인과 하이델베르그인 그리고 크로마뇽인은 모두 현대인으로 판명되어 인류의 기원을 지질학에서는 정확히 규명해 내지 못하고 있다.

최근에 와서 생체의 비밀이 조금씩 밝혀지면서 논의되고 있는 DNA(Deoxtrubo Nucleic Acid)도 생명설계의 또 다른 좋은 예라고 할 수 있다. DNA는 모든 생물의 세포 내 핵을 이루는 물질로 오탄당과 인산이 번갈아 가며 배열된 두 기둥이 이중나선을 형성하고 있고 그 사이에 네 종류의 염기(Adenine, Thymine, Cytosine, Guanine)가 짝을 지어 수소로 결합된 것인데 한 개의 염기쌍에 1,000페이지 분량의 책 약 1,000권 정도의 유전정보를 담고 있다고 한다.

하나님이 아담에게 이끌어 내신 생물들은 모두 암수 한 쌍씩임을 보고 아담이 자신과 닮은 짝이 필요함을 아시고 "여호와 하나님이 아담에게서 취하신 그 갈빗대로 여자를 만드시고 그를 아담에게로 이끌어"(창 2:22) 오심으로 하나님은 가장 세포분열이 왕성한 갈비뼈 골수세포를 택하여 체 염색체 22쌍, 성 염색체 1쌍 중 성염색체인 x,y를 xx로 바꾸어 여자를 탄생시킴으로서 최초의 클론인간(Clone Human)을 만드신 것이다.

인체는 신경계, 분비계, 순환계, 생식계, 소화계로 구성되어 있고 각 계마다 조화를 이루기 위하여 치밀한 사전 프로그램이 필요하며, 모든 기관은 자동차의 배터리 역할을 하는 "생기"를 불어넣음으로서 작동이 가능하도록 하였으며 감수분열을 통하여 출산에 의한 자기복제능력을 가지고 있음을 현대과학에서 서서히 그 실체가 규명되고 있는 유전공학의 결정체이다.

어떤 수준에서든지 생명체에 필요한 기존재료(전자, 양자, 원자, 원소 등)를 볼 때 우주의 물리법칙은 굉장히 섬세하게 조정되어야 하며 자연현상은 필요한 전자들을 만들기 위해선 엄격히 상호 부합되어야 한다. 또한 양자와 중성자들이 만들어지기 위해선 대단히 정교하게 형성되어야 한다. 이러한 모든 요소들이 정밀하게 균형을 이루어지는 것은 우리의 이해를 넘어선다. 대자연을 측량할수록 우리는 더 놀라운 사실들을 발견할 뿐이다.

주사위를 던져 2가 나오면 별로 이상하지 않다. 그러나 100번을 던져도 모두 2가 나온다면 이 주사위는 2가 나오도록 설계되어 있다고 할 수 밖에 없다. 마찬가지로 우주와 지구 그리고 자연계에서 과학이 탐구하여 찾아낸 사실들이라는 것이 한결같이 신묘막측한 누군가에 의하여 미리 설계되고 창조되었다고 하는 결론에 이를 수밖에 없게 된다.

이런 인간에게 하나님은 복을 주시며 실로 막중한 사명을 부여하신다. 먼저 "생육하고 번성"하여 땅에 충만하도록 한 후 무생물은 정복하고 생물은 다스릴 것(28절)을 명령하신다. 세상의 주인으로서 역할을 세운 것이다.

창조의 백미, 인간

　　　　작은 전화기 한 대를 사도 그 전화기의 재원부터 시작하여 어떻게 작동해야 하는지를 설명하는 두툼한 매뉴얼이 따라오게 마련이다. 기계가 좀 더 복잡하고 커지면 그 매뉴얼은 더욱 복잡해지고 두꺼워진다. 인간이 만든 제품에도 이런 매뉴얼이 있는데 천지를 만드신 하나님께서는 왜 그런 매뉴얼을 만들지 않았느냐고 질문하는 사람들이 있다.

만약 하나님이 창조의 매뉴얼을 만들었다고 할 경우, 우선 그 내용을 인간의 지식으로는 감당해 내지 못할 것이고 그 양이 방대하여 인간역사 전체를 통해서 그의 일부분도 읽어내지 못할 것이라고 예상할 수 있다.

그렇기 때문에 하나님이 하신 창조의 목적은 그 심오한 진리로 인하여 인간들이 가늠할 수 있는 사안이 아니지만 몇 가지로 요약해 볼 수는 있다. 첫째, 창조주의 의지가 있었다는 것이고 둘째로 창조를 위하여 미리 설계를 했다는 점 그리고 피조물에 대한 관심과 사랑을 바탕으로 했다는 점을 들 수 있다.

창조의 마지막 날, 지구상의 모든 생물을 만드신 후 최종적으로 인간을 창조하신 하나님은 "보시기에 심히 좋았더라"(창 1:31)며 흡족해 하셨다. 자신의 작품에 대한 만족과 동시에 그 피조물과의 사랑을 생각했기 때문일 것이다. 그러나 그 인간의 속을 들여다보면 신비로 시작해서 신비로 끝날 만큼 신비로운 존재임을 알 수 있다.

인체는 약 60조 개의 세포로 구성되어 있다. 그 한 개의 세포 안에는 생명의 설계도에 해당하는 이중 나선모양의 DNA가 약 30억 개 정도 들어 있다고 한다. 한 개의 DNA에는 1,000페이지 분량의 책 1,000권 정도의 정보가 내장되어 있다고 하니 상상을 초월하는 숫자이다.

유전공학시대라고 하는 오늘날, 인체에 대하여 많이 연구되었다고 하지만 한 사람의 개체가 탄생되기 위하여 정자와 난자의 만남에서부터 분열과 결합, 교차하는 그 많은 반응들을 통해서 세포가 얼마나 많은 역할을 하는가 하는 문제는 여전히 경이로움으로 남아 있다.

생명이 잉태되면 당사자가 하는 일은 아무것도 없다. 그러나 수정란이 착상하여 성장하는 모든 과정이 일어나고 있는 자궁 안에서는 매일 기적이 일어나고 있다.

수정 후 2주일 동안 세포는 배로 분열하면서 32세포기까지 증식한 후 그 다음부터는 58 또는 107처럼 불규칙하게 분열한다. 13일째 착상(Plantation)을 완료한 후에는 원시선(Primitive streak)이 나타나 인체로서의 발육을 시작하게 된다. 6주가 지나면 팔과 다리가 형태를 갖추며 눈, 코, 귀와 같은 감각기관들이 생겨나며 완전한 생명체로 성장하게 된다. 발가락과 손가락은 하나씩 순서대로 만들어지는 것이 아니고 손가락 사이의 세포가 죽음으로서 형태를 만들게 된다. 세포의 발생과정상 죽어 주는 시기를 기가 막히게 맞추고 있는 것이다.

12주가 된 태아는 키가 5cm, 몸무게 약 30g, 팔 길이가 약 1cm로 자라면서 지문이 생겨난다. 이때가 태아에게는 가장 위험한 시기이다. 이때를 넘기면 완전한 인체로 성장하기 때문에 중절시술이 이때 대부분 이루어진다. 이 시기 이후에 수술을 할 경우 태아는 자신의 생명을 보호하기 위하여 의사의 칼을 피하려고 하는 본능을 보이며 저항한다고 한다.

현대의학은 인체의 구성과 그 역할을 극히 피상적으로 규명하고 있다. 불완전한 의술로는 인간치료라는 궁극적 목적을 달성할 수 없다. 의사들은 눈으로 보고 하는 수술은 할 수 있으나 수술 후 살이 붙고 인체의 기능을 정상으로 돌리는 일에는 손도 못 대고 있다.

이 일은 전적으로 인간을 창조하신 하나님의 몫이다. 그 치료와 원상회복은 인체의 장부를 지으셨으며 모태에서 조직하신(시 139:13) 창조주 그분밖에는 이 세상에서 할 사람이 없다. 이런 엄청난 일을 인간의 매뉴얼로 설명할 수 없는 이유가 여기에 있다. 실로 신묘막측하신 창조주 하나님의 솜씨일 뿐이다.

인체의 신비 – 세포

인간은 자신의 외모나 신체조건에 대하여 만족하고 있는 경우가 드물다. 특히 자신감이 없거나 환경이 불우해지면 이런 현상은 더욱 증가한다고 한다. 하나님이 이왕 자신을 만드셨다면 조금 더 멋지게 그리고 조금 더 건강하게 만들어 주셨으면 좋았을 것이라고 불평하기 쉽다.

하나님은 인간을 자기의 형상대로 만드셨기 때문에 실수로 잘못 만드셨거나 일부러 밉게 만든 사람은 없다. 그렇기 때문에 한 사람의 인간을 천하보다 귀하고(마 16:25) 존엄한 존재로 여기고 있는 것이다.

이들 인간의 신체는 불가사의할 정도로 정교하고 신비롭게 만들어져 있어 인체에 대해 알면 알수록 더욱 경외스러운 존재라는 것을 알 수 있다.

인체는 수많은 세포가 모여 조직과 기관을 만들어 생명활동을 가능하게 한다. 이들 세포는 지극히 이상적인 조화를 이루며 음식물의 섭취, 소화, 저장, 운반 및 불필요한 물질의 제거, 인체기능의 지휘감독과 운영 등 생명활동에 필요한 모든 과정을 조절한다.

세포의 내부에는 다양한 소기관들이 있어서 각각의 전문화된 일을 수행하게 된다. 이 기관들은 수분이 풍부한 젤 상태의 세포질 위를 떠다니지만 고유한 막이 기관들을 둘러싸고 있어 접촉을 한다고 해도 별다른 문제를 일으키지 않게 되어 있다.

세포에서 가장 중요한 기관은 핵이다. DNA라고 하는 유전자가 모여 염색체라는 구조물을 이루고 있는 곳으로서 세포의 활성을 조절하고 분열할 수 있도록 지시를 내리는 기관이다. 핵 내에는 적어도 한 개의 핵소체가 있어서 RNA입자들을 한 데 모으고 있는데 이는 단백질을 합성하는 데 관여하는 물질이다. RNA가 핵 밖으로 나가서 세포질에 있는 리보솜이라는 소기관과 결합하면 단백질을 합성할 수 있도록 유전정보를 전달하게 된다.

리보솜은 거친 세포질 그물에 붙어 있는 입자다. 리보솜이 붙어 있는 세포질 그물은 단백질을 합성하여 세포 내로 옮겨준다. 이렇게 만들어진 단백질은 일부는 세포내에서 사용하지만 대부분은 소화효소, 호르몬 등 다른 기능으로 사용될 수 있도록 외부로 배출된다.

세포가 제 역할을 할 수 있도록 하는 힘은 미토콘드리아에서 나온

다. 소시지와 같이 둥근 모양을 하고 있는 이 소기관은 포도당과 같은
음식에서 얻은 영양소를 에너지로 전환시키므로 근육이나 정자세포와
같이 활성이 강한 세포일수록 많은 리보솜을 가지고 있게 된다.

　매일 수백만 개의 새로운 세포가 태어나고 또 죽는다. 어린이는 죽
는 세포보다 새로 태어나는 세포가 많기 때문에 성장하는 것이다. 일
단 성인이 되면 세포 수는 일정하게 유지된다. 뇌세포의 경우는 한번
파괴되면 더 이상 재생되지 않는 세포도 있지만 대부분 새로 태어나는
세포의 수와 파괴되는 세포의 수가 비슷하기 때문이다.

　피부세포의 경우 매년 약 4kg정도가 떨어져 나가고 새로운 세포로
교체되는가 하면 장 세포는 며칠에 한 번씩 교체되며 남자의 고환은
매년 전 세계 인구를 모두 바꿀 수 있을 만큼의 정자를 만들어 낸다.

　고도로 분화된 세포의 대부분은 유사분열과정을 통하여 복제가 이
루어진다. 이때 핵 내에 있는 46개 염색체 모두가 복제되며, 핵은 둘로
나뉘어 46개 염색체에 들어 있는 유전정보가 모두 새로운 세포 속으로
들어가게 된다.

　다른 종류의 세포분열인 감수분열은 난소와 고환에서 배아가 분열
하여 난자와 정자를 만드는 것을 말한다. 이때는 46개 염색체를 가진
세포를 생산하는 대신 그 반에 해당하는 23개 염색체의 유전정보만 가
진 난자와 정자를 형성한다. 정자가 난자에 수정되면 각각의 염색체가
합쳐서 46개의 염색체를 만들게 되는 것이다.

　염색체가 반으로 줄어드는 과정 때문에 난자와 정자가 가진 유전자
는 유전적으로 항상 일정하지 않다. 따라서 같은 부모가 낳은 자녀라
고 할지라도 외모가 똑같지 않은 것이다.

인체를 이루고 있는 60조 개의 세포는 이와 같이 각각의 고유한 영역에서 특별한 기능으로 움직이면서 생명체를 이루고 있다는 것은 아무리 과학으로 설명하려고 해도 설명되지 않는 불가사의한 일이다.

인체의 신비 - 뇌와 장기

몸의 어느 부분도 외모를 갖추기 위해서만 있지 않다는 사실은 인체를 탐구해온 현대의학이 더 잘 알고 있다. 외형뿐만 아니라 피부로 가려져 있는 몸의 내부를 들여다보면 인간이 이해할 수 없는 무한한 미지의 세계가 펼쳐진다. 특히 중앙 집중 제어실이라고 할 수 있는 뇌와 생명활동을 주도하고 있는 장기는 사람이 살아 있는 동안 한 치의 오차도 없이 작동되는 신비의 구조로 구성되어 있다.

사람의 뇌는 1.5kg의 무게에 반숙한 달걀정도의 굳기를 가지고 있는 기관으로 두개골에 싸여 있으므로 외부와 직접 접촉할 수 없도록 되어 있다. 뇌 그 자체는 느낄 수도 볼 수도 들을 수도 없지만 세상에서 가장 정교한 구조로 되어 있다.

뇌에는 헤아릴 수 없을 만큼 거대한 정보가 들어 있고 어떻게 반응해야 하며 어떻게 행동해야 하는가를 결정할 수 있는 능력을 가지고 있다. 뇌는 수천 가지 기억을 저장하고 있고 수십 년이 흐른 후에도 이를 생생하게 재생할 수 있다. 뇌는 호흡, 심장박동과 같은 기본적인 신체 기능을 자율적으로 감시하며 달리기, 운전, 글쓰기 등 의식적인 활동도 주관한다.

인체무게의 단지 2%에 불과하지만 인체 에너지의 20%를 사용하는 중앙 집중 관리기관으로 약 100억 개의 신경세포로 구성되어 있다. 뇌는 구조상 대뇌, 소뇌, 뇌간의 세 개 구역으로 구성되어 있다. 머리 뒤쪽에 있는 뇌간은 자율적으로 일어나는 생명현상을 주관한다. 심장의 박동, 호흡, 혈액공급 등은 뇌간의 아래쪽에 있는 수질에서 조절하고 잠을 자고 깨는 것은 뇌간 중앙의 신경세포에서 조절한다.

소뇌는 뇌간 바로 앞쪽에 위치해 있으며 신체의 균형을 유지하고 근육활동을 주관한다. 손과 발이 기민하게 움직이는 것은 이 소뇌가 주관하는 것이다. 대뇌는 두 개의 반구로 나누어지며 사람의 뇌 중 가장 크고 잘 발달된 부분이다. 각각의 반구는 피질이라는 얇으면서 주름이 많은 표면을 지니고 있다. 대뇌피질에는 위치에 따라 말하기, 시각, 기억 등과 같은 기능을 가지고 있다. 대뇌피질의 많은 부분은 특별한 기능을 가지지 않지만 의식, 개성과 같은 감각신호를 입력하고 있다.

신체의 양쪽에서 전해진 신경섬유가 뇌로 들어갈 때에는 교차하여 들어가기 때문에 왼쪽 반구는 오른쪽을, 오른쪽 반구는 왼쪽에 영향을 주고 있다. 연구에 따르면 오른쪽 반구는 공간지각, 근육감각 등을, 왼쪽 반구는 수학적 능력, 사고와 이성을 담당한다고 알려져 있다.

몸의 내부를 이루고 있는 기관의 배치와 형태 그리고 임무는 철저한 분업형태로 이루어져 있다. 허파는 한 쪽에 약 3억 개의 허파꽈리(Alveoli)로 만들어져 외부의 공기 중 산소를 흡수하는 데 가장 효과적으로 배치되어 있으며 허파를 둘러싸고 있는 모세혈관이 그 기능을 담당하고 있다. 그 면적을 다 펼칠 경우 20평 아파트 공간에 해당되며 둘러싸고 있는 모세혈관의 길이는 1,000㎞에 이른다고 한다.

300g의 무게와 길이 15cm, 폭 9cm 정도 되는 심장은 불수의근(不隨意筋)이라고 하는 특수근육으로 되어 있으며 4.7ℓ의 피를 총 16만㎞의 혈관을 통하여 하루 1,000번 정도 온 몸에 회전시키는 고성능 펌프이다. 심장이 만약 사람 마음대로 조정할 수 있는 기관이라고 할 경우 잠시 착각을 하거나 작동을 잊기라도 한다면 사람들은 제 명에 살 사람이 없을 것이다.

신경망은 완벽한 통신망을 구축하고 있다. 작은 것은 1cm부터 큰 것은 2m에 이르는 신경을 통해 시속 120㎞의 속도로 감각을 전달하고 있다. 음식을 담는 위는 3,500만 개의 내분비선에서 하루 1.5ℓ의 염산 성분을 배출하여 음식을 소화해 내고 있다.

인체는 또한 적정한 체온을 유지하기 위하여 일정한 운동을 하며 생명을 연장하게 된다. 36.5℃인 인체의 체온이 38℃ 이상으로 올라가면 땀을 내고 36℃ 이하로 내려가면 발열작용을 유발하여 정상으로 되돌리려는 항상성운동(Homeostastic)을 하게 된다. 특히 내장기관의 온도가 0.5℃ 이상 올라가면 피하 혈류량이 7배까지 증가하여 정상상태로 되돌리려고 한다.

이때 중요한 역할을 하는 것이 피부에 있는 땀샘과 기름샘이다. 손과 발바닥과 같이 많은 운동을 해야 하는 부위에는 많은 땀샘이 분포되어 있고 눈꺼풀이나 성기와 같이 건조를 방지하고 마찰력을 줄여야 하는 부위에는 기름샘이 있어 이들 두 기능은 서로 보완적인 위치에서 인체의 기능을 돕고 있다.

긴장 시 손에 땀이 나올 때 기름까지 같이 나온다면 그 낭패를 어떻게 할 것인가 생각해 보라. 인간이 우연히 진화되어 온 동물이라고 주장하는 것은 아무리 생각해도 맞지 않을 것 같다. 절묘하게 만들어져 서로 제 역할을 하고 있는 인체의 모든 장부를 하나님이 지으셨다(시 139:13)는 사실은 실로 오묘하다.

인체의 신비 – 감각기관

신체 각 기관은 고유의 임무를 한 치의 착오도 없이 일생 동안 수행하고 있는 초대형 컴퓨터장치이다. 컴퓨터이지만 인간이 만들어 낼 수 없는 미래형 최첨단 컴퓨터이다.

외부 물체에 닿아 느끼는 촉각(觸覺)은 피부 1㎠ 안에 있는 약 300만 개의 세포 중 자극세포 3,000개, 통증을 느끼는 세포가 200개 그리고 차갑고 더움을 느끼는 세포가 약 15개 정도 고루 배치되어 접촉을 감지하고 있다.

들을 수 있는 청각(聽覺)기관은 귀를 통하여 이루어진다. 귀는 아주 작은 수신기이자 증폭기이다. 아주 짧은 시간이라도 먼저 도달한 음파는 다음에 도달하는 음파와 미세한 차이가 있어 뇌는 이러한 미세한 차이를 감지하여 소리가 오는 방향을 판단한다.

귀는 균형 유지에도 중요한 역할을 한다. 내이 위쪽에 액체로 가득 찬 주머니와 세 개의 반고리뼈관이 있다. 신체가 경사지거나 회전할 때 이 속에 있던 평형모래가 신경섬유를 자극하여 원래 위치로 올 수 있도록 조절하는 기능을 한다.

귀를 통하여 인간이 필요한 음역인 20Hz에서 2만Hz까지 제한적으로 들을 수 있도록 되어 있다. 만약 더 작은 음역의 소리와 더 큰 음역의 소리를 듣도록 되어 있다면 풀숲의 곤충들이 내는 미세한 소리와 우주에서 나는 굉음 모두를 들어야 하는 고통이 뒤따랐을 것이다. 개는 4만Hz까지 들을 수 있어 원거리의 작은 소리에도 민감하며 코끼리는 15Hz의 저음까지 들을 수 있어 지진을 감지할 수 있는 능력을 가지고 있다고 한다.

눈을 통하여 느끼는 시각(視覺)은 인체 감각기관 중에 가장 복잡하며 세상을 판단하는 데 가장 중요한 기관이다. 눈은 각막 - 홍체 - 수정체 - 망막을 통하여 감지된 빛(물체의 상)을 1억 3,000만 개의 신경 통로를 이용하여 150만 개의 정보를 동시에 전달할 수 있는 구조로 되어 있다. 망막에 있는 간상세포(Red Shaped Cells)는 1W의 100만 분의 1정도의 빛까지 감지할 수 있는 특수 감광지로 가시광선만을 볼 수 있어 인체에 유해한 자외선과 적외선을 볼 수 없도록 설계되어 있다.

두 눈은 서로 약간씩 다른 영상을 맺게 하여 뇌에서 3차원의 영상을 맺게 하여 거리를 판단할 수 있도록 하며 빛이 망막에 이르러 효과를 내고 소멸될 때까지는 짧은 시차를 만들어 연속적인 동영상 이미지를 만들어 낸다.

카메라의 렌즈와 어류 및 파충류의 눈은 물체와의 거리에 따라 초점을 맞춤으로 물체를 감지하기 위해 넓은 공간이 필요하지만 수정체는 멀리 있는 물체에는 가늘게, 가까이 있는 물체에는 두껍게 모양을 바꾸어 이런 단점을 보완한다. 수정체를 조절하는 근육은 여섯 세트로

되어 있어서 1초도 안 되어 초점을 바꿀 수 있도록 탄력이 있는 근육으로 되어 있으나 나이가 들면 이 탄력이 떨어져 돋보기를 쓰게 되는 것이다.

냄새를 맡는 후각(嗅覺)은 코로 이루어진다. 코를 통하여 들어온 냄새는 후각세포가 있는 점액막에 닿으면 세포가 반응하여 뇌의 후각중추로 신호를 전달함으로써 이루어진다. 사람은 약 1,000만 개의 후각 수용체를 가지고 있다. 개는 사람보다 50배의 수용체를 가지고 있으며 사람의 코도 몇 개의 냄새에 대해서는 믿기 어려울 정도로 민감하다. 예를 들어 공기 1ℓ 안에 들어 있는 바닐라향의 500만 분의 1에 해당하는 냄새도 감지할 수 있다.

맛을 보는 미각(味覺)은 혀의 특수한 구조로 가능하다. 맛에 대한 감각은 미뢰(맛봉오리)라고 하는 세포송이에 의존한다. 사람은 입에 약 500만 개의 미뢰를 가지고 있으며 대부분 혀에 있다. 미뢰는 단맛, 신맛, 짠맛, 쓴맛 등 네 가지 맛에 민감하다. 혀의 끝 부분에서 단맛을 느끼고 양쪽 가에서 신맛을, 짠맛은 위쪽 표면에서 그리고 쓴맛은 안쪽에서 느낀다.

각 미뢰의 감각강도는 서로 차이가 있다. 쓴맛을 감지하기 위해서는 단맛을 느낄 수 있는 양의 1만분의 1만 있으면 된다. 이는 자연계에서 과일이나 전분과 같이 단 것은 일반적으로 먹을 수 있지만 쓴 것은 독성을 가지는 것이 많기 때문이다.

미각은 후각보다 훨씬 둔감하다. 냄새를 맡을 때보다 맛을 볼 때 2만 5,000배나 더 많은 분자를 필요로 한다. 우리가 맛이라고 느끼는 것이 실제로는 냄새인 경우가 많다. 감기에 걸려 코가 막히면 음식의 맛을 제대로 느끼지 못하게 되는 것이 이런 이유에서다.

절대 진리보다 상대 진리를 중시하는 포스트모더니즘 시대에, 어느 한 이론을 절대적으로 옳다고 하는 일은 매우 위험한 논리일 수 있다. 성경을 그 논쟁의 중심에 세운다는 것은 더 위험하다. 성경은 온 우주와 세상이 하나님의 피조물임을 분명히 설명하고 있다. 그 중심에 인간을 세우신 것은 그들이 자연의 모습을 보고 하나님을 알게 하려는 섭리가 숨겨져 있다. 그렇기 때문에 그 증거를 제 자리에서 찾고 바르게 해석해야 한다.

세상의 모든 것은 그때 그 자리에 이미 있었다. 있었을 뿐만 아니라 한 치의 오차도 없이 운행해 오고 있다. 이 엄연하고도 확실한 사실을 두고 사람들은 오랜 옛날 아무도 살지 않았던 그때를 수많은 이야기로 꾸미기를 좋아한다. 그렇게 꾸민 이야기에는 은하수도 나오고 지구의 모습도 보이는가 하면 물고기와 새의 화석도 단골로 나오고 있다. 이런 화석이 무엇을 의미하는지 왜 그곳에 있었는지를 모르고 지레짐작으로 판단해 버린다. 차라리 모른다고 하지 않고 오랜 시간이 있었다고 억지로 설명하려고 애를 쓴다.

하나님을 안다는 것은 그분의 모습을 조금 더 구체적으로 파악함으로써 인간의 자리를 알고 그분과 영원토록 동행하기 위한 최소한의 노력이고 예의이다. 인간의 지식이 점점 발전하고 있지만 하나님의 경륜을 이해하기에는 너무 부족하다. 이제 우리는 성경에 기록된 내용을 "무조건 믿어야 한다."는 주장에서 "사실이니까 믿을 수밖에 없다."고 하는 그 증거를 제시해야 한다.

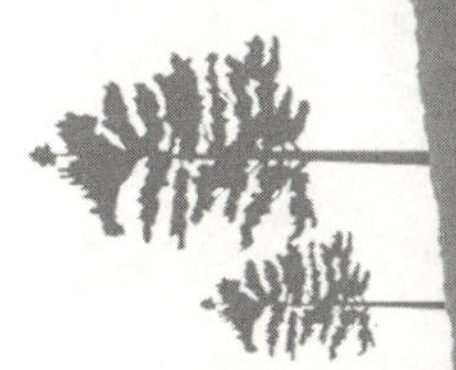

3부

하나님을 알면서

빅뱅이론, 우주의 탄생이론인가

"태초에 우주에는 매우 아름다운 불꽃놀이가 있었다. 그 때, 연기가 온 우주를 가리는 대폭발이 일어났다. 우리는 우주탄생의 경이를 이렇게 상상하는 방법 이외에는 알 수가 없다."

현재 우주의 탄생원인을 설명하는 이론 중 과학자들이 가장 선호하는 빅뱅(Big Bang)이론을 기초로 하여 그 당시의 모습을 추측한 어느 과학자의 글이다.

17세기 이후, 태양계에 대한 관심이 커짐에 따라 태양계 탄생에 대해 많은 과학자들이 주장한 학설은 냉각설(데카르트, 1644), 성운설(칸트, 1755), 조우설(첸버킨, 1905), 와동설(바이츠제커, 1944), 운석설(슈미트, 1944), 연속 창조설(본디 · 골드 · 호일, 1948) 그리고 빅뱅설(르메트르) 등 그 수를 헤아릴 수 없을 만큼 많다.

현대에 와서는 진화론적인 이론에 바탕을 둔 빅뱅설이 널리 받아들

여지고 있는 형편이다. 벨기에의 수학자 르메뜨르(G. Lemaitre)에 의
해 처음 이 이론이 발표되었을 때, 이에 냉소적이었던 영국의 저명한
천문학자 호일(Fred Hoyle)은 '큰 소음'(Big Noise)을 조롱하여 '빅
뱅'(Big Bang, 대폭발)이라고 했는데, 이것이 후일 이 우주론의 명칭
이 되었다.

이 이론은 아인슈타인의 일반 상대성원리(1916)에도 부합하기 때문
에 더욱 각광을 받게 되었으며, 페르미(Enrico Fermi), 가모프(George
Gamov, 1904-1968) 및 노벨상을 수상한 바인버그(Weinberg, 1933-)
등에 의해 더욱 보완된 바 있다.

지금부터 100-150억 년 전, 우주의 원초물질인 초고밀도의 우주란
(Cosmic Egg)이 일정한 공간에서 포화상태에 이르자 폭발하면서 질량
과 방사선이 급격히 확산되었으며, 그 후 원소의 구성에 적합한 온도
로 냉각되었다는 것이다.

폭발 후 100분의 1초가 지났을 때의 온도는 1000억℃였다가 14초
후에는 30억℃로 낮아졌고 3분 후에는 지금과 비슷한 대기구조(수소
73%, 헬륨 27%)를 만들었고 이때 양성자와 중성자가 결합하여 원자핵
이 되었다는 것이다. 원자핵은 자유공간에 돌아다니는 전자들과 결합
하여 원자량이 가장 작은(1) 수소(H)가 되었으며, 여기에 다시 중성자
한 분자가 결합되어 헬륨(He)이 만들어졌다는 것이다. 이것이 사방으
로 퍼지면서 가스 분자 내의 중력 간 견인력에 의해 준성(準星 quasar)
이 되었으며, 이 준성은 은하계로 발전하였고, 100억 년이 지나면서 별
들의 폭발잔해와 가스가 결합하여 지금과 같은 태양계가 형성되었다
는 설명이다. 지구는 태양으로부터 떨어져 나온 뜨거운 가스체가 냉각

하여 된 행성이라고 하였다.

이런 빅뱅설이 추측에서 시작하여 추리로 끝을 맺고 있다는 사실을 간과해선 안 된다. 그렇게 됐으리라고 전제하고서 그 이론에 맞도록 우주의 현상들을 설명하는 해석체계인 것이다. 증명할 수 없다는 점에서 자연과학의 범위를 벗어난 것이라 할 수 있다.

더구나, 엄밀한 의미에서 빅뱅이론은 우주의 기원론이 아닌 형성과정에 관한 이론이라고 할 수 있다. 그러나 무엇보다도 현대 물리학의 2대 법칙인 질량 불변의 법칙과 무질서(엔트로피) 증가의 법칙에 위배된다는 것이 결정적인 흠으로 지적되고 있다.

또 폭발의 원초적인 물질이 어디서 왔으며 누구에 의해 진행됐는가 하는 이유도 설명하지 못하고 있다. 많은 이론과 가설로 태초의 모습을 재현해 보려고 과학자들은 수세기 동안 부단한 노력을 해 왔다. 그러나 아직 완전한 것은 없다.

사물의 원리를 판단하는 데는 다양한 접근방법이 있을 수 있다. 한 방법이 완전하지 않을 경우 그 반대되는 방법으로 접근해 보는 방법이 있다. 온 우주와 태양계의 생성원인을 알아내는 데 빅뱅이론이 완전하지 않다면 다른 한 가지 방법은 누군가에 의해 한꺼번에 창조했다는 가정 하에 접근해 보는 것이다.

성경은 온 우주와 세상의 생성에 대하여 구체적이고 분명하게 기록해 놓고 있다. "태초에 하나님이 천지를 창조하시니라"(창 1:1)라고 하는 문장을 기억할 필요가 있다. 그 진실성과 사실성을 증명하는 과학적 논증들이 수없이 많이 있다는 것을 사람들은 구체적으로 알지 못하고 있기 때문이다.

지상에서 숨을 쉬며 살아가고 있는 사람들이 그 공기의 존재를 모르고 살듯 발을 디디고 있는 땅에 대하여도 특별한 관심 없이 살아가고 있다. 당연히 있어야 할 곳에 있는 땅에 새삼스럽게 고마움을 표시하거나 관심을 나타낼 필요가 없기 때문이다.

지구는 직경이 1만 2,800㎞나 되는 구체로, 태양주변을 23시간 56분 4.09초에 한 번씩 자전하고 365.24일 만에 공전하며 태양으로부터 세 번째 행성이다. 태양계를 축구장에 비유하면 태양에서 가장 멀리 있는 명왕성은 축구 골대 근처에 있는 작은 먼지이고 태양은 중앙선상에 있는 조약돌, 그리고 지구는 그 조약돌 옆 1m지점의 모래알 정도일 것이다. 9개 행성의 질량을 모두 합해도 태양의 750분의 1밖에 안되는 태양계는 은하계의 지극히 일부분을 차지하고 있다.

태양계와 같은 규모의 별들 1,000억 개가 모여 은하계(Galaxy)를 이루고 그 은하계 1,000억 개가 다시 모여 성단(Cluster)을 이루고 있는 우주를 생각하면 지구가 얼마나 작은 존재인지를 가늠할 수 있다.

이렇게 거대한 우주 안에 한 부분을 이루고 있는 지구에 대하여 사람들은 그 가치를 너무 소홀히 생각하는 경향이 있다. 지구는 우주의 한 개 모래와 같은 존재이며 특별할 것이 없는 행성으로 그 우주의 한 모퉁이를 차지하고 있을 뿐이라는 생각이 그것이다.

따라서 지구에는 무생물에서 생물로 진화해 온 다양한 생물이 있으므로 같은 태양계 안의 다른 행성에서도 지구와 같은 생명체가 있을 것이라는 추리를 하기에까지 이르고 있다.

　최근 천체에 대한 연구가 진행되면서 지구는 우주 안에서 특별한 행성임이 알려졌다. 즉 특이한 물질인 물을 보유하고 있는 것 때문에 생명체가 살아갈 수 있는 기본조건을 갖추고 있다는 점이다.

　또 우주 속에서 초신성의 폭발과 유해광선 등 위험요소가 가장 없는 안전한 위치에 자리 잡고 있는 행성이라고 확인되었다. 그리고 이웃 행성인 목성과 토성이 다가오는 혜성 충돌에 대한 지구의 방패막이를 하는 위치에 배열되어 있고 지구환경을 유지하는 최적의 위치에 태양과 달이 배치되어 있으며 지상생물에 필수적인 대기를 보존할 수 있는 적정한 질량을 가지고 있다는 점이다.

　이런 지구가 만약 현재의 크기보다 10%만큼 더 크면 중력이 커져서 물이 순환되지 않아 모든 생명체는 고사하게 될 것이고 10%만큼 작아지면 그 물이 모두 수증기로 변하여 우주로 날아가 버릴 것이다.

　자전속도 역시 지금보다 조금만 더 빨라지면 엄청난 태풍이 매일 불어닥칠 것이고 느려지면 달과 같이 낮에는 너무 뜨겁고(섭씨 수백℃) 밤에는 너무 추워질(섭씨 영하 수백℃) 것이다. 또 지축의 기울기가 23.5°보다 작아지면 지표의 뜨거운 부분과 찬 부분이 확연히 구분되어 농작물의 재배가 불가능해질 것이다.

　이와 같이 지구는 우주 내 어느 별들과 다른 독특한 모습을 가지고 있어 천체 물리학자 S. 호킹은 "우주 특히 지구는 치밀하게 조직되고 운행되는 것으로 보아 누군가가 미리 설계해 놓은 결과물인 것처럼 보인다."라고 말하고 있다. 이런 지구가 45억 년 전에 태양으로부터 떨어져 나와 생겼다는 이론이 오랫동안 과학계를 지배하고 있었으나 최근 이를 부정하는 많은 지질학적 증거들이 나오고 있다.

예를 들어 미국 미시시피 강의 삼각주에 쌓인 퇴적물의 양으로 계산해 보면 지구의 나이는 1만 년을 넘을 수 없다는 것과 석유와 천연가스는 수천 년 만에 만들어질 수 있다는 증거 그리고 생물이 진화해 왔다는 이론을 만들기 위하여 장구한 시간을 억지로 설정한 점 등을 비추어 볼 때 지구는 과거의 주장보다 훨씬 젊다는 사실이 증명되고 있는 것이다.

지구의 역사가 젊다는 것과 치밀하게 운행되고 있는 자연현상 그리고 그 위에 생존하고 있는 생물의 기막힌 생존방식을 미루어 볼 때 지구가 완벽하게 조정된 장치이며(Fine Turning) 어떤 목적을 위하여 누군가에 의해 의도적으로 준비된 행성이라는 사실을 부인하기가 어렵다.

특별한 공간에 달린 지구

생명이 살아가는 데 절묘한 조화를 이루고 있는 지구에 대한 인식은 역사 이래로 많은 변화가 있어왔다. 고대 그리스에서부터 중세까지 지구는 온 우주의 중심에 위치해 있다고 생각했다. 그때 일부 철학자들은 이미 지구가 평평한 대지로 되어 있지 않고 둥근 구체임을 인식하고 있었던 듯하다. 둥근 구체를 중심으로 천체가 움직여 하루와 4계절이 반복된다는 우주관을 가지고 있었다.

이런 생각에서 처음으로 평평한 판으로 되어 있다는 생각을 가진 것은 콜럼버스 전기를 쓴 W. 어빙(Washington Irving)에 의해서였다.

그는 콜럼버스를 위대한 탐험가로 부각시키기 위하여 '지구는 평탄하다.'고 하는 일반 대중들의 막연한 관념을 가설로 만들고 이를 새롭게 바꾸는 업적으로 날조했던 이론이었다. 그전까지는 체계적인 천문학이 발달하지 않아 지구의 자전과 공전 그리고 태양계의 원리를 자세히 알지 못했으나 지구가 모든 천체의 중심이라는 관념은 변하지 않았었다.

그러나 16세기 이후 코페르니쿠스(N. Copernicus, 1473-1543)와 갈릴레이(G. Galelei 1564-1642) 그리고 케플러(J. Kepler 1571-1630) 등 천체과학자들에 의해 지구는 온 우주의 변방에 있는 아주 별 볼일 없는 하나의 행성으로 간주되기 시작했다. 이는 또한 지상의 생물이 우연과 장구한 시간에 의해 진화했다는 현재의 진화론으로 발전하는 계기가 되었다.

역사의 기록에는 코페르니쿠스가 지동설을 발표했을 때 교회가 그를 박해하여 수난을 당한 것으로 되어 있으나 그는 지동설을 발표한 그해에 사망하였기 때문에 교회로부터 박해를 받을 만한 시간이 없었다.

또 갈릴레오는 자기의 주장을 성급히 주장하면서 당시 교황이었던 우르반 8세를 모욕하였기 때문에 보수적이던 당시 교계의 분위기로 보아 그를 용서하지 못할 정도였음을 이해하여야 한다. 교회는 그가 사망할 때까지 연금을 지불했던 점으로 보아 오히려 상당한 배려를 하였음을 알 수 있다.

지구가 수많은 우주의 별들 중에 아주 특별한 점이 많다는 것을 우리는 알고 있다. 이러한 점 때문에 우주의 중심이라고 말하기에는 아직 풀리지 않는 천문학적 문제들이 너무 많다. 하지만 다른 별에 없는 현상들이 유독 지구에만 있다는 것에서 무엇인가 특별한 이유가 있을 것이라는 생각을 지울 수 없다.

인류는 이런 우주적 현상을 탐구하는 데 많은 시간을 투자해 오고 있다. 이러한 탐구 노력은 또 지구에서만 일어날 수 있는 일을 통해서 가능하게 되었음을 상기할 필요가 있다. 그것은 9개 행성과 32개 위성 중 개기일식을 가지고 있는 유일한 행성이 지구라는 점이기 때문이다.

달이 해를 가려 지구에서 일시 해를 볼 수 없는 현상인 개기일식은 태양이 달보다 직경이 400배 크면서 지구와 달의 거리보다 400배 떨어져 있다는 기묘한 상황 때문에 일어나는 일이다. 게다가 완전한 개기일식을 관찰할 수 있는 곳은 지구상 특정지역에 폭 300㎞에 한하는 지역이다.

이 현상을 통하여 중요한 과학적 사실이 밝혀졌다는 점이다. 이는 우주의 별의 본질을 파악하는 데 결정적인 증거를 제공하였고, 중력에 의해 빛이 휘어진다는 아인슈타인의 일반 상대성원리를 증명할 수 있게 하였으며 과거 수천 년간 지구 자전의 변화를 계산할 수 있는 계기를 마련해 주었다.

지구에 생명체가 살 수 있는 환경을 만든 비범한 조건들 때문에 지구는 우주를 관찰하고 분석하고 이해하기에 안성맞춤인 곳이 된다. 땅의 기초를 놓는 일, 그 도량을 정하는 일, 주초를 세우는 일(욥 38:4-7)과 그 지구를 천체관측에 가장 적합한 북편 하늘을 편 후 허공에 매어 단(욥 26:7) 것은 그 위에서 과학적 발견을 할 수 있도록 하기 위한 세밀한 배려 없이는 불가능한 일이다. 누가 이 일을 할 수 있을 것인가? 어떤 주체가 없이 이런 일이 일어날 수 있다고 생각하기에 지구는 너무 정교하게 만들어졌고, 또 운행되고 있다.

지질학, 과거로의 끝없는 여행

대학 진학을 앞두고 나는 공대와 의대 그리고 미술대학을 놓고 심한 갈등을 한 적이 있다. 지원서를 써 주시던 담임선생님이 앞으로 유망한 학과라고 하면서 추천한 과가 지질학과였다. 그렇게 선택된 분야가 나의 평생의 본업이 되었고 나는 그 선택을 늘 자랑스러워하였다.

지질학은 지구의 역사와 그 위에 살았던 생물의 역사를 규명하는 과학의 한 분야이다. 그렇기 때문에 시간과 그 진행과정이 중요한 연구대상이 되고 그 중심에 진화론이 버티고 있는 학문이다.

19세기 진화론이 발표된 이후 이 지질학은 하루가 다르게 발전해 온 반면 성경은 많은 도전을 받았으며, 사람들은 자신의 과학적 지식에 혼란을 느껴 온 것이 사실이다. 그래서 지질학은 지층의 생성과정과 역사시대 이전에 살았던 생물의 유해나 흔적을 연구하여 그 진화과정을 밝히는 학문이기 때문에 하나님이 천지를 창조했다는 창조론과는 극명하게 충돌하는 과학 분야이다.

이들 과학 분야는 현재의 시간을 과거로 한없이 끌어당기면서 그때의 일들을 이야기하고 있다. 아무도 없었던 아득한 그때에 지구가 어떻게 해서 생겼고 그 모습은 어떠했으며 그 위에 있었던 생물들이 어떻게 살았는지를 진화론이라는 이론으로 설명하고 있다. 많은 사람들이 이에 현혹되어 그것이 사실인양 믿고 있다.

18세기 영국의 지질학자 허튼(James Hutton, 1726-1797)은 그의 저서 『지구이론』에서 "현재는 과거의 열쇠"(The present is the key to the past)라는 주장을 함으로써 진화론의 기초이론을 만들었으며 그의 이론을 라이엘(Charles Lyell, 1797-1875)이 지구는 똑같은 지질 과정을 거쳐 현재에 이르렀다고 하는 '동일과정설'로 발전시켰고 결국은 다윈(Charles Darwin)에 의해 1858년 '종의 기원'(The origin of species)이라고 하는 진화론을 발표하기에 이르렀다.

이들 일단의 과학자들 이전까지만 해도 지구상에는 때때로 큰 격변이 있어 지구의 모양을 바꾸고 생물을 멸종시킨 후 새로운 종류의 생물이 다시 번성하게 되었다고 하는 천변지이설(Catastrophism)이 프랑스의 고생물학자 큐비어(George Cuvier, 1769-1832)에 의해 주도되고 있었다.

따라서 18세기 후반부터 현대 과학의 기초가 수립된 19세기까지 지질학계는 진화론에 힘을 입은 동일과정설과 성경의 기록에 근거한 격변설은 서로 양보할 수 없는 이론의 대결을 펼쳤던 때였다고 할 수 있다.

20세기에 들어서면서 이러한 논쟁은 지질적 증거인 화석(Fossil)을 중심으로 진행되고 이에서 도출된 지질주상도가 유력한 논쟁의 결과

물로 제시되면서 한동안 창조론자들의 입을 봉쇄하는 데 결정적인 역할을 하기도 하였다.

화석의 연대를 측정하는 데 탄소 동위원소법과 방사능 동위원소법이 도입되면서 지구와 달은 최소 45억 년 전 태양으로부터 가스체로 분리되면서 형성되었고 현재의 지구상의 모든 생물들은 장구한 세월 동안 진화를 거쳐 온 결과라는 것이 현재 지질학의 기초이론이다.

지난 150년 동안 쌓아온 이런 지질학 이론은 아무도 그 벽을 허물 수 없을 만큼 세상을 지배해 왔으나 최근 일단의 복음주의 과학자들의 노력으로 하나씩 그 오류가 밝혀지고 있다.

미국 창조과학연구소 설립자 모리스(Henry Morris) 박사는 "동일과정설은 입증되지 않은 가설이고 격변론은 논의되지 않은 진실이다."라고 하면서 "공룡의 멸종원인을 소행성 충돌로만 해석하는 현대과학은 홍수사건이 성경에 기록되어 있다는 이유만으로 무시하고 있다."라고 비판하고 있다.

하나님이 땅을 바다로 덮으시매 물이 산들 위에 서게 하시어(시 104:6) 그가 정하신 처소에 이르러 큰 홍수가 났었고 산은 오르고 골짜기는 내려감(시 104:8)으로 현재 지구의 모습이 갖추어졌다는 성경의 기록을 앞으로 하나씩 확인해 볼 필요가 있다.

대학에서 지질학을 전공하고 광산 현장에서 20여 년간 몸담아 온 것이 돌이켜 보면 내가 예수를 멀리하게 된 가장 큰 원인이 되었다고 생각된다. 장구한 시간을 통하여 지구는 생성되고 변화되어 왔고 그 역사는 화석이라는 불변의 증거로 확인할 수 있다는 진화론이 이 학문을 떠받치고 있었기 때문이었다.

그래서 자연과학을 맹신하며 살아온 긴 세월이 많이 후회스러웠으나 그 세상의 학문이 이제는 오히려 세상 사람들의 생각을 바꿀 수 있는 별난 무기가 되었다. 나는 이것을 보고 하나님의 오묘한 경륜에 감탄하고 감격한 적이 여러 번 있었다.

내가 하나님을 만나고 예수님이 나의 주인이 되어 주신 후 읽어 본 성경은 그동안 내가 익히고 배워왔던 과학과는 많이 상충하고 있었다. 특히 내가 배운 학문분야가 그 반대의 선봉에 서 있다는 사실을 알고 난 후, 나는 몸 둘 바를 몰랐다.

이리저리 서둘러 자료를 모아보았으나 내 주위에서는 진화론의 흔적들만 널려 있을 뿐 하나님의 창조사역에 대하여는 너무 아는 것이 없었다. 그도 그럴 수밖에 없었던 것이 50평생을 살아오면서 지니고 있던 과학적 소신과 기독교에 대한 편견을 하루아침에 비질하듯 쓸어내기란 쉬운 일이 아니기 때문이다.

첫 걸음부터 발목이 걸려 넘어졌다. 내가 금과옥조처럼 생각하던 진화론이라는 높고도 두터운 큰 벽이 앞을 가로막고 있었기 때문이다. 과학이라고 인정되어왔던 진화론 때문에 절대자 하나님이 세상을 섭리에 따라 창조했다는 창조론이 뒷전에 밀리는 것이 안타까웠다.

그래서 지구의 역사를 설명하고 있는 지질학이 모순을 가지고 있는 학문이라는 점을 성경 속에 숨어 있는 과학으로 설명하기를 시도하였다. 무신론자가 가장 비과학으로 매도하고 있는 노아의 방주 사건을 그들의 과학으로 해석해 보기도 했고 장구한 시간을 가지고 퇴적되는 퇴적암의 형성과정을 상고하게 되었으며, 특히 진화론의 결정적인 증거인 화석에 대해 다시 생각하게 되었다.

우주와 지구의 탄생이론과 암석의 연령 측정에 대한 신뢰를 생각하면서 지구는 결코 지질학에서 주장하는 만큼 오랜 시간을 거치지 않고 창조주의 절대적 능력으로 한꺼번에 창조되었을 수도 있다고 믿게 되었다.

인간의 사고영역이 무한하다고 하는 인본주의적 발상이 그 이상의 세계를 보지 않으려고 하는 인간의 속성에 자리 잡고 있기 때문에 창조주를 인정하기까지 이렇게 오래 걸린 것이다. 마치 직선으로만 다니는 개미가 평면으로 기어 다니는 바퀴벌레의 세계를 이해하지 못하고 평면의 바퀴벌레가 공간을 날아 다니는 파리를 보고 경악하는 것처럼, 각자의 한계에 갇혀 있어 그 이상의 세계를 추측할 수 없는 것이다.

전통 과학자 집단에서는 진화론이 수많은 가설과 실증으로 확인된 이론이라고 한다. 그렇기 때문에 이를 부정하는 것은 특정 종교집단의 편향된 주장으로 매도하려는 경향이 있다. 그런가 하면 창조론자의 논리를 단순한 믿음의 영역으로 몰아버림으로써 그 날카로운 공격을 피하려는 노력도 계속해 오고 있다.

그러나 자연에서 나타나고 있는 모든 현상에 대한 과학적 규명이 진전되면 될수록 그 속에서 하나님의 솜씨가 하나씩 밝혀지고 있다. 이를 통해 진화론을 바탕에 둔 현재의 지질학 이론으로 자연의 참모습을 알아내는 데에는 한계가 있다는 것을 알 수 있다.

최근 미국 국민들의 의식조사(갤럽, 1982-1997)에서 전 국민의 45%가 창조론을, 10%가 진화론을 믿고 있다는 통계가 나왔다. 이는 인간의 의식 속에는 과학으로 설명되는 진화론보다 하나님의 섭리로 설명되는 창조론이 더 크게 자리하고 있다는 것을 보여준다.

단순히 진화론의 허점만 들추어내는 것으로는 한계가 있다. 하나님께서 하늘을 펴시며 땅의 터를 세우신 사실을 이해하고(슥 12:1) 대상물을 과학의 눈으로 접근해 가며 그 오묘한 이치를 알아나가야 한다.

　잘못된 증거들

화석

　　　　대학을 다닐 때 고생물학 시간에 교수님이 삼엽충 화석 몇 개를 나누어 주면서 그대로 그려 보라는 숙제를 낸 적이 있다. 그림솜씨가 꽤 있었던 나는 다른 친구들의 부러움을 받으면서 그 화석을 똑같이 그려냈었다. 평범한 돌덩이에 지나지 않았던 그 화석이 1억 5,000만 년 전의 생물이라는 설명을 듣고는 아주 귀하게 다루었던 기억이 난다.

　어둡고 침침한 회색의 죽어 있는 생물의 잔해라는 생각을 떠올리게 하는 것이 화석이다. 또한 장구한 시간 동안 만들어졌기 때문에 우리를 과거의 세계로 인도하는 신기한 물건으로도 느껴진다. 그런 화석을 현대 과학자들은 자신들의 학문적 성취를 위하여 가공하기도 하고 미화하기도 한다.

　지구상의 지층 특히 퇴적암층 중에는 흔히 동물의 뼈나 조개껍데기, 식물의 잔존물들이 발견되고 있다. 이들 생물의 유해가 지질시대를 통

하여 굳어진 것이 화석(Fossil)이며 이를 연구하는 학문이 고생물학이
다.

　화석이 만들어지기 위해서는 몇 가지 필수적인 환경이 갖추어져야
한다. 먼저 생물이 죽어서 다른 퇴적물로 덮혀야 하며 다음으로는 화
석으로 될 수 있는 단단한 부분을 가지고 있어야 한다. 이 외에 시베리
아의 맘모스(Mastodon)와 같이 아스팔트 연못이나 소택지에 빠진 동
물이 화석이 되는가 하면 화산의 낙진에 묻혀 출토되는 특별한 경우의
화석도 있다.

　이러한 화석을 지질학에서는 가히 만능 해결사로 활용하고 있다. 발
견된 화석의 생존환경을 유추함으로써 과거 지질시대의 고지리도를
만들 수 있다는 가능성을 비롯하여 당시 환경을 연구하여 지하에 매장
되어 있는 유용광물의 탐사에 응용하거나 시대에 따라 달리 산출되고
있는 표준화석(Index Fossil)을 기준으로 하여 지질시대를 구분하는
기초로 삼고 있다.

　즉 동일한 종류의 화석이 산출되는 퇴적층은 퇴적된 환경이 비슷하
므로 그 지층에서 산출되는 화석을 다른 지역에서 산출되는 화석과 비
교하여 그 차이점으로 지층의 시대를 결정하는 대비(Correlation)작업
에 필수적인 역할을 한다.

　이와 같이 모든 가설의 기초가 되는 화석이 가장 효력을 발휘하는
이유는 진화론을 철저하게 따르기 때문이다. 화석을 종류에 따라 시대
순으로 나열해 보면 간단한 형태에서 점차 복잡한 형태로 그리고 작은
것에서 큰 것으로 진화해 간 모습을 보인다고 하여 화석을 생물진화에

관한 가장 확실한 물적 증거로 제시하고 있다.

최근 이러한 화석에 대한 새롭고 혁신적인 연구가 창조론을 주장하는 과학자들에 의해 재해석 및 재평가되고 있어 지질학의 근간을 흔들고 있다. 실제적인 실험을 통해 화석이 매우 빠르게 묻혔으며 이를 포함하고 있는 지층의 나이가 그렇게 오래되지 않았다는 것이 하나씩 밝혀지고 있다.

동물의 경우 죽으면 공기 중에서 쉽게 부패되어 분해되기 때문에 그 전에 이런 조직을 유지할 수 있도록 보존될 수 있는 환경이 있어야 한다. 또 급격한 홍수로 인하여 모든 종류의 생물들이 일시에 휩쓸려 매몰되었기 때문에 이를 포함하고 있는 지층의 나이가 그리 오래되지 않았다는 사실도 증명되고 있다.

수억 또는 수십 억 년의 시간을 단 몇천 년으로 단축시키는 새로운 화석의 발견과 재해석으로 지구가 결국 하나님이 창조하신 피조물임을 확인하는 먼 길의 첫 발을 내딛게 되었다.

그래서 화석은 장구한 시간을 통하여 생물들이 우연히 진화되고 발전되어 왔다는 것을 증명하는 증거물이 아니라 오히려 하나님이 이 세상을 창조했다는 분명한 물증으로 사용되게 되었다.

45억 년이 되었다는 지구의 역사와 생물들의 출현 그리고 인간의 탄생과정이 새로운 화석의 해석을 통하여 과거 추리와 가설로 세워졌던 진화이론에서 하나님이 6일 동안 창조하였다는 창조론으로 점점 기울고 있음은 어쩔 수 없는 역사의 귀결이다.

진화의 증거, 연결고리(Missing Links)

고대 생물의 연구는 지질시대를 통하여 산출되는 화석과 이를 포함하고 있는 지층의 상태를 관찰함으로써 가능하다. 그러나 많은 자연과학자들이 지금까지 수립한 결과는 아직까지 검증이 되지 않는 가설과 추론의 범위를 넘어서지 못하고 있다. 그것은 수천만 년 또는 수억 년이라는 시간을 검증할 수 없기 때문이다.

지질학에서는 아래의 오래된 지층에서 점차 위의 젊은 지층으로 올라가면서 그 지층이 만들어질 때 생존하였던 하등생물이 고등생물로 진화 발전해 왔다는 원칙이 있다. 즉 무기물에서 유기물로, 단세포에서 원시동물로 진화해 왔으며 무척추동물에서 척추동물로, 어류에서 양서류, 파충류로, 파충류는 다시 조류, 포유류로 진화하면서 결국은 원숭이를 조상으로 하는 인류가 탄생했다는 진화론적 원칙이 그것이다.

그러나 현재까지 지구상에서 발견된 수십만 종의 화석을 연구해 보았으나 한 개체에서 다른 개체로 이행될 때 반드시 있어야 할 중간형태의 종은 한번도 발견된 적이 없다는 데에 지질학자들은 당황해 하고 있다. 또 오래된 지층에서 후기의 화석들이 함께 산출되는가 하면 장구한 시간을 보여주는 지층의 퇴적이 어느 한 순간에 이루어진 증거들이 지구 도처에서 발견되고 있어 그 해석에 손을 놓고 있는 실정이다.

미국 미시시피 주 고생대 페름기(2억 1,000만 년 전) 지층에서 담수새우(Anaspides) 화석을 발견하고 지질학자들은 이를 2억 년 전의 생물로 규정한 바 있다. 그런데 최근 호주 타스마니아의 한 개울에서 이 새우가 서식하고 있음이 확인되었다. 형태와 구조는 화석에서 보여진 것과 정확히 일치했다.

유인원에서 인간으로 될 때까지 400만 년이라는 시간이 소요되었는데 이보다 50-100배의 기간 동안 진화하지 않은 이유, 인간의 한 세대가 30년이라고 할 때 곤충의 세대는 수천 배 이상의 세대를 거쳤음에도 진화하지 않은 이유, 인간은 1회에 1명의 자손을 출산하는데 반하여 곤충은 수십, 수백 배의 자손을 번식시키는데 전혀 진화하지 않은 이유, 그 장구한 시간 동안 공룡의 멸종 등 혹독한 기후환경에서 이 새우만 여전히 살아남을 수 있었던 이유, 모든 생물은 다 진화하였는데 이 곤충만 진화하지 않은 이유 등에 대한 답을 지질학에서 기대하기는 힘들다.

이러한 예는 여기서 그치지 않는다. 1935년 어류에서 양서류로의 진화 중간형태로 알려진 실러칸스(Coelacanths) 화석은 마다가스카르 북서쪽에서 지금도 서식하고 있는 물고기였으며 2억 5,000만 년 전의 화석으로 발견된 철갑상어(Green Sturgeon)는 미국 오레곤 주 로구(Roque) 강에서 지금도 여전히 서식하고 있음이 확인되고 있다.

시조새(Archaeopteryx, 고대 날개라는 뜻)라는 화석이 있다. 1861년 독일 졸렌호펜(Solenhofen) 지역 석판암 채석장에서 발견된 새와 공룡의 중간 모습을 보이는 화석을 발견하고 진화론자들은 환호성을 질렀다. 그렇게도 찾던 파충류와 조류의 중간 모습을 찾았다는 것이다.

부리에는 이가 있고 날개에는 발가락 셋이 있었으며 꼬리에는 뼈마

디가 들어있으며 온몸이 깃털로 덮혀 있는 이상한 새였다. 그러나 1세기가 지난 1985년, 미국의 고생물학자 L. 마틴(Larry Martin)은 이 시조새와 공룡의 지질시대가 동일하다고 하여 공룡에서 새로 진화했다고 단정할 수 없으며 조류와는 생체구조가 전혀 닮지 않았음을 확인하면서 결국 깃털이 있는 공룡으로 결론지은 바 있다.

지난 100년 이상 동안 수많은 지질학자들이 진화의 중간생물을 발견하려고 수많은 노력을 해 왔으나 지금까지 한 종의 화석도 찾지 못했다. 그 이유는 두 가지일 것이다. 하나는 아직도 중간생물의 화석이 인간의 눈에 뜨이지 않고 숨겨져 있거나 아니면 애초부터 그 존재가 없었다는 것이다.

성경에는 지구상의 모든 생물이 그 종류대로 창조되었다고(창 1:24) 설명하고 있다. 처음부터 없었던 것이 신념으로 찾는다고 하여 새로 생겨날 수는 없다.

이상한 화석들

자연에서 광물을 탐사할 때 여러 가지 지질적 요인을 감안하지만 지층 안에 들어 있는 화석이 대단히 유용하게 사용된다. 특히 석탄층을 발견하기 위해 각 층 안에 들어 있는 식물화석은 매우 중요한 역할을 한다. 이런 화석과 그 탄층이 수천만 년 또는 수억 년 동안 생성되었다고 배워온 나는 모든 화석을 그 기준으로 해석하여 지하의 유용광물을 탐사했던 경험이 있다.

얼마 전까지만 해도 수천만 년 또는 수억 년의 나이를 가지고 있는 화석은 오래된 지층에서는 덜 진화된 화석으로, 후에 만들어진 지층에서는 고도로 진화된 형태로 산출되었으며, 또 몸체에 딱딱한 부분을 가지고 있는 생물들의 화석만 나타난다고 여겨졌다. 이들은 매우 느린 속도로 퇴적되는 암석 속에 묻혀 장구한 시간을 지나며 생긴 생물체의 유해나 흔적으로 여겨졌던 것이다.

한편, 발견되는 화석들은 바다생물의 화석들이 주종을 이루고 있다. 그것은 모든 화석의 95%가 바다동물이고 4.75%가 바다식물이며 그 나머지 0.25%만 척추동물의 화석으로 밝혀지고 있기 때문이다. 또 이들 척추동물 화석 중의 1%인 전체의 0.0025%만이 1개 이상의 뼈를 갖춘 척추동물의 화석이라고 확인되고 있다.

그런데 이상하게도 오래된 지층에서 현재 살아 있는 동물의 화석이 섞여 발견되는가 하면 도무지 딱딱한 부분이라고는 없는 연체동물의 화석이 나타나고 있다.

이뿐이 아니다. 몇억 년 전에 형성되었다고 추정되는 석탄층에서 현대인의 망치와 모자가 화석으로 나타나기도 하고 심지어는 사람의 손가락 화석이 나타나는 등 지질학에서 구축해 놓은 이론들에 하나도 맞지 않는 이상한 화석들이 무수히 발견되고 있다.

예를 들어 화석이 전혀 존재하지 않는 선캄브리아기 지층으로 알려진 호주 플린더스(Flinders) 산맥 에디아카라(Ediacara) 사암층에서 근육과 지느러미와 머리가 온전한 형태의 진화된 어류화석이 산출되었으며 캐나다 록키(Rocky) 산맥의 캄브리아기 버거스(Burgers)셰일

층에서는 탈피하고 있는 절지동물(바닷가재, 전갈 등)의 화석이 발견
되었다. 미국 위스콘신 주 캄브리아기 사암층에서 해파리 화석이 발견
된 것을 비롯하여 심지어는 먹이를 입에 물고 있는 살아 있는 듯한 어
류의 모습들이 발견되기도 하였다.

　　이런 이상한 화석의 출현은 지층이 수억 년 동안 동일한 과정으로
퇴적되었으며, 생물마다 세대를 거듭하면서 진화되어 왔고, 화석이 되
기 위하여 장구한 시간이 필요하다는 지질학의 주장과 정면으로 부딪
치고 있다.

　　생물체가 죽으면 다른 짐승의 먹이가 되거나 공기 중에 노출될 경우
곧 부패하기 마련이다. 다른 퇴적물이 그 위에 덮힐 때까지 기다리지
못한다. 또 수억 년 전의 지층 속에서 발견되는 화석이 현재의 생물과
동일한 모습을 보이는 것은 장구한 시간 동안에도 전혀 진화가 없었다
는 것을 실증하고 있다.

　　그렇다면 그 답은 간단하다. 매우 짧은 시간에 홍수와 같
은 작용에 의해 급속히 매몰된 결과 이외에는 답이 없다. 이
물이 화석을 만들기에 충분한 조건을 만들었다면 그것은 전
지구적인 홍수격변밖에는 설명할 길이 없게 된다.

　　대규모 산맥을 들어올리고 깊은 해령을 만들 만큼 지진과 화산이 극
렬하게 일어났을 것이며 하늘에서는 지상에서 분출되는 가스로 인하
여 수증기층이 물방울로 응결, 비가 쏟아져 내려 온 지구가 물로 뒤덮
혔을 것이다.

　　이때 바다 속에서 살고 있던 생물은 물에 휩쓸려 그대로 화석이 되
었을 것이고 물로 운반된 엄청난 양의 토사물은 넓은 지역에 걸쳐 퇴

적되면서 일부 살아남았던 육상 척추동물을 화석으로 만들었을 것이다.

이 물의 근원은 화산과 지진으로 깊음의 샘이 터져 지하에 스며있던 막대한 양의 지하수였을 것이며 하늘의 수증기층은 40주야 동안 하늘의 창이 열려(창 7:11) 비가 되어 쏟아져 내리는 대지각변동이었을 것이다. 온 땅은 바다로 덮히고(시 104:6) 히말라야와 안데스 그리고 로키 산맥과 같은 대규모 산은 그때 융기된(시 104:8) 지구 역사상 최대의 대 격변이었을 것이다.

지질연대와 지질주상도

지층도 만들어지는 순서가 있다. 위의 지층이 아래의 지층보다 후에 만들어졌고 두꺼운 지층이 얇은 지층보다 오랫동안 만들어지는 것이 원칙이다. 또 지층들은 각각 고유한 화석을 가지고 있게 마련이기 때문에 이들 화석생물의 생존시기와 지층의 퇴적시기를 측정하여 그 연대를 시대별로 정리한 표를 지질주상도(Geologic Column)라고 한다.

따라서 지질주상도에는 지구의 역사가 고스란히 담겨 있어야 한다. 이 지질주상도를 만들기 위해서는 대표되는 표준화석(Index Fossil)을 정하고 이를 기준으로 상호 대비하는 작업과 아울러 암석에 대한 절대연령 측정법을 사용함으로써 가능하다.

그러나 지구 어느 곳도 처음 지층과 마지막 지층이 일목요연하게 나타나 있는 곳은 없다. 측정이 가능한 여러 곳의 지층을 모아 서로 대비한 뒤 약속된 주상도에 넣어 표를 만들고 있는 실정이다.

　실제로 나는 광산에서 광체를 탐사하기 위하여 그 지역에 분포되고 있는 암석층의 표준 지질주상도를 먼저 알아내고 이를 기준으로 지층을 구분하는 방법을 사용했었다. 그러나 나는 이러한 지질주상도가 실제와 부합하는 지층을 한번도 찾아내지 못했다. 다만 그때의 상황에 맞추어 인위적으로 결합시켜 이론을 전개한 기억만이 있을 뿐이다.

　현재까지 작성된 지질주상도에 의하면 지구의 탄생인 45억 년 전부터 시작하여 시생대, 원생대를 선캄브리아기라고 하여 가장 오래된 지층으로 구분하고 있으며 화석이 폭발적으로 나타나기 시작하는 고생대 캄브리아기(6억 년 전)를 시작으로 하여 오도비스기(5억 년 전), 실루리아기(4.3억 년 전), 데본기(4.1억 년 전), 석탄기(3.5억 년 전), 페름기(2.2억 년 전) 그리고 중생대로 구분되는 트라이아스기(2.3억 년 전), 쥐라기(1.5억 년 전), 백악기(6,500만 년 전)와 다시 신생대로 구분되는 제3기(1,300만 년 전)와 제4기(현세)의 11개 시대로 구분하고 있다.

　이렇게 작성한 지질주상도에 나타난 지층의 두께 모두를 합하면 160km나 된다. 수직으로 160km 이상의 층이 지구 위에 쌓여 있다는 의미이다. 그러나 지구 표면 암석의 두께가 50km이고 이 중 가장 많이 분포되어 있는 퇴적암의 총 두께가 24km인 점을 감안한다면 지질주상도에 표시된 지층의 두께는 많이 과장되어 있거나 중복되어 있다고 볼 수 있다.

　그러나 지질학자들은 이를 부인하고 있다. 없어진 지층들에 대하여 지질학자들은 많은 지층들이 솟아오르면서 표면이 침식되어 없어졌기 때문에 발견되지 않을 뿐이라고 그 이유를 설명한다. 그러나 침식이 솟아오르는 속도를 따르지 못한다. 그들의 주장대로 1,000년에 1m씩만 침식된다고 하더라도 에베레스트 산은 겨우 1,000만 년이면 평탄하게 될 것이다. 그러나 그 산은 그대로 있으며 깎인 엄청난 토사물은 어디에서도 찾을 수가 없다. 침식이 25억 년에 걸쳐 이루어졌다면 높이 160km나 되는 퇴적층은 모두 없어져야 한다는 계산이다.

여기에서 지층의 나이를 추정하고 순서를 정하는 일은 아주 이상한 논리로 이루어지고 있음을 알 수 있다. 표준화석을 정해 놓고 새로 발견되는 지층의 연대는 그 층에 포함된 화석을 기준으로 하여 시대를 정하며, 새로 발견되는 화석은 기준지층의 연대에 따라 나이를 정한다는 것이다. 그들은 세워놓은 가설만 신뢰하고, 예상된 결과만 선택적으로 인정하려는 경향이 있다.

그러나 지질주상도의 기준에 맞지 않는 지질현상은 자연에서 너무 많이 나타나고 있다. 지층의 나이가 거꾸로 되어 있는 곳이 세계 도처에서 발견되고 있으며 생물의 발자국화석이 그 생물 몸체가 발견되는 지층의 나이보다 오래된 지층에서 나오는가 하면 일부 석탄층에서는 그 지층을 세로로 가로지르는 다지층(多地層) 화석이 나타나기도 한다.

이렇게 많은 오류를 가지고 있는 지질주상도는 "사실(Fact)보다는 인위적 합의(Concensus)의 소산"이라고 미국의 지질학자 윗필드(J. Whitfield)가 정의한 바 있다. 지층의 나이를 결정하는 방법 중에 목격자들의 구체적인 보고서에 의하거나 사실에 대한 기록만큼 분명한 것은 없다.

그러나 아무도 보지 못했던 그 때의 일을 목격한 사람이 없으니 세상이 어떻게 만들어졌고 그 위의 생물들이 어떻게 살았는지에 관한 자세한 보고서는 있을 수 없다. 한편 그 사실을 영감으로 기록한 성경에는 지구가 만들어지는 모습이 날짜별로 기록되어 있다. 이렇게 분명한 기록을 성경에 기록되어 있다고 믿지 못하겠다는 것은 과학이라는 선입견이 그 길을 가로막고 있기 때문이다.

지구의 나이, 정말 45억 년인가

처음 만나는 사람의 나이를 추측할 때 우선 얼굴에 나타나는 여러 가지 현상 즉 주름이라던가, 머리 색깔 그리고 말소리와 행동 등을 종합해서 판단하게 된다. 이 때 본인이 자신의 나이를 정확하게 밝히지 않는 한 나이를 알아 맞추기는 쉽지 않다.

지구의 나이를 계산할 때도 이와 비슷한 절차가 있다. 지상에 나타나 있는 암석의 나이를 측정하는 방법으로 그 나이를 추정할 수 있는가 하면 예전에 살았던 생물의 변화모습을 연구하여 추정하는 방법 등이 있다. 그러나 어떤 방법이라 하더라도 지구의 나이가 정확하다고 장담할 수 있는 사람은 아무도 없다.

18세기 지질학자 허튼(James Hutton)이 지구의 나이를 '생각보다 장구한 세월'이라고 말하기 전만 해도 대단히 짧은 나이를 주장하는 사람들이 많이 있었다.

그리스의 사학자 헤로도투스(Herodotus)가 BC 450년경 나일강 삼각주의 양을 계산하여 수천 년일 것이라는 주장한 것을 비롯, 10세기 페르시아의 조로아스터(Zoroaster)는 1만 2,000년 정도로 보았고 지구의 나이를 가장 짧게 설정한 사람은 아일랜드의 어셔(Ussher) 주교로서 그는 1,654년, 우주의 창조는 BC 4004년 10월 26일이라고 한 바 있다.

19세기 영국의 물리학자 켈빈(L. Kelvin, 1824-1907)이 지구가 열을 잃어버리는 양으로 계산한 나이는 4,000만 년이며 지구의 편평도와 지표의 물리적인 현상에 근거하여 계산하면 1억 년을 넘지 못할 것이라고 하였다. 지각을 이루고 있는 지층의 이론적 총 두께가 160km이고 1년에 1mm씩 쌓인다고 할 경우 지구의 나이는 1억 6,000만 년으로 계산되며 호층(11년 주기, 태양 흑점의 주기와 일치)의 수로도 계산이 가능하다고 하였다.

나트륨(Na)에 의한 측정방법도 있다. 화성암이 풍화되면 다른 성분과 함께 나트륨이 용출되어 염소(Cl)와 화합한 후 바다의 염분이 된다. 바닷물은 다시 증발하여 그 일부는 육지로 떨어져 다시 바다로 운반되는 과정을 통하여 염화나트륨(NaCl)은 다른 성분들-탄산칼슘($CaCo_3$) 또는 이산화규소(SiO_2)-과 같이 동식물에 의해 이용되지 않고 그대로 바다에 잔존하게 된다. 이 나트륨의 양으로 계산한 지구의 나이는 1억 년을 넘지 못하고 있다. 이와 같이 지구의 나이가 과거의 이론보다 훨씬 젊다는 증거는 많다.

또한 지구의 자전속도가 점차 감소하고 있어 나이를 수십억 년이라고 할 경우 지구의 모양은 처음에 둥근 구체에서 큰 원심력에 의해 지금은 납작한 빈대떡 모양이 되어야 하나 이직도 원형으로 회전하고 있다는 점, 지구 표면의 우주낙진은 연간 1,400만ton으로 추정되며 이를 인정할 경우 지표의 먼지 두께는 15m가 되어야 한다는 점, 그리고 대기 중의 헬륨의 양, 대륙의 침식 속도, 표토의 두께 그리고 해저 침전물의 양 등으로 계산된 지구의 나이는 지금까지 지질학에서 추론하고 있는 나이보다 훨씬 젊다.

지질주상도에 나타난 지구의 역사는 45억 년이다. 수많은 가설과 화석으로 대표되는 시간의 물증으로 인해 이러한 시간을 완전히 부정하기는 힘들다, 그러나 최근 더 많은 학자들에 의해 수십억 년이라는 개념은 하나씩 무너지고 있다. 수천 년도 제대로 검증하지 못하는 인간의 지혜로 까마득한 수억 년을 추정한다는 것 자체가 넌센스이기 때문이다.

현 세계가 하나님의 속성을 반영한 결과물이라고 한다면 크고 방대한 우주는 그분의 무한하신 능력의 표현일 것이다. 따라서 진화론에 근거해 지구의 나이로 주장되어 온 45억 년은 너무 길며, 인간이 생각해 낼 수 있는 모든 지식을 동원해 최근에 추정한 지구 나이는 대체로 수억 년을 넘지 못한다는 의견이 점차 설득력을 얻고 있다.

우리는 하나님은 온 인류의 하나님이며 지구를 창조하셨을 뿐만 아니라 온 우주를 창조하시고 다스리신다(골 1:16-17)는 사실을 믿는 것이 비과학적이라고 단언할 수 없다. 이 세상의 진리를 규명하기에는 과학이 부족한 것이 너무 많기 때문이다.

　　　　　　우리나라 강원도와 경북 일대에 걸쳐 크게 분포하고 있는 석회암층은 많은 유용광물을 포함하고 있는 지층으로 알려져 있다. 이 지역에서 이 석회암층과 그 이웃하고 있는 석탄층은 내가 20년 이상 관심을 가지고 씨름해 왔던 지층들이었다. 이들 지층의 나이는 층위학적인 연구와 방사성 동위원소로 측정된 연대로 구분되어왔고 나는 그것을 그대로 믿고 사용해 왔었다.

　방사능은 19세기 말, 프랑스 과학자 벡쿼렐(Becquerel)에 의해 처음으로 발견되었다. 그 이후 퀴리부인(Curie, 1867-1934)이 우라늄으로부터 라듐(Ra)을 분리해 냄으로써 방사성 원소에 대한 연구가 활발히 진행되게 되었다. 그들의 발견으로 지질학자들은 이 방사성 동위원소의 반감기를 이용하여 암석의 나이를 측정할 수 있다는 데 착상하였다.

　우라늄은 알파 입자를 방출하여 붕괴되면서 라듐으로 되고 이 라듐은 다시 붕괴되어 납(Pb)으로 변한다. 이때 걸리는 시간을 반감기라고 하며 각 방사성 원소는 특유의 반감기를 가지고 있기 때문에 측정하고자 하는 암석 속에 남아 있는 납의 양을 측정하여 그 암석의 나이를 알 수 있다.

　또 다른 방법으로 탄소 동위원소를 활용하는 방법이 있다. 대기 중의 탄소는 보통 C_{14}가 시간이 지남에 따라 붕괴되어 C_{12}로 변한다. 그러므로 원래의 C_{14}가 남아 있는 양을 측정하여 나이를 측정하는 방법이다. 우라늄 동위원소 측정법은 수백만 년 이상인 암석에, 그리고 탄소

동위원소법은 비교적 짧은 10만 년 이내 연대의 암석에 주로 사용되고
있다.

　이런 절대연령 측정법으로 얻어진 암석의 연대는 지질학자들에게
지층의 나이를 정확하게 알려 주는 절대 증거물로 여겨져 왔다. 그들
로서는 이것 이외에 과학적으로 지질적 연대를 측정할 방법이 없었기
때문이다.

　오랜 세월 동안 지구상에는 수많은 자연환경의 변화가 있어 왔다.
특히 인간의 지식으로는 상상할 수 없는 다양한 자연재해가 발생해 왔
다. 이런 변화에도 불구하고 동위원소법이 과연 그때 그 당시를 얼마
나 정확히 지시하는지는 의문이 아닐 수 없다. 그렇기 때문에 측정하
려고 하는 암석의 정확한 시간을 측정하려면 다음과 같은 전제조건이
갖추어져야 할 것이다.

　우선 측정할 암석에는 그 암석이 만들어질 때 아르곤(Ar), 스트론듐
(St), 납(Pb) 등 물에 녹지 않는 자원소(子元素)가 전혀 없어야 한다. 그
러나 어느 암석이나 양의 차이는 있을지언정 자연에서 순수한 상태로
있는 암석은 없다. 또 방사성 물질의 반감기는 모든 지질적 격변에 영
향을 받지 않고 일정해야 한다.

　그러나 대규모 지진과 홍수로 지각의 격렬한 움직임이 있을 때 이에
영향을 받지 않는 암석은 매우 드물다. 그리고 포타슘(K), 루비듐(Rb),
우라늄(U)과 같은 모원소(母元素)가 용해되거나 이동하지 않아야 하며
온도, 압력, 빛, 우주선 등 외부 환경이 항상 일정해야 한다는 전제조건
이 그것이다. 이 지구상에 나타나는 어떤 암석도 이 조건을 충족시키
지는 못한다.

지구격변 특히 지진과 화산의 분출시 발생하는 원초적 CO_2에는 C_{14}가 전혀 포함되어 있지 않지만 대기와 결합하여 약 50%의 C_{14}를 가지고 있을 때 이를 측정하면 이미 그 반감기인 5,700년이라는 수치가 나오는 모순이 생긴다. 이런 이유로 동위원소를 이용한 절대 연령측정법 이외의 방법으로 측정한 지구의 나이는 오히려 지질학에서 제시하는 나이에 비하여 훨씬 젊다.

불완전한 측정 대상에서 얻어지는 결과는 아무리 과학적 보정장치와 해석을 더한다 해도 신뢰도가 떨어진다. 모든 일은 정답부터 시작해야 한다. 잘못된 답을 가지고 아무리 연구해 봤자 그 결과는 틀리게 되어 있다.

그러나 성경에 이런 모든 것이 쓰여 있다. 여호와를 경외하는 것이 지식의 근본(잠 1:7)임을 알고 그 여호와의 말씀이 기록된 '성경이 옳다' 라고 전제하고 시작하면 아무런 문제가 없는 것이다.

젊은 지구 – 천문학적 증거

지구의 나이가 단 몇천 년밖에 되지 않았다고 하면 사람들은 먼저 웃고 본다. 말도 안 되는 소리라는 것이다. 사람이 원숭이에서 진화한 것이 아니라 어느 날 청년의 모습으로 세상에 홀연히 나타났다고 하면 아예 얼굴을 돌려버린다. 이상한 사람으로 여기기 때문이다.

그러나 그것이 사실이라고 우긴다면 대부분의 사람들은 미친 사람으로 취급하기 십상이다. 비록 교회를 다니고 예수를 잘 믿는다고 하는 사람들조차도 믿으려고 하지 않는 것이 현실이다. 이는 학교에서 배운 과학지식에서 조금만 그 범위를 벗어나도 인정하지 않으려고 하는 과학만능주의 때문이다.

학교에서 배운 과학지식은 많은 문제가 있음에도 불구하고 지난 200년간 과학계를 지배해 왔으며 지금도 그 위력을 당해 내기가 여간 어렵지 않다.

지난 1960년대 이후 일단의 복음주의자들에 의해 제기된 젊은 지구론은 철옹성 같던 오래된 지구론에 조금씩 접근해 가면서 그 벽을 허물고 있지만 아직 높은 담을 허물기에는 턱없이 부족한 실정이다.

'젊은 지구'의 비밀은 자연에서 그리고 인류의 역사에서 하나님이 숨겨 놓으신 섭리를 통해 조금씩 알아낼 수 있다. 먼저 우주로 눈을 돌려보자.

우리가 속해 있는 은하계는 오른쪽으로 긴 꼬리를 보이며 시계 반대 방향으로 회전하고 있음이 알려졌다. 중심부는 주변부보다 빠른 속도로 감겨지고 있는데 우주의 나이가 100억 년 이상이라고 한다면 그 빠른 속도를 감안할 때 지금쯤 은하계의 모양이 원반형으로 되었어야 한다. 그러나 아직 타원형으로 회전하고 있다.

또 과거 300년 동안 천체과학자들이 16가지의 각각 다른 방법으로 160회 이상 광속을 측정해 본 결과 빛의 속도가 빠르게 감소하고 있다는 사실이 확인되었다. 이에 따라 아무리 멀리 떨어져 있는 별도 지구까지 그 빛이 수천 년 만에 도달할 수 있다는 사실이 증명되었다. 우주가 수백억 년의 역사가 아니라 수천 년의 역사를 가지고 있음을 시사하는 대목이다.

　은하계 내에는 수십 년의 주기로 초신성(Supernova)이 폭발하고 그 잔해는 약 100만 년 동안 우주에 흩어져 남아 있다는 이론도 있다. 우주가 100억 년 이상 되었다면 온 우주가 초신성의 부스러기들로 가득 차 있어야 함에도 불구하고 현재 은하계 주변에는 약 200여 개의 잔해만 남아 있을 뿐이다. 이 잔해의 수로 미루어 본 우주의 나이는 7,000년밖에 되지 않는다.

　태양계 안에 있는 혜성(Comet)의 존재도 우주가 아주 젊다는 사실을 증명하고 있다. 혜성은 직경 10㎞내외의 얼음행성으로 태양 주변으로 오면서 질량을 잃어버리므로 그 수명을 1만 년 정도로 보고 있다. 전통적인 진화이론에 의하면 이들 혜성도 태양의 생성시기에 함께 생성되었기 때문에 그 나이를 50억 년 정도로 추측하고 있다.

　그러나 태양의 중력에 의해 소멸되고 마는 혜성이 아직도 태양계 내에서 무수히 많이 있다는 것은 설명하기 힘들다. 진화론자들은 현재의 혜성들은 명왕성 밖에 있다고 추정되는 쿠퍼 벨트(Cuiper Belt)로부터 계속 공급된다고 설명하고 있으나 이곳에는 직경이 최소 500㎞이상의 행성체가 있다고 보고 있어 그 해석이 매우 궁색하다.

　쿠퍼 벨트에 있는 소행성체에 대해서도 창조주의 섭리를 알 수 있는 현상들이 관찰되고 있다. 이것의 소행성들은 서로 쌍성(Binary)의 모습으로 나타나고 있다. 진화이론으로 보면 지구와 달처럼 두 개의 행성이 서로를 돌면서 균형을 유지하기 위해서는 극도로 정교한 충돌이나 이탈이 있어야 한다. 이렇게 볼 때 명왕성과 그 위성인 카론(Charon) 역시 대단한 상호관계를 가져야 한다고 추측할 수 있다.

그 많은 행성들이 이와 같은 관계를 가지기 위해서 엄청난 정밀도를 요구하고 있다고 할 때, 어느 창조자의 보편적 섭리에 의해 수효대로 만상을 이끌어 내어(사 40:26) 행성들이 처음부터 그곳에 존재한다고 설명하는 것이 훨씬 자연스럽게 보인다. 우주와 그 안의 별들이 현재와 같이 존재할 수 있기 위해서는 상상을 초월하는 정밀도가 필요함을 천문학은 하나씩 밝혀내고 있다.

젊은 지구 – 지질학적 증거

강원도 연화광산은 국내 최대의 금속 광산이었다. 지하 600m에 총 연장 450㎞의 갱도가 거미줄처럼 개설되어 있어 안내자 없이 갱도에 들어가게 되면 자칫 영원한 지하미아가 되기 십상이다. 이곳에서 지하에 묻힌 광물을 찾아내는 일을 담당했던 나는 교과서에 쓰여 있는 대로 따라해 보았지만 그 이론들이 제대로 들어맞았다는 기억은 별로 없다. 그래서 가장 과학적이어야 할 지질학자가 항상 하는 말이 "눈으로 봐야 안다."였다.

지표에 나타난 지층의 모습은 대부분 원형을 유지하지 못하고 기울어져 있거나 휘어져 있다. 이러한 습곡현상을 보고는 책에 쓰여 있는 대로 수천만 년 또는 수억 년이 되었다고 믿고 그 지층의 생성 당시의 환경을 복원해 보려고 노력했으나 성공한 적이 별로 없었다. 특히 그렇게 견고하게 형성된 지층들이 엿가락처럼 자연스럽게 굽고 휘어진 모습은 수천만 년 동안 교란

되지 않으면서 자연스런 모습으로 나타난다는 사실에 한편으로는 의심을 가지고 있었던 게 사실이었다.

지층은 오랜 시간 동안 퇴적될 경우, 퇴적 당시의 구조를 유지하기가 힘들다. 지진과 화산폭발 등 여러 가지 지질작용으로 변형될 때에는 습곡보다 파열과 압축 현상이 먼저 일어나는 것이 상례이다.

자연에서 나타나는 부드러운 습곡 현상은 그 지층이 짧은 시간 동안 변형된 것을 의미하며 이는 지층이 빠르게 퇴적되었고 아직 완전한 고결작용이 끝나지 않은 때에 변형되었다는 것을 의미한다. 수억 또는 수십억 년이 된 지층이라면 이런 습곡 현상은 지구상에 존재하지 않을 것이다.

바다 밑에 유입되는 진흙의 양으로 지구의 나이를 추정하는 방법도 있다. 지표의 암석 노두는 오랜 시간을 거치면서 풍화되어 미세한 잔존물인 흙의 모체가 된다. 바다로 유입되는 이 흙의 양은 연간 약 200억ton으로 추정하고 있다.

이 중 대륙의 판구조이론에 의해 대륙 밑으로 소실되는 양 약 10억ton을 감안하더라도 매년 190억ton의 진흙이 바다 밑에 쌓여야 한다. 그러나 현재 확인된 해저 진흙퇴적물의 두께는 약 400m로 이는 5,000년 정도의 시간이면 퇴적될 수 있는 두께라고 한다.

헬륨은 우라늄(U)이나 토륨(Tr)과 같은 방사성 광물이 붕괴될 때 생기는 원소이다. 이런 광물 안에 남아 있는 헬륨 원소의 양을 확인하는 것은 그 광물의 나이를 추정할 수 있는 방법으로 흔히 사용된다. 최근 선캄브리아기 화강암 안의 지르콘 광물 결정에 포획되어 있던 헬륨을 확인한 바 있다. 이 암석이 5억 년 이상 되었다고 한다면 헬륨 원자의 특성상 모두 빠져 나가고 하나도 없어야 한다. 그러나 많은 양의 헬륨이 아직 남아 있었고 이를 기준으로 계산한 암석의 나이는 약 6,000년으로 추정되었다.

연대측정에 흔히 쓰이는 탄소의 동위원소인 C_{14}는 C_{12}로 되는 반감기가 5,730년이다. 따라서 1만 년 이상 된 탄소에서는 C_{14}가 없어야 한다. 그러나 실제로 자연에는 C_{14}이 다량으로 남아 있어 그 나이가 수천 년에 불과하다는 증거로 꼽히고 있다.

인류학자들은 현생인류가 지구상에 나타난 시기를 지금부터 20만 년 전쯤으로 잡고 있다. 그러나 인류가 역사를 기록하기 시작한 것은 최근의 수천 년에 불과하다. 20만 년 전부터 수천 년 전까지의 선사시대의 인류유물이 많이 나타나야 함에도 불구하고 유별나게도 최근의 몇천 년 동안 살았던 인류의 유물들만 발견되고 있는 것은 시사하는 바가 크다.

이들 초기 인류들은 19만 5,000년 동안 원시 상태로 동굴생활을 하는 유랑인으로 묘사되어 있기 일쑤이다. 이들이 오랫동안 원시생활을 하다가 마지막 5,000년에 와서 갑자기 지능이 좋아져 문명을 일으켰다고 한다면 19만 5,000년 동안은 왜 침묵했는지 설명이 안 된다.

지구와 이를 둘러싸고 있는 우주 그리고 땅 위의 자연현상 모두 장구한 시간 동안 우연히 만들어진 것은 하나도 없다는 것이 증명되고 있다. 과학이 발전하면 할수록 인류는 점차 온 우주와 지구 그리고 자연 모두가 몇천 년 전 하나님이 창조했다고 기록하고 있는 성경으로 가까이 가고 있다는 사실을 알게 된다.

세상에 죄악이 가득할 때 늘 하나님과 동행하던 노아가족만 하나님
의 눈에 찼다. 그래서 하나님은 노아가족을 빼고 사람으로
부터 육축과 기는 것과 공중의 새까지 모두 지면에 쓸어버
리면서 세상을 다시 여셨다.

사람들은 이 사건을 지구의 한 모퉁이에서 일어난 한 작은 일로 치부
하며 대수롭지 않게 여긴다. 그러나 인류가 노아가족 여덟
명으로부터 다시 시작하고 문명을 일으킨 이 사건이야말로
인류역사에 큰 획을 긋는 대사건이 아닐 수 없다.

홍수의 규모는 우리의 상상을 초월할 정도로 엄청났다. 하늘이 무너
지고 땅이 쪼개지는 대 격변으로 큰 산맥이 생기고 바다가
덮쳐 지금의 지구 모습이 되었다. 하나의 원시대륙이 갈라
지고 지진과 화산이 하늘을 덮었던 대 지각변동이었다.

이런 격변의 증거는 지금 지구 많은 곳에서 무수히 발견되고 있다.
땅의 모습에 그때의 사건이 기록되어 있으며 그 땅 위에
살고 있는 생물들이 그 때를 기억하고 있다. 화석은 수직으
로 깊이 묻혀 있는 것이 아니라 넓게 퍼져 있다.

그래도 사람들은 세상이 오랜 시간 동안 우연히 지금과 같이 변해 왔
다고 우기면서 도무지 믿으려 하지 않는다. 맘모스의 화석
이 한꺼번에 발견되어도 그 동물이 살았던 곳에서 자연적
으로 묻혀 있었던 것이라고 하고, 살아 펄떡거리는 모습의
물고기 화석을 보고는 1억 년 전에 살았던 어류라고 한다.

홍수로 세상을 바꾸는 일도, 지구 위에 살고 있는 모든 생물의 역사
도 모두 하나님의 원대한 계획 속에서 이루어지고 있음을
우리는 홍수의 증거를 보고 추측할 수 있다. 하나님은 처음
부터 지금까지 단 한 순간도 우리 곁을 떠나지 않으시며
영원까지 동행하시는 하나님이시다.

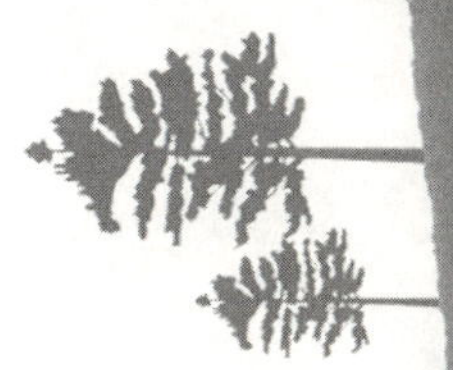

4부

하나님과 동행하면서

홍수는 어떻게 일어났는가

아담 이후 인류는 번성하기 시작하여 땅에 충만할 때 그들의 생각이 항상 악한 것을 보시고(창 6:5-7) 하나님은 깊은 고민에 빠지시게 된다. 결국 물로서 이 사람들을 심판하시려고 행하신 초자연적인 홍수현상을 노아의 홍수사건이라고 한다.

그러나 사람들은 이를 사실이 아닌 설화 또는 전설로 간주하여 사실을 인정하지 않으려 하며 심지어 그 의미를 축소하려는 경향이 있다. 특히 무신론자, 이성주의자, 인본주의자, 과학주의자 그리고 진화론자들은 이 사건의 비과학성을 들어 독실한 기독교인을 무식한 근본주의자로 취급함으로써 신앙의 확신을 저버리게 하고 있는 것이 현실이다.

이 사건은 아담이 세상에 나온 이후 전 지구적인 격변사건에 의해 모든 지상생물이 멸절되고 지구가 재편되는 대사건으로 지구의 역사가 다시 시작되는 제2의 창조사건에 비유할 수 있다.

창세기는 약 2,300년간의 일들을 기록하고 있는데 1년밖에 되지 않는 기간 동안 일어난 일을 이 책의 20분의 1에 달하리만치 비중있게 기록하고 있는 점도 그 중요성을 반영하고 있다고 볼 수 있다. 따라서 이 사건을 지질학적으로 입증함으로써 지구가 장구한 진화의 과정을 통하여 진행되었다는 동일과정설이 잘못된 이론임은 물론 역사적으로도 사실임이 증명되고 있다.

노아가 480세 때에 하나님으로부터 방주 제작의 지시를 받고 600세 되던 해, 모든 동물을 그 안에 넣고 난 7일 후부터 40일 동안 비가 내리기 시작하여 150일 동안 물이 불었고 다시 225일 동안 물이 줄고 마르는 장장 375일(1년 10일)간의 자연현상이 일어났다.

새, 육축, 들짐승과 땅에 기는 모든 것과 모든 사람으로 육지에 있어 코로 생물의 기식을 호흡하는 것(창 7:21-22)을 쓸어버릴 대상으로 한 이 홍수는 단계적으로 일어났다.

먼저 1단계로 화산, 지진에 의해 지하수(깊음의 샘, 궁창 아래의 물)들이 터지는 것을 시작으로 하여(창 7:11) 지상에 물이 넘쳐흐른 후, 2단계로 화신폭발에 의한 열기로 수증기가 응축하면서 하늘에서(하늘의 창) 폭우가 쏟아진 것으로 추측된다.

화산과 지진으로 촉발된 궁창 위의 물은 대기권 상층부에 있었던 수증기층(Water Vapor Canopy)을 근원으로 한다. 이 수증기층은 태양의 고주파 방사선을 차단하며 복사 에너지를 흡수하여 전 지구를 27℃도 정도의 아열대기후를 유지하는 데 결정적인 역할을 하고 있다.

화산에서 뿜어 나온 화산재와 연기가 이 수증기층을 교란, 응축시켜 하늘의 창이 열리게 되면서 한꺼번에 비로 되어 40주야 동안 엄청난 양의 물이 하늘에서부터 쏟아졌던 것이다.

궁창 아래의 물의 근원은 지하 15㎞ 부근에 두께 1.5㎞의 대규모 지하수 층으로 최근 알려지고 있다. 위성사진으로 파악하고 있는 리비아 사막 지하에 있는 물의 양을 나일 강이 300년 동안 흘러 들어온 양으로 계산하고 있는 사례를 볼 때, 당시 전 세계 지하수의 양은 엄청난 규모였을 것이다.

지진과 화산폭발에 의해 분출되는 이 지하수의 양은 전 지구적인 홍수의 일차적인 수원이 되었을 것이다. 아울러 40일간 비가 온 후에도 계속하여 물이 더 많아져 땅에 창일한(창 7:18-19) 사실로 보아 지하수는 지속적으로 공급되었음을 알 수 있다. 이렇게 엄청난 규모의 지각 변동은 지구가 탄생한 이래 전무후무한 격변이었다. 남북 방향의 지각 틈이 생기면서 대륙은 재편되고 바다에는 해령과 해구를 형성하였다.

지상의 모든 생물은 토사물과 함께 창일한 물에 휩쓸려 적당한 장소에 퇴적되면서 석탄과 석유층을 만들었고 대규모 퇴적층이 만들어졌다. 전 세계가 요동을 친 대 격변이었다. 비가 그치고 물이 줄어들면서 세상은 다시 시작하게 되었다. 방주 안에 있던 동물들은 각각의 서식처를 찾아 흩어졌으며 땅에는 식물이 다시 자라나게 되었다.

방주 안에 있을 동안 하나님은 모든 들짐승과 육축을 권념하시어(창 8:1) 지내는 데 어려움이 없도록 하셨으며 바람을 불게 하시어 땅을 말리셨다. 그 후에 노아는 단을 쌓아 하나님께 제사를 드렸고 하나님은 그 제사를 흠양하심으로(창 21장) 홍수사건은 막을 내리게 되었다.

　　　　　　　　노아는 하나님의 지시를 받은 후 120년 동안 치밀한 설계와 준비를 하였다. 방주의 골격은 하나님이 지시해 주셨지만 제작과 동물들의 수집, 배치 그리고 이들을 1년 이상 생존시키기 위한 사전준비는 그가 철저히 하였던 것이다.

이는 노아 혼자만의 힘으로 되지 않았을 것이다. 후에 얻은 세 아들의 노동력에 많이 의존하였을 것이고, 무엇보다도 하나님의 말씀을 준행하기 위하여 주위의 조언과 충고가 필요했을 것이다.

노아가 태어나던 해에는 그의 9대조가 되는 아담을 하나님이 불러 가셨기 때문에 요절(?)한 증조부 에녹(365세)을 제외한 7명의 조상들이 동시대에 살고 있었음을 상기할 필요가 있다. 이중에서도 조부인 무드셀라와 아버지인 라멕은 방주 건조를 착수한 때로부터 116년과 115년 동안 옆에 있으면서 노아를 도와주었을 것이고 세 아들은 100여 년 동안 아버지를 도왔을 것이다.

또한 하나님은 노아의 조부와 아버지를 홍수발생 4년과 5년 전에 미리 부르심으로 선조들이 다른 생명체와 함께 멸하지 않도록 배려했음을 알 수 있다.

방주 제작을 위해서 하나님은 노아에게 그 재원을 구체적이고 사실적으로 지시해 주셨다. 내부의 구조, 재질, 사양을 비롯하여(창 6:14-16) 그 속에 채울 동물들의 수까지 명시해(창 6:18-20) 주고 있다.

우선 방주의 규모는 135m×23m×14m로 농구장 20개와 맞먹는 체적(4만 3,200m³)으로 현재의 배수량 개념으로는 약 2만ton 정도의 선박이 된다. 길이와 폭의 비율이 6:1로 이 재원으로 모형을 만들어 본 미 해군당국은 그 뛰어난 복원력과 안정성을 인정, 미 전함 오레곤호의 설계모형으로 삼았을 정도였다.

1992년 한국 해사기술 연구소의 홍석원 박사팀은 이 방주를 복원하여 실험해 본 결과 파랑 안정성, 복원 안전성, 구조 안전성이 뛰어난 최고의 선박모델이라고 증명한 바 있다.

사용된 나무는 잣나무였으며 모두 안팎으로 그 지방에서 흔히 있었던 역청을 칠하였고(창 6:14) 나무의 두께는 약 30cm였다. 이 두께는 38m 높이의 바다의 파고에까지 견딜 수 있는 두께라고 증명되는데 인류 역사상 30m 이상의 파고는 없었다는 것이 현대의 해양관측 기록이다.

방주의 제작 작업은 노아가 하나님을 경외하는 마음이 없었다면 불가능한 일이었다. 규모도 규모려니와 비가 오지 않는 중동지방에서 어마어마한 배를 만들고 있는 노아가족들이 받은 조롱과 비웃음을 추측할 수 있고 이를 듣고도 120년 동안 미련스럽게 방주를 건조한 그 뚝심과 신앙은 현대인들마저 흉내를 내지 못할 만큼 대단한 것이었다.

방주의 적재구조는 매우 효율적이었을 것이다. 혈육이 있는 모든 생물(창 6:19)을 실으라고 지시하신 것은 지상과 공중의 모든 생물을 말하는 것이다. 가장 표준 체적이랄 수 있는 양을 기준으로 볼 때 방주의 체적에 들어갈 수 있는 양은 모두 12만 5,280마리로 계산된다. 현생동물은 포유류 3,500종, 조류 8,600종 파충류와 양서류가 5,500종으로 총 1만 7,600종이 확인되어 있다. 이들을 쌍으로 계산할 때 3만 5,200마리가 되지만 방주의 공간은 이의 3배까지 적재가 가능한 공간으로 계산된다.

따라서 그 나머지 공간에는 현재 멸종된 동물과 일부 곤충류(약 5,000마리 정도)가 차지하고 8명의 인간의 주거공간과 창고가 충분하였을 것으로 생각된다.

즉 전체 공간에서 동물 3만 5,200마리에 28%, 각종 사료 12%, 그리고 물 및 기타 화물에 9.4%를 배당하면 전체 화물용적은 49.4%가 되어 최적의 화물 적재상태가 된다. 이때 물과 관련이 있는 동물 즉 물고기와 연체동물, 강장동물, 절지동물 그리고 일부 파충류와 양서류 등은 방주에 실을 필요가 없었을 것이다.

치밀하게 설계되고 성실하게 건조된 방주의 구조는 현대과학이 감탄하고 있는 조선기술의 백미였다.

그 많은 동물을 어떻게 키웠는가

세상의 모든 동물을 방주로 모으는 일은 아마도 하나님이 도우셨을 것이다. 노아의 가족은 그들을 방주에 들어갈 수 있도록 입구에 발판을 놓고 이들이 크기에 따라 제 자리를 찾아갈 수 있도록 인도하는 일을 했을 것이다.

방주 공간 내에서 각 동물들을 1년 이상을 사육하는 일은 엄청난 일이다. 그러나 대부분의 동물은 동면의 방법으로 사육 상 어려움이 없었을 것으로 추정된다. 예를 들어 다람쥐는 체온을 1-2℃로 낮추게 되면 심장박동이 분당 350번에서 4번 정도로 줄어들어 평상시의 2%에 해당하는 에너지만으로 살아갈 수 있다고 한다.

여기서 동면하지 않는 동물을 대상으로 한 사육이 여덟 명으로 가능하였을까 하는 의문이 남는다. 방주의 내부 세부설계는 120년 동안의 수고였기에 매우 효율적으로 배치되어 있었을 것으로 추정된다. 현대에 1인당 관리할 수 있는 동물의 수를 보면 양돈장 3,840마리, 양계장 3만 마리 그리고 토끼의 경우 6,000마리 정도이다. 모두 3만 5,200마리 중 관리가 필요 없는 동물을 제외한다면 8명의 인원으로 충분한 관리가 가능하다고 하겠다.

사료는 동면으로 예상보다 적었을 것이나 미리 준비하였다고 할 경우 건조사료로 약 1,990ton이면 될 것이고 이를 부피로 환산하면 4,000m³가 되어 방주 내 용적의 10% 정도밖에 되지 않는다. 이것은 대부분 말린 곡류, 건초, 말린 고기와 과일, 생선 등으로 준비하였을 것이다.

미국의 동물학자 우드모라페(Woodmorappe) 박사에 의하면 방주 내 전체 동물들의 분뇨 배설량(Biomass)은 하루 241ton으로 계산되어 m³당 5.58kg인 바, 여유가 있는 가축우리(2.75kg), 마굿간(1.62kg), 외양간(3.00kg)에 비하여 2배 또는 3.5배까지 밀집되어 있으나 현대식 양계장(16kg)과 양돈장(37kg)에 비하면 15-35%에 지나지 않아 치밀한 설계에 의한 배치라면 상당히 쾌적한 공간을 유지하였을 것으로 추측된다.

또한 몸집이 큰 동물(공룡은 당시 체구가 많이 작아져 있었음)은 새끼나 알을 넣으면 번거로운 문제는 쉽게 해결될 수 있었을 것이다. 그러나 무엇보다도 "하나님이 노아와 그와 함께 방주에 있는 모든 들짐

승과 가축을 기억하사"(창 8:1)에서 "기억하사"라는 단어에 유의해야
할 것이다.

홍수 동안 방주에 들어오지 못했던 어류들은 많은 환경적인 변화로
어려움이 있었으나 생명을 이어가는 데는 큰 지장이 없었을 것이다.
해수는 심도에 따라 염분의 함량이 다르다는 염도층서(Salinity
Stratification) 이론에 의하면 바다표면의 염분농도는 5ppm, 중간부
7-11ppm 그리고 심부는 13-15ppm으로 되어 있어 바닷물 속에 바다
고기와 민물고기가 공생할 수 있는 가능성이 인정되고 있다. 실제로
양생어족인 연어, 줄무늬 농어, 철갑상어 등과 같이 대부분의 어족들
이 약간의 농도변화에서는 큰 어려움 없이 살아남을 수 있었을 것이
다. 다양한 식물 또한 어김없이 살아남았다. 땅 위의 움직이는 생물이
다 죽었으나(창 7:21) 식물은 제외되었던 것이다.

식물은 물이 감하고 마름에 따라 비둘기가 감람 새 잎을 물고 왔음
(창 11장)에 비추어 그 강인한 생명력으로 이미 새 싹을 내고 있었음을
알 수 있다.

홍수로 휩쓸린 수많은 식물들은 떠다니는 섬(Floating Log Mat)을
이루어 수심이 낮아진 곳에서는 싹을 틔우고, 깊은 곳에서는 가라앉고
쌓여 석탄이 되었던 것이다. 이 나무 섬들은 곤충들이 살아 번성할 수
있는 일시적 주거지 역할을 하였을 것이다.

궁창 위의 물과 인간 수명

　　　　　　예수를 믿기 전에 내가 가장 믿을 수 없었던 성경내용 중의 하나가 인간의 수명에 관한 기사였다. 한때 단전호흡과 기 철학에 매료되어 있던 나는 이런 분야에서 상당한 도를 닦으면 그 수명을 몇백 년씩 연장할 수 있다는 전설 같은 이야기를 읽은 적이 있어서 성경에서조차 몇백 년을 살았던 사람들의 이야기를 접했을 때 성경이 이들 잡서의 범주를 벗어나지 못하는 책으로 여겼던 적이 있다.

그리고 그 후에도 많은 사람들로부터 홍수이전 사람들의 수명이 왜 그렇게 길었는지에 대한 질문을 많이 받아왔고 이를 계기로 지질학적 자료를 다시 찾아보는 계기가 되었다.

그 답은 노아 때의 홍수에서 찾을 수 있었다. 대규모의 홍수로 인한 환경적 영향은 실로 막대하였다. 조산운동과 대륙의 재편으로 물을 처리하는 전 세계적인 지질현상이 일어났으며 홍수완료 직후 빙하의 급속한 발달로 계절과 기후에 변화가 있었으며 인간을 비롯한 동물들은 그동안의 채식에서 육식으로 전환하는 계기가 되었다.

그러나 무엇보다도 관심을 끄는 것은 왜 인간의 수명이 짧아졌는가 하는 질문이다. 홍수 전에는 900년 이상이었던 인간들의 수명이 홍수를 겪은 후 120년 미만(창 6:3)으로 줄어든 이유는 과연 무엇이었을까?

무엇보다도 그것은 자연환경의 급변을 첫째 이유로 들 수 있다. 홍수이전의 자연환경을 먼저 보자. 궁창 위의 물(수증기층, Vapor canopy)이 태양의 적외선, 우주선, 방사선은 반사, 산란시키고 파장이 긴 자외선만 통과하여 생물에 유익한 광선이 복사됨으로써 온실효과를 내었을 것으로 추정된다.

이에 따라 전 지구가 고온 다습한 27℃ 정도의 기후가 되었으며 상부 수증기층은 하부 공기의 압력을 높여 산소량이 증가했을 것이다. 이에 생체대사가 활발해져 질병의 자연치료가 용이하였을 것이고 이로 인해 노화요소를 제거하는 효과가 있었음을 알 수 있다.

미국의 지질학자 C. 바우(Carl Baw) 박사는 홍수이전의 환경을 연구하는 무드셀라 프로젝트(Methuselah Project)를 통하여 당시의 대기 중의 산소는 지금보다 더 풍부하였으며 평균온도도 지금의 21℃보다 높은 27℃였음이 확인되었다. 최근, 이런 환경에서 독이 있었던 뱀이 6개월 후에는 독이 없어진 것을 확인한 실험이 있다.

이러한 이유로 아담 930세, 셋 912세, 에노스 905세, 게난 910세, 마할랄렐 895세, 야렛 962세, 에녹 365세, 므두셀라 969세, 라멕 777세, 노아 950세로 하나님이 데려가신 에녹을 제외하면 평균 900세 이상을 살았다.

그러나 홍수이후에는 궁창 위의 물이 사라짐에 따라 수증기층이 소실되고 태양열의 선별적 조사로 기온차와 지축 경사에 의한 4계절이 발생하여 노화를 촉진하게 되었다. 이에 더하여 채식위주의 인간이 육식을 취함으로 오는 영양의 불균형 등의 이유로 벨렉 239세, 아브라함 175세, 모세 120세, 요셉 110세, 다윗 70세로 수명은 급격히 단축되었다.

인간수명에 결정적인 역할을 하고 있는 현재의 대기권 역시 지상의 생명체를 보호하는 층상구조로 되어 있다. 열선을 흡수, 지면을 따뜻하게 하는 대류권과, 오존층이 있어 자외선을 흡수, 생명체를 보호하는 성층권, 수많은 별똥별을 태워 생명체를 보호하는 중간권 그리고 전리층이 있어 원거리 통신을 가능케 하는 열권으로 구성되어 있음이 천문학에서 확인하고 있다.

홍수 후 하나님은 더 이상 물로 심판을 하지 않으실 것을 약속하시면서 인간의 수명을 120년으로 제한하고(창 6:3) 있다. 이것은 인간이 하나님의 가르침대로 살면 120년을 보장하겠다는 의미이다. 그러나 현대인의 수명이 70-80세인 것은 그 가르침에서 많이 벗어나 있기 때문일 것이다.

홍수로 살아남은 사람은 노아부부를 위시하여 세 아들 부부로 모두 8명이었다. 이들로부터 인류가 다시 번성하기 시작하여 현재의 60억 인구가 되기 위해서는 인구증가율을 연 0.5%로 하고 한 세대를 40년으로 할 때 약 4,000년이면 충분하다고 인구학자들은 계산하고 있다.

홍수의 증거들

얼마 전 인도양에서 있었던 지진으로 대규모 해일(Tsunami)이 일어나 거의 30만 명이 순식간에 목숨을 잃었다. 그 큰 해일의 순간을 찍은 사진을 보면 엄청난 파도가 한 순간에 해변을 덮쳐 사람들은 작은 나뭇조각처럼 휩쓸렸음을 알 수 있다. 그러나 이런 파도가 동남아지역만이 아니라 전 세계에 걸쳐 일어났다면 그 당시의 사람들의 놀람을 추측하기란 쉽지 않다.

전 세계적으로 일어났던 홍수의 사실여부를 확인하는 일은 그리 어렵지 않다. 앗수르 왕 무덤에서 출토된 길가메시 평판에 홍수사건을 구체적으로 기록해 놓고 있는 것을 비롯하여 세계 200여 개 국가에서 270개 이상의 홍수사건과 유사한 전승기록을 가지고 있다는 사실로 보아 그 규모가 범세계적이라는 것을 알 수 있다.

먼저 성경적으로 보면 홍수의 크기와 기간이 분명히 기록되어 있다는 점이다. 홍수가 지역적이라면 지상의 동물을 모두 방주에 태울 필요가 없으며 홍수 후 다른 지역에 살아남은 동물과 사람들이 있어 예수 재림 시 심판을 피할 수 있는 사람들이 있을 수 있다는 점과 하나님이 다시는 물로 심판을 하지 않겠다는 약속이 필요 없게 되는 것이다.

중국 고서에는 대홍수로 이름을 떨친 "누와"에 대한 이야기가 나오는 바 이는 노아의 중국식 발음일 것이며 船(선), 沿(연), 生(생), 水(수), 穴(혈) 등의 글자 역시 홍수사건과 무관하지 않다.

미국의 인디언 전승설화에는 무려 58개의 홍수관련 설화들이 있으며 남미에서는 고대 멕시코 티마르 포포카문서, 과테말라 키체족의 전설 그리고 아마존 인디오의 전승설화가 그 대표적이다.

최근 흑해 해저탐사를 주도하고 있는 미국 해양탐사연구소의 R. 빌라드(Richard Billard) 소장은 2000년 해저 100m지점에 인간 거주지 흔적을 발견함으로써 과거 담수호였던 흑해가 급격한 홍수에 의해 바닷물이 유입되었다는 사실을 입증한 바 있다. 이때 유입된 바닷물의 양은 나이아가라 폭포의 200배에 해당하는 수량이었다고 한다.

그 외 지질학적인 증거들은 무수히 많다. 지구를 구성하고 있는 암석 중 물로 형성된 암석(퇴적암)이 75%를 차지할 정도로 분포가 광범위하고 구성성분이 비교적 균일하게 나타나고 있으며 습곡, 지향사, 충상단층 등 많은 급격한 지각변동의 흔적을 잘 보여주고 있다.

화석이 장구한 시간을 통하여 형성된 것이 아니라 급격한 매몰 작용에 의해 열대, 온대, 한대의 유물이 혼재하여 나타나고 있다는 증거는 많다. 시베리아의 동결된 매머드 위장에서 신선한 온대, 열대의 음식물이 함께 발견되고 있는 점, 그리고 석탄, 석유는 단기간 내에 형성될 수 있다는 새로운 이론 그리고 이스라엘 사해, 고비사막의 내륙 호수, 이란의 우르미아 호(1,470m), 안데스의 티티카카 호(3,800m)는 고지대 또는 내륙에 있으면서 염호라는 점, 미국의 그랜드캐넌과 콜로라도 평원과 같은 대규모 지층과 협곡, 에베레스트 산의 조개화석 그리고 홍수직후 풍부한 습기 공급과 극지방의 강풍과 저온으로 형성된 빙하 등 그 증거는 수를 헤아릴 수 없을 정도이다.

호주에서의 지질학적 증거는 더욱 구체적이다. A. 스넬링(Andrew Snelling) 박사(호주 창조과학회 회장)는 호바트 사암층 내의 물고기, 양서류 파충류의 화석이 발견되는 것은 홍수 격변환경을 설명하고 있으며 대륙 중안부에 있는 에어즈 락(Ayers Rock)의 홍수 퇴적암층, 멜본 동부 라트로브(La Trobe) 계곡의 갈탄층은 늪지대 물질이 아닌 물의 분류작용에 의한 퇴적층이 50% 혼재해 있다는 사실, 퀸스랜드 주의 마운트 아이사(Mt. Isa) 광산은 해양 바닥의 화산활동으로 형성된 두께 1,000m의 연 아연광층이라는 사실이 홍수로 인한 격변상황을 잘 설명해 주고 있는 구체적인 증거들이다.

땅에는 깊음의 샘들이 터져 엄청난 양의 지하수가 뿜어져 나오고 하늘에는 창이 열려 떠 있는 수증기층이 40일 밤과 낮 동안 이어졌다면 (창 11:7) 전 지구를 물로 휩쓸 정도였을 것이라고 상상할 수 있다.

전 세계적 홍수의 또 다른 흔적들

성경에서 홍수기록을 읽고 그 규모에 대하여 많은 사람들이 실감을 하지 못하는 것이 사실이다. 기껏해야 사라 호 태풍 때처럼 한반도 일부를 강타한 태풍 정도이거나 미국 플로리다반도를 휩쓴 카트리나 태풍 정도로 생각하는 것이 상례이다.

그러나 노아 때 있었던 홍수는 다르다. 어느 반도나 나라에서 일어났던 사건이 아니라 전 지구에서 동시에 일어났던 대 사건이었다. 그 홍수는 중동의 어느 한 지역에서만 일어나지 않았다는 것은 전 세계에 걸쳐 수많은 지질적 홍수흔적에서 보다 구체적으로 확인되고 있다. 과거 전통적인 지질학적 관점에서는 수억 년에 걸쳐 이루어졌다고 추정되던 지층들이 격변적 상황으로밖에 설명할 수 없는 여러 가지 현상을 무시하거나 과소평가했던 사실이 알려지면서 최근 지질학계에서도 혼란이 있는 것이 사실이다.

지질적 격변의 대표적인 증거가 호주의 울루루(Uluru: Ayers Rock) 바위와 인접해 있는 카타추타(Kata Tjuta) 바위이다. 울루루는 해발 867m의 사막 평원 위에 약 340m의 높이로 솟아있는 급사면의 절벽으로 된 바위덩이이다.

이 바위는 지층이 기울어진 채, 그리고 끝부분은 거의 서 있는 상태로(80-85°로 묻힌 채로) 구성되어 있다. 노출된 지층의 누적 두께는 적어도 2,500m에 달하며, 주변의 사막 모래 아래에 묻혀 있는 지층들까지 모두 합하면 전체 두께는 거의 6,000m에 이를 것으로 추정된다.

바위의 구성성분은 여러 종류의 암석 파편으로 된 역암(Conglomerate)과 장석질 사암(Arkose Sandstone)으로 되어 있다.

캄브리아기(약 6억 년 전)에 퇴적된 후 습곡과 단층작용 등의 지질작용을 받아 현재의 모습을 보이고 있다는 것이 전통적인 지질해석이다.

그러나 역암의 구성암석이 모서리가 많이 있는 저급분급(Low Sorting)상태로 되어 있고 장석이 장구한 시간에 비하여 풍화가 되지 않은 비교적 신선한 상태이며, 층과 층 사이의 변화가 거의 없는 균일층으로 구성된 것은 급격한 퇴적상태가 아니고서는 해석이 되지 않는 지질현상이다.

미국 애리조나 주 콜로라도에 있는 그랜드캐년은 이러한 격변상황을 더욱 구체적으로 보여주는 좋은 예가 된다. 협곡의 규모는 길이 446km 폭 4km 그리고 협곡의 높이는 2,600m에까지 이르고 있다. 부근 지층들은 진화론자들에 의해 캄브리아기 이후에 바다와 육지 환경이 교차하면서 수억 년에 걸쳐 퇴적되었고 이후 약 6,000만 년에 걸쳐 침식작용에 의해 대협곡이 형성되었다는 것이 전통적인 진화론을 주장하는 지질학자들의 해석이었다.

그러나 최근 다양한 분야의 학자들에 의해 그랜드캐년은 약 4,000여 년 전 대규모 홍수와 연관된 격변현상에 의하여 형성되었다는 것이 점차 설득력을 얻고 있다. 즉 퇴적된 지층 사이에 장기간의 침식 흔적이 없이 평탄한 접촉면을 보이고 있어 퇴적현상이 단기간에 일어났음을 보여주고 있다. 산출되는 오징어화석(Nautiloid) 또한 모두 일정방향으로 배열되어 산출되고 있어 물이 일정한 방향으로 흘렀음을 보여주고 있으며 퇴적층 내에 빠른 유속을 의미하는 사층리(Cross Bedding)현상이 나타나고 있다.

또 협곡은 홍수로 갇혀 있던 몇 개의 호수가 갑자기 붕괴되면서 형성되었다는 지질적 증거들이 다수 확인되고 있으며 이 때 생겼을 대규모 토사물의 흔적이 없는 등 모든 지질현상이 단기간의 격변적인 홍수에 의해서만 형성될 수 있다는 이론을 뒷받침하고 있다.

이들뿐만 아니라 세계 도처에서 대규모 홍수에 의해서만 해석될 수 있는 수많은 지질현상이 발견되고 있음에도 불구하고 노아의 홍수사건을 인정하지 않거나 일부 지역에 국한된 소규모 자연현상으로 간주하려는 사람들이 아직 많다.

홍수, 그 후의 일들

홍수가 끝나고 노아의 여덟 식구는 방주에서 나와 먼저 하나님에게 번제를(창 8:20) 드리게 된다. 하나님은 이들 가족에게 생육하고 번성하라는 축복을 하시면서 다시는 물로 심판하지 않으시리라는 언약의 표시로 구름 속의 무지개(창 9:13)를 보여 주셨다.

그러나 그 많은 동물들은 당장 무엇을 먹고 살았을까? 우선은 지천에 깔린 홍수의 잔존물이었을 것이다. 나무껍질 등의 쓰레기를 위시하여 빠르게 자라난 풀과 식물들, 해초와 버섯류 등이었을 것이다. 그때까지 모든 동물은 초식이었으나 제한된 먹이로 인하여 이때 최초의 육식동물이 생겨났을 것이다.

그리고 홍수직후에 폭발적으로 늘어난 땅벌레(Earthworm)와 한 쌍이 1년 만에 1만 5,000마리로 번식하는 설치류 등이 주요 먹이가 되었을 것이다. 이에 더하여 경쟁이 없어진 동물들은 개체가 폭발적으로 증가하는 현상이 한동안 계속되었을 것이다.

새 하늘과 새 땅에서 새 삶을 시작한 노아 가족은 먼저 농사로 생계를 유지하였다. 그러나 기후조건은 옛날 같지 않았음을 알 수 있다. "땅이 있을 동안에는 심음과 거둠과 추위와 더위와 여름과 겨울과 낮과 밤이 쉬지 아니하리라"(창 8:22)하여 옛날 고온 다습한 27℃의 온도에 계절의 변화가 거의 없었던 평온한 기후는 사라지고 추위와 더위가 교차하며 계절이 바뀌는 기후로 되었다는 것을 의미한다.

이는 태양열은 지표에 더 많이 반사됨으로서 추운 겨울이 생기고 바다의 수분 증발량은 커져 극지방의 강설량을 증가시켰으며 하늘에는 그때까지도 남아 있던 화산재에 의한 구름으로 잦은 폭풍과 계절풍을 일으켰을 것이다.

태양열 에너지의 감소, 극지방의 강설량 증가 그리고 계절풍의 발생은 결국 지구를 더욱 냉각시켜 빙하를 형성하는 요인이 된다. 현재 극지방의 빙하는 지구 면적의 약 10% 정도이나 당시에는 이것이 약 30%까지 확장되었을 것으로 추정하고 있다. 지질학에서는 이때를 마지막 간빙기라고 부르고 있다.

빙하의 확장은 결국 해수면을 낮추어 얕은 바다는 모두 육지로 연결됨에 따라 연육교를 만들게 되었고 급격히 개체수가 증가한 동물들 특히 육식동물의 먹이사슬이 될 만한 약한 동물들은 이 연육교를 이용하여 멀리 달아나는 현상으로 동물들의 전 세계 확산에 촉매제가 되었던 것이다. 캥거루와 같은 유대류(Marsupials)는 이때 인도네시아를 거쳐 호주에 이주한 예이다.

시간이 지남에 따라 바다는 다시 냉각되고 지질활동도 급격히 약해

지면서 대륙이 나뉘어진 후(창 10:25) 지구의 온도는 서서히 올라가 현재에 이르게 되었다고 추리할 수 있다.

방향을 잡는 키도 없고 돛대도 없으며 추진력도 갖추지 않은 방주. 그것은 인간의 모든 것을 스스로 하지 아니하고 전적으로 하나님의 섭리에 맡기는, 믿는 자들의 영적 모습이다. 방주 안에서 1년 이상 기거했던 노아 가족들은 어둡고 습기 찬 좁은 공간에서 여러 번 방주를 열고 나오고 싶은 유혹이 있었을 것이다.

그러나 120년 동안이나 묵묵히 방주를 만들면서 배운 하나님에 대한 순종심과 신뢰가 있었기 때문에 자신의 상식에 의지하지 않고 하나님의 직접적인 지시에 따라 문을 열었을 것이다.

이 방주의 흔적을 찾아내기 위하여 많은 사람들이 현재 터키 동부 산악지역을 답사하였고 1856년 H. 예람(Hagi Yearam)이라는 사람이 방주의 파편이라고 여겨지는 나뭇조각을 현지에서 처음으로 목격한 이후, 23회에 걸쳐 200명 이상의 탐험가가 답사하였다.

방주의 유물이 남겨져 있을 것으로 추정되는 아라랏 산은 해발 5,165m의 만년설이 덮여 있는 터키 군사요지로 지금까지 일반에게 공개가 되지 않고 있다. 최근에 들어서는 1955년 F. 나바라(Fernand Navarra)와 1973년 E. 베링(Ed Behring)이 현지를 확인하였다는 기록이 있다.

　　　　　　　세계 7대 자연경관으로 알려진 미국의 그랜드캐년(Grand Canyon)은 미국 중서부 유타, 애리조나, 콜로라도 주에 걸쳐 형성되어 있는 길이 450㎞, 폭 4㎞, 깊이가 2,000m에 달하는 경이로운 자연경관으로 유명한 곳이다.

　해마다 100만 명 이상의 관광객이 찾을 정도로 유명한 이곳은 그 웅장한 자연의 모습을 보고 모두 두 가지 의문을 갖게 한다. 어떻게 대규모 지층들이 오랜 세월동안 수평으로 쌓였을까 하는 것과 엄청난 협곡이 얼마동안 만들어졌을까 하는 질문이 그것이다.

　이 문제를 풀기 위하여 지난 100여 년 동안 많은 지질학자들이 이에 매달려 왔고 그들은 지층들이 4,000만 년 동안 융기와 침강이 반복되면서 쌓인 후 400만 년에 걸쳐 지층이 침식되어 협곡이 만들어진 결과라고 해석하기에 이르렀다. 지구는 45억 년 전에 생겨났으며 지층들은 최소 수억 년 동안 순서대로 만들어진다는 동일과정설을 적용해 만들어진 결론이었다.

　그러나 이렇게 조화롭고 아름다운 모습을 가진 자연이 하나님의 작품임을 확신하고 있는 일단의 지질학자들에 의해 기존의 이론에 정반대되는 대규모 홍수에 의해 단기간에 이루어진 지질현상으로 밝히고 있어 관심을 모으고 있다.

　즉 지층이 수백㎞까지 수평을 보이고 있다는 것은 그 지층의 퇴적 시기가 그리 오래지 않다는 것을 의미한다. 오랜 세월동안 융기와 침강을 거듭하였다면 그렇게 수평의 모습을 유지할 수 없다는 것이다. 또 선캄브리아기 지층이라고 알려진 기반암층과 그 위의 고생대 캄브리아기 지층 사이에 있는 부정합은 오랜 지질시대라고 할만한 토양이나 표면의 침식현상이 보이지 않을 뿐만 아니라 그 상부 지층과 지층 사이에는 암석의 성분만 다를 뿐 전혀 시대적 간격이 발견되지 않고 있다.

화석 중 석회암층에서 산출되는 오징어 화석(Nautiloid)은 모두 서북쪽 한 방향을 보이고 있다. 이것은 어떤 특별한 상황에서 물의 저항을 적게 하기 위한 생물의 본능적 방향 배열로 보이며, 습곡과 단층 등 지질구조가 전 지층에 걸쳐 나타나고 있는 것은 지층이 완전히 딱딱해지기 전에 있었던 지질작용으로 설명된다.

물에 의한 생물의 빠른 매몰증거는 사암층(Cononino 사암층) 안에 동물의 발자국화석이 다수 발견되고 물에 의한 퇴적증거인 사층리(Cross Bedding)가 전 지층에 걸쳐 나타나며 두개의 석회암층(Redwell, Kaibab)에도 연약한 몸체를 가진 바다나리 화석이 다른 식물화석과 범벅이 되어 나타나고 있는 등 격변적인 물의 작용에 의해 형성된 지층임을 증거하고 있다.

장구한 시간 동안 강물의 침식작용으로 협곡이 생겨났다는 종래의 해석은 일시에 많은 물의 작용에 의해서 짧은 시간에 형성되었다는 주장으로 대치되었다. 그 이유는 하류인 콜로라도의 지반이 상류보다 더 높기 때문에 자연적인 강의 흐름을 설명하지 못하며 협곡을 깎아낸 대규모의 토사물의 존재가 콜로라도 강 하류 어디에서도 찾아볼 수 없기 때문이다.

최근 협곡의 상류에 두 개의 거대한 호수 흔적을 발견하고 이 호수에 갇혀 있던 물이 해빙기에 터져서 아직 완전히 굳어지지 않은 지층

의 약한 부분을 따라 흐르면서 현재의 협곡을 만들었다는 댐 붕괴설
(Dam Breached Theory)이 유력하게 대두되고 있다.

이와 같은 여러 가지 지질적 증거를 종합해 보면 다음과 같은 가상
이 가능하게 된다.

그랜드캐년은 하부지층인 선캄브리아기 지층 위에 전 지구적인 홍
수격변 때 한꺼번에 형성된 젊은 지층이다. 홍수는 지하에 잠겨 있던
고압의 물이 지진으로 갈라진 지각 틈을 뚫고 상승하여 공중으로 확산
하면서 무서운 폭우로 쏟아 내려 전 세계를 휩쓸면서(시 104:6) 그랜드
캐년과 같은 대규모 퇴적지층을 만들었다. 홍수가 있은 뒤 기상의 이
변으로 빙하기가 도래하였고 그 빙하기가 끝날 즈음 상류의 댐이 무너
지면서 급격히 흘려내려 협곡을 형성하였을 것이다.

장구한 시간에 걸쳐 형성된 지층의 대표적 모델로 설명되
던 그랜드캐년이 사실은 하나님의 창조질서를 정확히 보여
주고 있는 자연모델이라는 것을 현대과학은 부정하지 못하
게 되었다.

어떤 동물이었나

　　　　　　　오랜 옛날에 지구상에 살았다고 생각되는 공룡에 관한 이야기는 모든 사람들에게 흥미를 불러일으킨다. 특히 어린이들에게는 환상의 나라로 인도하여 재미있는 공상의 세계를 그려보게 한다. 공룡은 어떻게 생겼는지 그리고 왜 지금은 우리가 볼 수 없는지 등 사람들에게 흥미진진한 이야기거리를 제공하고 있다. 그러나 흥미를 끄는 더 중요한 이유는 공룡들이 환상의 동물로 설명하고 있는 과학이 그 원인을 제공하고 있다고 할 수 있다.

　지질학적 설명에 의하면 중생대 트라이아스기(1억 5,000만 년 전)에 처음 출현하여 쥐라기에 번성하였다가 백악기 말(6,500만 년 전)에 지상에서 없어진 것으로 알려진 거대한 동물로서, 알로 번식하며 다리가 몸체 아래로 곧게 뻗어 있는 온혈동물을 말한다.

　1822년 영국의 의사 멘텔에 의해 처음 그 존재가 알려진 공룡은 1841년 영국의 고생물학자 오웬(Richard Owen)에 의해 '무서운 도마뱀'이라는 뜻을 가진 'Dinosaur'로 명명되었으며 칠면조 크기에서 몸무게 150ton까지 나가는 동물로 현재까지 화석으로 확인된 공룡은 전 세계적으로 600여 종이 있다.

공룡은 허리의 모양에 따라 용반류 공룡과 조반류 공룡으로 나눈다. 용반류는 도마뱀 모양으로 약 350종이 확인되고 있다. 쥐라기에 알로사우루스(Allosaurus), 백악기에 타이라노사우루스(Tyranosaurus), 메갈로사우루스(Megalosaurus)가 대표적인 공룡이다. 조반류로는 새 모양으로 약 250종이 확인되고 있다. 쥐라기에 켐토사우루스(Camptosaurus), 백악기에 안킬로사우루스(Ankylosaurus)가 있었다.

가장 큰 공룡은 세이스모사우루스(Seismosaurus)로 1986년 미국 뉴멕시코에서 발견되었는데 길이가 50m, 몸무게가 약 150ton이나 되는 초식성 공룡이며 그 다음으로는 울트라사우루스(Ultrasaurus)로 몸의 길이 35m, 135ton의 무게를 가진다. 가장 작은 공룡은 콤소나투스(Compsognatus)로 60~90cm의 크기에 약 3kg 정도라서 칠면조보다 조금 큰 공룡이라고 할 수 있다.

가장 포악한 공룡으로는 쥐라기에는 알로사우루스(Allosaurus), 백악기에는 타이라노사우루스(Tyranosaurus)로 몸 길이 12~15m, 약 6ton의 몸무게로 보통 때는 시속 6~7㎞ 정도이나 먹이를 잡을 때는 시속 45㎞로 달릴 만큼 빠른 공룡으로 묘사되고 있다. 대부분의 공룡은 눈이 옆으로 나 있으나 이 공룡은 어느 공룡보다 앞쪽으로 눈이 발달되어 거리 판단이 정확했던 것으로 추측하고 있다. 가장 힘이 센 공룡은 메가로사우루스(Megarosaurus)와 알로사우루스(Allosaurus)이며 가장 빠른 공룡은 벨로시렙토(Velociraptor)와 데이노미컬스(Deinomicurs)로 몸체 길이 3m에 2m정도의 키를 가지며 시속 100km로 달릴 수 있다고 한다. 가장 느린 공룡은 노토사우루스(Notosaurus)로 몸체 길이가 55m라서 뱀처럼 기어 다니는 속도였을 것이다.

언제 어떤 환경에서 살았던 동물인가에 대해서는 많은 이론이 있다. 공룡들이 서식할 당시에는 중력은 지금보다 작았을 것이라고 추측하고 있다. 또 당시 하늘에는 수증기로 된 물층(Water Canopy)이 있어 이것이 태양의 저주파 열선과 우주선을 흡수하며 고주파 방사선을 차단하는 역할을 하고 산란시켜 지구에 온실역할을 함으로서 당시에는 작은 중력에 고온 다습한 기후, 계절의 변화가 없이 약 27℃ 정도의 항상 일정한 기온이었을 것이며 산소가 풍부한 환경이었을 것으로 추정하고 있다.

이런 공룡에 대하여 성경에서는 BC 2000년경에 살았던 욥에 의해 비교적 소상히 설명되고 있다. 꼬리를 치면 큰 나무들이 흔들리는 것 같고 굵은 힘줄과 큰 다리를 가진 거대한 짐승이며(욥 40:17-18) 풀을 먹는 초식동물(욥 40:15)로 모든 창조물 중에 가장 으뜸인 동물(욥 40:19)이라고 하였다.

지질학에서 몇억 년에서 몇천만 년 전에 살았다고 하는 공룡이 욥의 시대에도 살고 있었다는 충격적인 내용이다. 현재 발견된 공룡의 화석으로 그 진위를 가려볼 필요가 있다.

우리나라 고성 지방에 최근 많은 공룡의 화석이 발견되고 있어 한반도에도 한때 공룡이 번성했던 사실을 말해 주고 있다. 공룡의 화석은 우리나라 이외에도 세계 도처에서 발견되고 있어 보다 구체적인 연구가 진행되고 있다.

그런데 이들 공룡 화석은 다른 육상동물에 비해 특정지역에 한꺼번에 발견되는 경향이 있다. 또 공룡의 발자국 화석은 한 방향 직선으로 나타나며 어린 새끼공룡의 화석은 잘 발견되지 않고 있다. 이는 공룡이 집단으로 모여 살았기 때문이 아니라 급격한 천재지변으로 황급히 피하다가 한꺼번에 매몰된 결과로밖에 해석되지 않는다.

홍수 시 수중생물은 떠다니면서 일정기간 생존이 가능하다. 그리고 다른 육상동물은 위험을 피해서 최대한 죽음을 지연시킬 수 있지만 육중한 공룡은 빠르게 대피할 수 없어 한 곳으로 쓸려가 묻혔을 것이며 몸체가 작은 새끼들이나 보호되지 않았던 알은 미처 피하지 못하고 파괴되었을 것으로 추측된다.

그 시대에 무엇을 먹고 살았는지도 매우 흥미롭다. 최근 연구에 의하면 대형 공룡은 알에서 태어날 때 40kg이던 새끼가 1년 만에 5,000kg까지 성장하여 약 5년이면 20-30ton의 거구가 된다고 한다. 이런 거구가 되기 위해서는 하루에 적어도 수백kg 이상의 먹이를 먹어야 했을 것이다.

지상의 수목이 지금보다 훨씬 무성하게 그리고 크게 자라고 있는 환경에서 공룡들은 이 식물을 주식으로 하였을 것이다. 따라서 공룡은 환경적으로 초식을 할 수밖에 없었던 것이다.

타이라노사우루스와 같은 공룡이 대표적인 육식동물로 알려져 있으나 실제로 이빨은 턱뼈에 깊이 박혀 있지 않으며 다른 동물을 공격하기 위한 송곳니와 앞발의 발달이 미약하다. 따라서 먹이를 잡고 이를 입으로 넣기 위한 수단으로는 적합하지 않음이 밝혀짐으로, 초식동물의 범주를 벗어나지 못했을 것으로 추측하고 있다.

다만 때에 따라 죽은 동물의 시체를 뜯어먹었을 수는 있었을 것이다. 또 다른 초식동물들도 그에 못지않은 날카로운 이빨을 가지고 있음을 볼 때 공룡은 근본적으로는 초식동물일 것이라는 추측이 더 논리적이라고 할 수 있다.

또 파충류인 공룡은 어류에서 진화한 생물로 알려져 왔다. 그러나 당시 하늘을 날아 다녔던 익룡(Pterosaur)의 화석에서 소두엽 뇌에 대한 CAT촬영 연구결과는 달랐다. 공룡이 어류에서 진화한 후 조류와의 경쟁에서 패하여 멸종되었다는 종래의 주장을 뒤집고 조류보다 지능이 뛰어난 별도의 동물로 밝혀진 것이다.

진화론에 의하면, 공룡은 아득한 지질시대(1억 5,000만-6,500만 년 전)에 번성하였던 반면 인류는 약 100만 년 전에 지상에 나타난 생명체로 설명하고 있다. 따라서 공룡과 인류는 동시대에 존재할 수 없는 것이 논리적이다.

그러나 1800년대 말, 미국 아리조나 주 그랜드캐년의 하바 수파이 계곡 바위에 사람과 공룡이 같이 그려진 벽화가 발견된 것을 비롯하여 유타주 내셔널 모누멘트의 브론토사우루스 그림, 산 라파엘 스웰(San Rafael Swell)의 익룡 그림, 페루 나즈카 평원에 있는 타이라노사우루스 그림, 아프리카 로디지아 살리즈버리 동굴벽화에 그려진 공룡 그림 등을 통해, 인류가 공룡을 보지 않았다면 이런 그림이 남겨져 있을 수 없다는 결론이 내려진다.

이에 더하여 공룡과 사람의 발자국 화석이 함께 나타나고 있어 인간과 공룡의 동시대에 살았음을 강력히 시사하고 있다. 미국 텍사스 글렌 로즈(Glen Rose)의 파록시 강(Paluxy River)에는 140여 개의 공룡 발자국과 34개의 사람의 발자국 화석이 함께 발견되고 있어 이런 추리를 뒷받침하고 있다.

화석이라고 볼 수 없는 미라 화석도 발견되었다. 미국의 고생물학자 슈바이쳐 박사(Merry Schweicher)는 몬타나 주 중생대지층에서 신체의 연한 조직이 그대로 보존된 초식공룡의 신체조직과 타이라노사우루스 화석의 뼈 속에서 혈액을 채취한 바 있다. 이는 이들 공룡이 수천 년 전까지 살아 있었음을 증명하고 있는 예이다.

더욱 놀라운 일은 현재까지도 공룡이 살아 있다는 증거들이 많이 보고되고 있다는 점이다. 인도양의 코모도 섬에 서식하고 있는 큰 도마뱀을 위시하여 아프리카 콩고 피그미족이 살고 있는 지역에서 므켈레 므벰베(Mulele Mbembe)라고 하는 대형 괴물의 출현 그리고 뉴질랜드 근해에서 일본어선에 인양된 길이 9m, 무게 약 2ton의 사경용(Plesiosaurus) 사체가 그것이다.

왜 사라졌는가

　　　　그러면 중생대 트라이아스기에 처음 발생하여 쥐라기에 크게 번성하였다가 백악기 말에 갑자기 없어져 버렸다고 하는 이 거대한 동물의 멸종원인은 무엇일까? 두 가지 설이 있다.

　먼저 운석 충돌설을 들 수 있다. 거대한 운석이 지구와 충돌하면 핵폭발의 수백, 수천 배에 해당하는 에너지에 의해 지상의 충돌파편이 공중으로 날아 대기권을 감싸게 되어 기온은 급격히 떨어지고 수증기는 질소와 반응하여 산성비를 내리게 되고 태양 빛은 차단되어 지상의 모든 생물의 생존에 심각한 영향을 주게 되는데, 특히 거대한 몸체를 하고 있는 동물일수록 그 피해를 크게 받게 될 것이다.

　실제로 직경 약 10km의 운석이 지구와 충돌할 경우, 직경 800~1,000km, 깊이 400km 규모의 웅덩이가 생기며 40분간 2,000℃의 온도가 발생해 지구표면의 25%가 변화하는 엄청난 영향을 주게 된다. 이 충돌설은 공룡의 화석이 발견되는 지층에 특별히 운석에서 많이 발견되는 이리듐이라는 원소가 많이 포함되고 있다는 점에 착안하여 세운 가설로 노벨 물리학상 수상자 알바레즈(L. Alvarez)가 주장하여 현재 가장 널리 받아들여지고 있는 이론이다.

　두 번째로는 화산 활동설이 있다. 공룡이 멸종하였을 시기로 추측되는 백악기 말과 제3기 초(CT경계: 6,500만~7,000만 년 전)에는 어떤 이유에서인지 확실하지 않으나 지구 중력이 급격히 증가함으로써 지하의 판구조에 심대한 영향을 미치게 되어 지질학적으로 지진과 화산 활동이 매우 심했던 시기였다.

이때 형성된 지층에서는 특별히 지각의 평균보다 30배가 많은 이리듐이 함유되고 있다는 사실이 밝혀졌다. 즉 격심한 화산활동으로 하늘은 빛을 가리고 땅은 갈라져 지상의 모든 생명체가 영향을 받게 되며 여기에 홍수가 덮쳤다면 그 파급효과는 한층 더하였을 것이다.

위의 운석 충돌설은 몇 가지 모순이 있다. 먼저 운석이 충돌했다고 여겨지는 유카단 반도의 직쇼루브(Chicxulub) 지역이 정확한 충돌지점이라는 증명이 되지 않았으며, 공룡이 멸종할 때 다른 생물은 대부분 온전히 생존한 이유가 불분명하고 지금까지 발견된 화석기록은 서서히 멸종했다는 사실을 증명하지 못하고 있다는 것이다.

화석에 의존하여 공룡의 모습을 추정하는 일은 그것이 몇천만 년 전에 있었다는 사실을 확고한 전제로 하고 있다. 따라서 그 공룡은 아무리 객관적인 사실을 제시해도 그 시간을 단축할 수 없게 되어 있다.

장구한 시간을 우리의 지식세계에서 삭제하지 않고는 이의 실체를 규명할 수 없다. 성경에는 이에 대한 답이 구체적이고 사실적으로 기록하고 있다. 이에 따르면 그 답은 명쾌하고 분명하게 알 수 있다.

모든 생물은 지금부터 수억 년 전보다 훨씬 후에 그 종류대로 창조되었고(창 1:24-25) 아담이 죄를 짓기 전에는 공룡을 포함한 어느 생물도 죽지 않고 살다가 노아의 때에 방주에 공룡의 알이나 새끼를 태웠을 것이다. 홍수 동안에 모든 공룡은 일정한 지역에 수몰되어 화석을 만들었으며 홍수가 끝난 후 방주에 태워졌던 공룡은 번식하여 한동안 인간과 함께 살았다. 이후 기후의 급변으로(창 8:22) 최후의 빙하기 때부터 서서히 개체가 줄어들었으며 극히 일부분만 아직도 생존하고 있다는 설명이, 그간에 제시되었던 모든 질문에 대한 답이 될 것으로 생각된다.

이러한 공룡을 상상하여 만든 영화가 "쥐라기 공원"이다. 이론적으로 동물의 뼈와 피에서 DNA의 추출이 가능하다. 그러나 공룡의 뼈는 모두 화석화하면서 단백질이 파괴되었기 때문에 DNA 추출이 불가능하며 호박 안에 포획되어 있는 흡혈곤충 내장에 있는 피는 어느 한 종류 공룡의 피가 아닌 혼합되어 있을 가능성이 있고 만약 단일 공룡의 피 속의 DNA를 추출할 수 있다고 하더라도 DNA만으로 생명을 복원한다는 것은 현대과학으로 불가능하다.

간단한 세포나 박테리아를 제조하는 것은 가능하나 고도로 복잡하게 설계되어 있는 생명체의 복제는 어림도 없는 일이다. 한 생명체의 유전자를 만들어 낸다 해도 이를 완전한 생명체로 만들자면 수백만 개의 유전자를 고도의 정확도로 배열해야 하는데 이것은 신의 영역이지 인간이 범접할 수 있는 영역이 아니다.

식물은 나름대로의 신비한 생존방식으로 인간과 동물의 유익을 위하여 생육하고 번식하면서 살아가고 있다. 하늘을 날아다니는 새와 곤충들은 그런 환경에 살아갈 수 있도록 가장 알맞게 설계되어 있으며 물속의 고기도 특유의 생존방식을 가지고 있다.

새와 물고기 그리고 땅 위에 살아가고 있는 동물들은 이렇게 특유의 영역 안에서 평화스럽게 살아왔으며 앞으로도 그렇게 살아갈 것이다. 네 발 달린 짐승이 물속으로 들어가서 고래가 될 이유가 없으며 도마뱀이 날개짓을 하면서 하늘을 날 이유도 없다.

동물들의 생명활동을 연구해 본 인간은 그 기관의 발달과 기능을 보고 입을 다물지 못한다. 아무리 인간의 지능이 발달한다고 해도 그런 고차원의 컴퓨터는 만들 엄두조차 내지 못할 것이다.

인체의 기관과 조직은 더욱 신비덩어리이다. 숨을 쉬고 생명을 연장한다는 것은 인간의 상상을 초월할 정도로 치밀하게 작동하고 있다는 의미이다. 여기에 생각하고 느끼는 사고와 감각의 영역에 이르면 도무지 인간이 손을 댈 엄두조차 내지 못한다.

자연에서 생존하고 있는 모든 생명체의 속을 들여다보면 볼수록 하나님의 숨결을 느끼지 않을 수 없다.

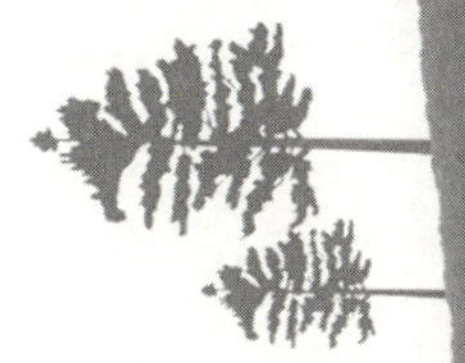

5부

하나님을 느끼면서

식물 창조의 기막힌 질서

하나님은 동물을 창조하시기 전에 먼저 식물을 창조하셨다. 그래서 사람들은 먼저 창조된 것이니까 후에 창조된 동물보다 덜 진화된 생물이 식물이라는 선입견을 가지고 있다. 스스로 움직이지 않고 의사표시마저 할 수 없는 개체라는 점도 그런 선입견을 부추긴다. 그러나 풀과 씨 맺는 채소 그리고 열매 맺는 과목(창 1:11)이 얼마나 정교하게 이루어져 있는가 하는 것을 보면 인간들은 숨을 죽일 수밖에 없다.

식물의 생장과 발육은 크게 두 가지 요인에 의해서 조절된다. 첫째는 내생적 조절인자로 불리는 호르몬(hormone)이며 다른 한 가지는 외생적 조절인자인 환경요인인 온도, 빛, 바람, 중력, 계절의 변화 등이다.

즉 식물체의 모양과 기능 그리고 발육단계에 있어서의 변화는 온도와 빛, 그리고 중력과 같은 환경요인에 대한 반응으로 생산된 호르몬이라는 것에 의해서 조절된다. 호르몬이란 식물체의 한 부분에서 생산되어 다른 부위로 이동하면서 영향을 미치는 일종의 화학 신호물질이다.

이 물질은 체내에서 아주 작은 양으로 영향을 미치는 것이 특징이다. 동물과는 달리 식물은 뚜렷한 내분비선 기관을 가지고 있지 않으나 호르몬들은 여러 가지 다른 기능을 하는 기관에서 만들어진다.

서로 다른 호르몬들이 저마다 다른 강도로 계절의 곡조에 따라 추는 춤으로 말미암아 식물체는 발아(종자가 토양에 심겨졌을 때 싹이 나는 과정), 굴성(식물체가 어떤 자극에 대해서 굽거나 향하는 성질, 빛이나 중력 등), 생장(식물체 부피가 커 가는 것), 착과(열매가 맺히는 것), 정부 우세성(줄기의 선단 부분에서 측아의 생장을 억제하는 현상), 형태, 개화, 과실의 발달, 탈리 현상(꽃, 잎, 그리고 열매가 원줄기로부터 떨어지는 현상), 노화, 그리고 휴면(식물체가 자라지 않고 일정기간 동안 최소의 생명만을 유지하는 현상) 등을 조절한다. 특히 정교한 식물의 신비로운 배열(피보나치 수열, Fibonacci Sequence)은 다른 잎들을 가리거나 밀집되지 않게 하면서 햇빛과 공기에 최대한 노출시키려는 오묘한 설계임을 알 수 있다.

그러나 무엇보다도 중요한 식물의 역할로 광합성을 들 수 있다. 빛에너지를 화학에너지로 바꾸는 최초의 과정이 바로 녹색의 식물체가 행하는 광합성작용이기 때문이다.

식물이 빛을 받아 푸르러서 그 가지가 동산에 벋어가는(욥 8:16) 모습은 빛을 향하여 녹색을 띤 잎을 벌리고, 빛에너지를 받고, 기공을 통하여 이산화탄소를 흡수하고, 뿌리에서 흡수한 물을 사용해 광합성을 하며, 그 결과 모든 생명체의 에너지원인 탄수화물을 합성하고 동시에 산소를 발생시키는 모습을 보여 주는 것이다.

광합성! 이 놀라운 생명 에너지의 비밀은 가장 작은 수은 전지보다 1,000만 배나 더 작은 보이지 않는 식물세포 세계의 소 공장에서, 태초부터 지금까지 끊임없이 그리고 소음 없이 진행되고 있다. 세상을 먹여 살리는 지상 최대의 공장에 주인이 없으며, 소음하나 없는 것은 참으로 기적 중의 기적이다.

따라서 식물의 광합성이야말로 생물권(biosphere)을 성립시키는 핵심이다. 이뿐만 아니라 직물 원료, 재목, 고무, 섬유, 유지, 연료 등 사람을 위한 모든 생산물은 바로 이 광합성이라는 신비스러운 과정을 통하여 생산되는 것이다. 현재 우리는 아직도 광합성에 대해서 아는 것보다 모르는 것이 훨씬 더 많다.

우리가 간단히 보아 넘기는 조그만 현상 하나도 엄청난 일련의 생화학적 순서에 의해서 이루어지고 있다. 그것도 여러 가지 환경에 반응해서 정상적인 생활을 유지하는 데 차질이 없도록 호르몬들은 시기적절하게, 적당한 농도로, 부위에 따라 다르게 조절되어지는 것이다.

이러한 현상을 보면 볼수록 장구한 시간에 걸쳐 점진적으로 진화된 것이 아니라 처음부터 누군가에 의해 창조되었음을 부정할 수 없는 증거들로 이루어져 있다.

　　　　　지구상 생물의 80%가 식물일 만큼 세상에는 수없이 많은 식물들이 있고 이들은 한결같이 녹색을 띠며 아름다운 꽃을 가지고 있다. 산이나 들에서 피는 꽃들에서부터 집안의 정원에서 가꾸는 꽃들에 이르기까지 그 아름다움은 현대의 최첨단과학으로도 흉내 내지 못한다. 더구나 이 꽃들에게는 시각적 아름다움뿐만 아니라 후각으로 느낄 수 있는 향기와 미각으로 맛을 볼 수 있는 꿀까지 가지고 있다.

　흔히 식물은 고정된 위치에 있는 생물이므로 동물들이 가지고 있는 감정이나 지각이 없어 비교적 덜 진화된 생물로 간주되어 왔다. 특히 종족번식을 위한 수단으로 암술과 수술이라는 배우체를 만들며, 수분과 수정을 통하여 다음 세대를 이어가기 때문에 꽃은 수분을 해 주는 벌과 나비 등 많은 충매(蟲媒)들을 유인하기 위해서 각기 독특한 아름다운 색과 다양한 형태들로 진화해 왔다고 주장한다. 또 꽃은 색깔과 형태에 있어 매개체와 상호 진화해 왔다고 한다.

　만약 그렇다면 같은 매개체를 이용하는 꽃들의 색과 형태의 다양함과 매개체를 이용하지 않는 수많은 꽃들의 아름다움은 설명할 수가 없다. 굳이 생존만을 위한 것이라면 지나쳐도 너무 지나친 치장이다. 또한 단지 바람이나 물에 의해서 전파되는 식물들은 왜 꽃을 가지기 위한 방향으로 진화되지 않았을까 하는 의문이 뒤따를 수밖에 없다.

　일반적으로 꽃으로부터 열매가 맺히기 때문에 꽃피는 식물은 모두 열매를 가진다고 생각할 수 있다. 열매란 대부분 씨방이 성숙한 것으로 그 속에 씨를 가지고 있다. 열매 중에는 아몬드와 같이 딱딱한 것도 있고, 사과나 배와 같이 신선한 과실도 있다.

단지 과실의 존재가치가 번식만을 목적으로 한다면, 수많은 과일이 각기 아름다운 색깔, 맛, 향기는 왜 생겨나며 필요 이상의 풍성한 영양분은 왜 간직하는지를 설명하기가 쉽지 않다. 생존과 번식만이 목적이라면 각각의 독특성과 다양함을 지닐 이유가 없는 것이다.

이런 식물에도 하나님은 어김없이 독특한 암호를 넣어 두셨다. 피보나치 수열이 그것이다. 피보나치 수열은 특히 식물줄기 주변에서의 잎의 나선 배열(잎차례, Phyllotaxis)에서 발견된다. 이 나선 형태는 똑바로 위에서 줄기를 내려다 볼 때 관찰되는데 줄기의 호(arc)가 어떤 엽저(leaf base, 잎의 밑 부분)에서 다음 엽저로 형성되어지면서, 그리고 줄기 둘레에 분획(fraction)이 새겨지면서 관찰된다. 예를 들면, 느릅나무(Elm)에서 호는 원주의 2분의 1이고, 너도밤나무(Beech)와 개암나무(Hazel)는 3분의 1, 살구와 참나무(Oak)는 5분의 2, 배와 포플러는 8분의 3, 아몬드와 아씨 버드나무(Pussy willow)는 13분의 5, 그리고 일부 소나무는 21분의 5이거나 34분의 13이다. 이러한 패턴은 각 잎들이 다른 잎들을 가리거나 밀집되지 않으면서 햇빛과 공기에 최대한 노출되도록 하는 하나님의 심오한 배려가 아니고는 설명할 길이 없다. 이러한 패턴은 잎의 배열에서 발견될 뿐만 아니라, 꽃잎의 배열에서도 발견된다. 잎과 꽃잎 배열의 다양한 나선 비율로 말미암아 인간은 꽃을 보고 아름다움을 느낄 수 있게 된다.

이외 식물이 가지고 있는 신비한 현상들이 한 둘이 아니다. 많은 부분을 과학이 밝혀 놓았다고 하지만 하나님의 창조내용을 이해하기에는 턱없이 부족하다. 외부의 자극에 무감각하다고 생각되어지는 식물은 사랑과 미움에 대하여 민감하게 반응하고 있는 생명체이며, 고도로 발달된 치료능력인 항염(Anti-inflammation), 방부(Anti-septic)의 기능을 가지고 있어 인간이 가깝게 하고 살아야 할 하나님의 선물이다.

즉 모든 식물에 관한 신비를 단 몇 줄의 하나님 말씀(창 1:11-12, 2:9)으로 확연히 깨달을 수 있다. 첫째, 하나님은 식물체를 처음부터 각기 그 종류대로 만드셨으며, 둘째, 하나님이 보시기에 아름다울 정도로 조화, 균형, 질서와 다양함을 갖춘 식물들을 만드셨으며, 셋째, 식물들이 인간이나 동물들의 식물(음식물)이 되도록 만드셨으며, 나아가 넷째, 인간 혼자가 아니라, 식물과 동물이 상호 공존하여 하나님이 보시기에 아름답게 살아갈 수 있도록 창조하신 것이다.

식물의 고유한 특성

꽃은 아름답다. 그러나 이 아름다움이 종족보존을 위하여만 있다고 하는 것은 잘못된 설명이다. 꽃은 열매를 맺게 마련이다. 이 열매는 씨앗을 발아시키기 위하여 영양분을 공급하는 목적이 있다고만 설명하는 것도 합당하지 않다. 이러한 표현은 식물의 외형만 보고 언급한 성급한 판단이다.

식물은 움직이는 개체가 아니며 외부의 자극에 반응할 수 없는 한계

로 인하여 동물보다 덜 진화된 생물체로 보는 견해도 있다. 이에 대한
식물학자들의 연구결과는 전혀 판이한 결과를 내놓고 있다. 식물들도
감정을 표현할 만큼 지능을 가지고 있고 외부의 자극에 민감하게 반응
한다는 사실을 밝히고 있다.

아름다운 선율의 음악을 들은 식물은 병충해에 강한 내성을 가지게
되고 열매에는 당도가 높아진다고 하며 막대기가 접근해 오면 긴장하
지만 바람에는 거부감 없이 순응하는 모습을 보인다고 한다. 또 녹색
식물을 실내에 두면 그 환경이 인간 친화적으로 변한다.

식물이 실내공간의 10%만 차지해도 습도를 20-30%까지 높여 주
며 실내온도를 적어도 3℃정도 높이거나 낮출 수 있다고 한다. 또한 인
간의 정서에 안정을 주는 알파파를 방출하여 정신 안정에도 도움이 된
다고 한다.

또 식물은 온도와 빛, 바람, 물, 중력과 계절 등 외부의 환경요인과
호르몬이라는 내부요인에 의해 성장하며 햇빛과 물 그리고 탄산가스
를 이용한 광합성이라는 절묘한 작용을 통해서 생성되는 산소를 생태
계에 공급하는 자연 순환의 핵심적 역할을 하고 있다.

이러한 식물이 동물에 비하여 하등한 생물체로 인식되는 것은 잘못
이다. 식물은 반드시 하등에서 고등생물로 진화해야 할 필요가 없다.
현재 보이는 식물은 진화가 된 식물만 있는 것이 아니다. 아
무리 보잘 것 없는 풀 한 포기도 그곳에 있어야 할 이유가 있
으며 그 자체는 고도의 유전공학의 결정체로, 현대과학은 그
수수께끼를 다 풀지 못하고 있다.

특히 식물의 잎에서 일어나고 있는 신비한 작용은 식물이 지각이 없

는 생물체가 아님을 증명하고 있다. 잎의 맨 위층에는 투명한 상피조직으로 되어 있어 햇빛이 잘 투과되도록 되어 있고 맨 아래 층에는 공기 중의 이산화탄소를 잘 흡수할 수 있는 기공이 무수히 많이 있다.

1mm²당 20개에서 200개까지 있는 이 기공은 물이 많이 있으면 기공이 열려 물이 빠져 나가고 물이 부족하면 기공을 닫아 물의 방출을 조절하게 된다. 이러한 열고 닫히는 원인과 그 과정을 과학은 아직 밝히지 못하고 있다.

벌이나 나비가 여러 종류의 화분(꽃가루)을 다리에 함께 묻혀 다녀도 같은 종류끼리만 수정이 되는 것은 같은 종류끼리 가지는 독특한 암호로 이루어지기 때문에(창 1:12) 이종간의 교잡으로 새로운 종의 탄생은 불가능한 것이다.

그래서 꽃의 아름다움을 종족보전의 목적으로만 볼 수 없다. 수정을 위한 매개체를 유인하기 위하여 피는 꽃 이외의 꽃도 세상에는 얼마든지 있다. 이들이 아름다운 꽃을 피운다고 하는 것은 그 치장의 정도가 너무 심하다고 하겠다.

또 열매의 영양물은 씨앗을 발아시키기 위해서는 그 양이 너무 많다. 이런 사정을 고려해 본다면 꽃은 자연의 다양성을 표현하면서 인간들에게 아름다움을 느끼게 하기 위함이며 열매속에 들어 있는 잉여영양분은 동물과 인간이 먹이로 사용할 수 있도록 이미 설계된 것(창 1:29)이라고 볼 수 있다.

동일한 서식지와 동일한 환경 안에서 다양한 생명체의 번식이 있다는 것은 종족번식을 위하여 진화된 것이 아니라 다양하고 풍성하게 그리고 아름답게 조화시키기 위하여 있으며 그런 환경을 이루고 있는 식물은 고도로 배려한 하나님의 선물이라고 밖에 설명할 길이 없다. 그

래서 식물은 태초부터 그 종류대로(창 1:12) 다양하게 번성해 왔고 그
때 이미 특유의 아름다움으로 자연을 수놓고 있는 것이다.

두 번째 이야기   자연의 신비, 동물

신비한 동물의 생명활동

에덴동산에서 인간을 위하여 지어진 동물들은 모두 아담 앞으로 나와 이름을 얻었다.(창 2:19) 그러나 그 많은 동물들을 아담이 다 이름을 지었을까 하고 의아해 할 수 있다. 아마도 그랬을 것이다. 다만 아직 사람들이 그 이름들을 다 찾지 못하고 있을 뿐이라고 추측된다.

이러한 동물들은 각각 독특한 생명활동을 하고 있음이 확인되고 있으나 아직 그 실체를 밝히기에는 과학이 미치지 못하고 있다. 보이지 않는 것들이 그 만드신 만물에 언젠가는 분명히 보여 줄 것이기 때문에(롬 1:20) 그 신비한 생명활동을 모두 파악하기까지는 긴 시간이 걸릴 것이다.

동물에 대하여 지금까지 밝혀진 것은 최근 200년간의 과학의 성과라고 할 수 있다. 자연에 대한 관심이 높아지면서 우리 주위에 서식하고 있는 동물들의 행태에 대한 연구가 활발해졌고 최근에는 이들을 통해 인간의 유익을 얻기 위하여 관심을 가지고 있는 추세이다.

바다의 최첨단장비인 이지스함을 설계할 때 선폭과 길이의 비율이 0.21-0.30 사이로 정하는 것도 고래(0.21)와 상어(0.26)에서 배운 결과이며 비행기의 급강하 시 추락을 방지할 수 있는 전연장치는 독수리의 날개깃털(Alula)을 모델로 하였다. 최첨단 건축양식인 풀러 돔(Fuller's Dome)도 바이러스의 5각형과 6각형 건축모양을 흉내 낸 것이라는 사실을 알면 자연에는 인간들이 배울 수 있는 신비의 세계가 얼마나 많이 있다는 사실을 알 수 있다.

수중 음파탐지기나 병원에서 사용하고 있는 초음파 영상탐지기는 2차원의 상밖에 만들지 못하고 있으나 박쥐는 3차원의 입체영상을 물체의 1mm까지 해상할 수 있는 능력을 보유하고 있으며, 하등동물이라고 여겨졌던 고생대의 삼엽충은 2중의 복합렌즈를 갖춘 최첨단 광학 시스템을 가지고 있었고 현대의 최첨단 DNA 합성시설로는 30분에 5쌍밖에 합성하지 못하나 가장 단순한 생물체인 대장균은 DNA 합성속도가 30분에 450만 쌍에 이르고 있다는 사실을 알면 동물의 내면을 들여다보는 인간의 시야가 얼마나 좁은가를 짐작할 수 있다.

이러한 자연과학이 19세기 중엽에 발표되었던 진화론에 편승하여 발달했기 때문에 하나님의 창조질서는 왜곡되었고, 그 내면의 진실이 가려짐으로 과학은 진실에 접근하는 데 많은 어려움이 있어 왔다. 특히 자연선택(Natural Selection)의 방법으로 진화해 왔다는 전제 하에 동물들의 행태를 연구하여, 오류에 빠진 기형적 과학이라는 지적을 면할 수 없게 되었다.

그러나 세상 만물을 창조하신 하나님의 창조사역의 눈으로 보면 현대과학으로 예측할 수 없는 신비한 설계가 그 속에 내장되어 있고 서로 공존하며 자연을 순환하는 이치가 한 치의 어김 없이 진행되고 있음을 알 수 있다.

동물 중 가장 하등동물이라고 여겨지는 지렁이는 토양을 비옥하게 하는 원천동물임이 밝혀졌다. 1acre 면적의 지표로부터 12㎝ 깊이까지에 약 300만 마리가 서식하고 있는 지렁이는 1년에 18ton의 분비물을 토해 냄으로써 토양을 비옥하게 만드는 원천동물이 되고 있으며 땅 위에 떨어진 나뭇잎의 90%를 땅에 묻고 있다.

눈과 귀가 없으나 명암을 구별하고, 소리를 들을 수 있을 만큼의 지능이 있어 살아가는 데 불편이 없다. 아무 쓸모가 없어 보이는 이런 미물이 자연 순환의 중요한 역군으로 존재한다는 사실은 놀랍기만 하다.

계절의 변화에 따라 동물들은 최적의 생존방식을 가지고 있다. 먹이가 흔치 않고 활동하기에도 적합하지 않은 겨울철이 오면 곰과 북극 다람쥐 그리고 박쥐와 같은 동물은 동면이라는 방법으로 긴 겨울을 지내게 된다. 약 3개월 동안 동면을 하는 곰은 35℃의 일정한 체온을 유지하면서 요소 생성을 억제하는 크레아티닌이라는 성분을 혈액 속에 만들어 오줌의 배출을 절제하여 움직임에 따른 에너지 소비를 극도로 줄인다.

북극 다람쥐는 주위의 기온에 따라 최저 3℃까지 체온을 낮추고 맥박도 평소에는 분당 수백 회이던 것을 5회 정도로 줄이면서 뇌에서 분비되는 멜라토닌이라는 호르몬을 사용하여 생체리듬을 조절한다.

장구한 시간 동안 적자생존의 방법으로 얻어진 것이라고 하기에 동물들의 생존방식은 너무나도 다양하다. 처음부터 하나님은 모든 동물들을 따로따로 지어 아름답게 어울려 살아가도록(전 3:11) 하셨다.

새와 곤충의 세계

　　　　　　동물들에 대한 연구가 진행되면 될수록 각 개
체의 현재 위치에서 가장 적합한 조건으로 살아갈 수 있도록 준비되어
있다는 것이 확인되고 있다. 그러나 그 설계의 구체적인 내용은 자세
히 밝혀지지 않고 있다. 특히 새들의 특이한 여행은 우리들에게 많은
의문을 던져 주고 있다.

　북극 제비갈매기(Arctic Tarn)는 매년 북극에서 남극으로, 다시 북
극으로의 4만㎞에 달하는 긴 여행을 하며, 호주 바스 해협에 서식하고
있는 짧은 꼬리섬새(Mutton Bird)는 알래스카까지 갔다가 매년 11월
24일에서 26일 사이에 어김없이 돌아오는 장장 3만 2,000㎞의 여행을
하고 있다.

　알래스카에 살고 있는 황금 물떼새(Golden Plover)는 남미 알젠틴
으로 어미 새들이 먼저 떠나가면 몇 주 후 새끼들이 한번도 가 보지 않
았던 그 코스를 따라 어미새를 찾아간다. 이들의 긴 여행은 자신의 체
력의 한계를 넘어서면서까지 감행하는 무리한 도전이지만 아무런 항
법장치나 보조장비 없이 이루어지고 있다.

　나무의 줄기속 벌레를 잡아먹고 사는 딱따구리의 모습은 경이롭기
만 하다. 1초에 15회씩이나 전후로 왕복운동을 하는 머리는 우주 비행
사가 받는 압력의 250배에 해당하는 힘을 받지만 뇌진탕을 일으키지

않는 것은 부리와 머리뼈 사이에 특수한 충격 흡수장치가 있기 때문이며 콧구멍은 튕겨져 나오는 나뭇조각으로부터 숨이 막히는 것을 방지하는 여닫이구조로 되어 있다.

40kg의 거구인 제왕 독수리는 고공에서 8.0의 시력으로 먹이를 발견하고 시속 100km의 속도로 내려온다. 땅 가까이 왔을 때 날개의 깃털 하나를 곧추세워 땅에 충돌하는 것을 방지한다.

이러한 장치가 없었다면 독수리는 그 속도로 땅에 부딪쳐 죽고 말아 벌써 멸종했을 것이며 또한 시력이 인간의 수준(2.0)밖에 되지 않았더라면 먹이를 찾지 못하여 모두 굶어죽었을 것이다.

물가에서 주로 서식하고 있는 누른 도요새는 비가 오지 않을 때 부리로 땅을 쪼아 비가 오는 소리를 냄으로 먹이인 지렁이가 기어 나오도록 유도하는 지혜를 가지고 있으며 추운 겨울철에 외다리로 서 있는 새들은 다리에 괴망(Wondernet)이라는 조직이 있어 다리가 얼지 않는다. 차가워진 피가 이곳에서 더워져 순환되기 때문이다.

이런 새들의 독특한 생존방식은 조류가 더 진화가 필요한 생명체가 아니라 인간이 탐구하고 배워야 할 하나님의 완벽한 창조물임을 알려준다.

조류보다 덜 진화된 것으로 여겨지는 곤충의 세계는 더욱 신비한 모습을 보여주고 있다. 우리 주위에 흔한 모기는 고성능 적외선 탐지기를 탑재하고 있어 따뜻한 체온과 이산화탄소가 많은 곳 그리고 화장품에서 나오는 방향물질에 민감하게 반응할 수 있다.

여름 한철 귀를 즐겁게 해 주는 매미는 애벌레로 땅속에 10년 이상을 기다렸다가 성충이 되어 나올 해를 정확하게 기억하고 있으며 이

꽃 저 꽃으로 현란하게 날아다니는 나비는 한 번의 펄럭거림으로 날개 끝에 나선형의 공기흐름(Vortex)을 일으켜 몸체를 들어올린다. 이는 무질서한 날개짓이 아니라 이륙, 선회, 비행 그리고 착륙 등 고도의 공기역학적 메커니즘을 보여주고 있다. 인간이 아무리 고도의 컴퓨터로 비행체를 만든다 하더라도 아직 나비의 비행을 흉내 내지 못하고 있다.

집단생활을 하는 개미와 꿀벌의 행동은 미스터리 투성이다. 꿀벌은 아침이 되면 약 20여 마리가 한 무리가 되어 사방으로 꿀을 찾아 나선다. 꿀을 찾았을 경우 50m 이내에 있으면 빠른 동작의 작은 원을, 그리고 50m 이상의 거리에 꿀이 있을 경우에는 날개의 속도는 거리를, 꼬리의 각도는 방향을 가리키며 춤을 춘다. 지도자도 감독자도 없으면서 질서를 지켜가는 일개미는 여왕개미가 분비하는 신비의 물질 때문에 암컷으로 태어났지만 평생 일만 하면서 한 치의 불화나 분쟁이 없이 공동체를 이어가고 있다.

두령도 없고 간역자도 없고 주권자도 없는(잠 6:7) 조류와 곤충의 세계는 진화에 의한 생명체가 아니라 아직도 과학이 밝혀내지 못하는 미지의 세계로 남아 있다. 개체마다 특유의 삶의 행동양식으로 자연을 더욱 다양하게 만들며 서로 어울려 살아가고 있는 것이다. 속을 들여다보면 볼수록 하나같이 하나님의 섬세하고도 신묘한 섭리가 내재되어 있음을 발견하게 된다.

세상이 만들어진 후 맨 처음으로 나타난 동물로 어류를 꼽고 있다. 진화론에서는 원시생물이 바다에서부터 나타났다고 하지만 성경은 다섯째 날에 큰 물고기와 물에서 번성하여 움직이는 모든 생물을 그 종류대로(창 1:21) 지으셨다고 하였다.

어류는 척추동물문의 한 계통으로서 몸에 등뼈가 있고 지느러미로 운동하며, 물속의 산소를 호흡하는 수생 동물군으로 설명된다. 체형은 방추형을 중심으로 다양하고, 크기도 최소 1.2cm인 필리핀 산 망둑어의 일종에서부터 최대 20m 가까이 되는 고래상어까지 있다. 형태의 특징은 체표가 비늘로 덮여 있고 감각기관인 옆줄(側線,측선)이 발달해 있으며 물속에서 몸의 비중을 효과적으로 조절하기 위한 부레가 있다는 점이다.

물고기들은 물속에서 살아가기에 완벽한 조건을 갖추고 있는 점 외에 태어난 곳을 찾아가는 회귀본능도 있어 흥미를 끌고 있다. 연어는 어미가 강 상류의 자갈 위에 낳아 놓은 알이 3-4cm 정도로 자란 치어가 되면 바다로 가서 살게 된다.

이들이 성어가 되는 1년에서 5년이 지나면 부화되었던 옛 강을 어김없이 찾아가 다시 알을 낳고 다음 세대를 이어간다. 몇천km를 찾아오는 데에 예민한 후각과 미각을 이용할 것이라고 추측할 뿐 그것은 아직 인간이 배우고 알아내야 할(욥 12:8) 과제이다.

바닷물에서의 생활에 익숙한 물고기가 민물에 살기 위해서는 환경과 삼투압의 차이를 극복해야 한다. 물고기의 체내 삼투압은 민물보다 높고 바닷물보다는 낮아 민물에서는 수분의 침입을 꺼리고 바닷물에서는 수분의 침출에 위협을 받는다. 삼투압의 조절은 아가미와 신장의 움직임, 즉 민물에서는 묽은 오줌을 많이 배설하고 바닷물에서는 짙은 오줌을 배설하여 조절하는 비밀이 숨겨져 있다.

상자같이 생겨 움직임이 둔할 것 같은 거북 복(Boxfish)은 산호 사이의 물의 소용돌이에서 스스로 수정할 수 있는 힘을 발휘하여 물의 흐름을 바꾸면서 자유롭게 헤엄치고 있으며, 몸무게가 40ton이나 나가는 혹등고래 지느러미의 작은 돌기들은 몸을 띄우는 양력을 8%나 높이고 물의 저항을 32%나 줄이는 특수 장치임이 밝혀졌다.

어류에서 양서류, 파충류, 포유류로 진화하여 육상에 척추동물이 번성한 때는 지질연대로 보아 중생대 이후라고 알려져 있으나 성경은 창조의 마지막 날에 육축과 기는 것과 땅의 짐승을 종류대로 내신 것으로 되어 있다. 이들 동물 역시 각 개체마다 독특한 생존방식을 가지고 있으면서 자연을 다양하게 만드는 데 한 몫을 하고 있다.

긴 목을 가지고 있는 기린은 높은 곳의 나뭇잎을 먹기 위하여 목이 길어졌다는 용불용설(用不用說)의 대표적인 예로 설명된다. 그러나 그 신체구조를 살펴보면 처음부터 그렇게 창조되었다는 것을 이내 알 수 있다. 필요에 의해 목이 길어졌다면 물을 마시기 위하여 긴 목을 구부릴 때 머리의 피가 쏠려 뇌진탕으로 모두 죽고 말았을 것이다.

그렇지만 기린은 다른 육상동물보다 큰 심장을 가지고 있으며 구부릴 때 목에 혈액의 흐름을 차단하는 발브조직이 있다. 또 뇌의 그물식 모세혈관이 다른 동물들보다 굵고, 뇌의 척수액이 파열의 완충 역할을 하는 등 철저한 사전설계로 창조된 동물임을 알 수 있다.

호주 남동부에서만 서식하고 있는 오리너구리(Platypus)는 학자들 간에 가장 논란이 많은 동물로 알려져 있다. 진화론자들은 이 동물을 포유류와 조류의 중간형태라고 주장하고 있다. 온몸이 털로 덮여 있으면서 물가에서 살고, 알로 부화한 후 젖을 먹이며 파충류와 같이 뒷다리에 독을 가지고 있으면서 어깨 골격은 도롱뇽을 닮아 이를 어류, 양서류, 파충류, 조류, 포유류의 복합동물이라고 하기도 한다. 60-70cm 크기이며 한 번 잠수로 2-3분을 견디고, 잠수 시 귀와 눈은 주름으로 닫혀진다. 또한 먹이를 찾을 때는 큰 부리에 내장되어 있는 고성능 감지장치로 전자파를 방출하여 장애물을 탐지하는 능력을 가지고 있는 신비한 포유류이다.

동물들은 그 개체가 있는 환경에 가장 적합한 모습으로 가장 효율적으로 살아갈 수 있도록 미리 예정되지 않고서는 그 구조와 형태가 그렇게 정교할 수 없다. 생존하고 있는 경계가 분명하여 물고기가 땅으로 올라올 수 없으며 땅에 살던 동물이 물속으로 들어갈 이유가 없는 것이 동물의 세계이다. 하나님이 짐승을 그 종류대로 지으신(창 1:25) 이유가 여기에 있다.

포유류의 독특한 특징

젊었을 때 산을 자주 올라야 했던 나는 그 속에 묻혀 있는 암석에만 관심이 있었을 뿐 산의 나무나 풀 그리고 그 속에 서식하고 있는 동물에는 도통 관심이 없었다. 그래서 많은 산을 올

랐지만 자연의 아름다움과 조화로움을 알지 못했다. 그것이 하나님의 작품이라는 사실을 전혀 느끼지 못했기 때문이었다.

하나님을 알고 난 후 모든 자연의 모습들이 새롭게 다가왔다. 이제는 돌에 대한 관심뿐만 아니라 펼쳐져 있는 자연과 그 속에서 살아가고 있는 생명체에 대해서도 생각하게 되었다.

지상에는 수많은 동물들이 살고 있지만 어느 것 하나 독특한 생존방식을 가지고 있지 않은 동물이 없다. 마치 그 종류를 위하여 세상이 만들어진 것처럼 생명활동을 하고 있다. 진화론은 이렇게 다양한 동물들이 장구한 세월 동안 서로 다른 종들이 섞이고 발전해 오면서 현재의 모습으로 되었다고 설명하고 있다.

이에 따라 물과 뭍을 오가며 살았던 양서류는 땅으로 올라오면서 파충류로 변했고 이는 다시 포유류로 진화했다고 주장하고 있다. 그러나 체온이 외기온도에 따라 변하는 파충류가 일정한 체온을 유지하는 포유동물이 되기 위해서는 피부에 온도 감지장치가 생겨야 하고, 뇌의 시상하부에 전달되어 혈액온도를 조절해야 하는 항온기(Thermostat) 역할의 특수 기능이 만들어져야 하지만 아무리 시간이 가고 세대가 바뀌어도 그런 기관이 자연스럽게 생겨날 수는 없다.

알로 번식하는 파충류에 비하여 일정한 임신기간을 거쳐 새끼로 번식하는 포유류는 태어날 때까지 영양을 공급받을 수 있는 특수한 기능이 있어야 하고 호흡도 폐로 하지 않는다. 그러나 세상에 태어날 때 일생을 통하여 단 한 번 폐로 통하는 길을 열게 하는 섬세한 기능은 우연히 생겨날 수 있는 기능이 아니다.

모든 포유류에는 가슴과 위를 구분하는 근육과 섬유질로 된 횡경막이라는 것이 있어서 호흡을 할 수 있도록 한다. 포유류가 파충류에서 진화되었다고 한다면 기존 조직의 변형이 아니라 없던 조직은 어디서 생겨났는지 설명이 되지 않는다.

동물들은 페로몬(Pheromone)이라고 하는 화학물질로 개체간 신호를 주고받는다고 알려져 있다. 동물들이 서로 떨어져 생활하다가 일정 기간 한 데 모여 집단생활을 하는 것은 이 물질 중 행동을 유발시키는 행동 페로몬을 공기 중에 퍼지게 함으로써 가능하다. 대규모의 메뚜기 떼의 형성과 매미, 벌, 파리들이 떼를 지어 살고 있는 것이 그 예이다.

이에 반하여 생식기가 되어 흩어져 있던 무리를 모아 짝짓기를 할 수 있도록 하는 생리 페르몬도 있다. 이 생리 페르몬은 항상 같은 종끼리만 전달되어 종과 종간의 교잡은 이루어지지 않게 되어 있다. 암캐가 발정하면 인근에 있는 모든 수컷들이 몰려오지만 한 집에 있는 고양이나 소는 눈만 멀뚱거리고 있는 것은 이런 이유에서이다.

이와 같은 사실들은 포유류가 독특한 특성을 가진 생물들로 창조되어 그 종류대로 번식하여 오늘날까지 이르렀음을 보여주는 증거들이다. 이외에도 포유류가 파충류와 처음부터 완전히 다른 특성을 가졌음을 보여주는 증거들은 많다.

또한 항온동물의 온도조절장치는 오늘날 과학지식과 공학을 이용하여 만든 기술들이 갖는 시스템 조절, 피드백 등 기본원리의 지배를 받는다. 예를 들어 전기밥솥 하나에도 온도에 따라 기능을 달리하는 조절장치가 있다. 이 장치가 과학지식과 기술의 축적에 의한 산물임이 분명하듯 그 이상의 온도조절을 보여주는 생물체의 조절과정은 땅 끝까지 감찰하시며 온 천하를 두루 보시는(욥 28:24) 창조주 하나님의 지혜의 작품임을 분명히 보여준다.

  혈액과 호흡의 신비

생명 유지의 원천물질, 혈액

사람이 목숨을 잃는 원인은 여러 가지이지만 사망에 이르는 최종원인은 사고에 뒤따르는 과다한 출혈과 호흡곤란으로 밝혀지는 것이 보통이다. 이와 같이 생명을 유지하기 위해서는 피의 순환과 호흡이 근간을 이루고 있음을 알 수 있다.

그래서 성경에서도 피에 관해서는 모두 356회 이상 언급하고 있으며 특히 사람의 피는 생명의 피(창 9:5)이며 육체의 생명은 피에 있음(레 17:11)을 강조하고 있다.

오랜 현장 생활을 통하여 많은 사람들이 사고로 목숨을 잃는 것을 보아왔다. 어둡고 밀폐된 공간인 데다가 산소의 공급이 원활하지 못한 지하 갱도의 특성상 크고 작은 안전사고가 많았다. 이런 일을 당할 때마다 그 사고의 원인을 분석하고 사후 수습을 하는 데 매달렸던 적이 있다. 그 때마다 사망의 원인은 과다한 출혈로 진단되는 경우가 대부분이었다.

  사람의 피에 대해서 밝혀진 사실을 알게 되면 아무리해도 인간이 우연과 장구한 시간 동안 진화해 왔다고 하는 사실을 믿으려고 해야 도저히 믿을 수 없다. 너무나 신비하고도 오묘한 설계로 이루어져 있기 때문이다.

  몸무게의 8%에 지나지 않는 피는 어른의 경우 4~6ℓ 정도로, 물과 단백질 그리고 각종 용해질로 구성된 혈장(Plasma)이 55%, 적혈구, 백혈구, 혈소판으로 구성된 세포성분이 45%로 이루어져 있다. 이들은 산소와 이산화탄소 그리고 호르몬을 몸 전체에 운반하고 체내에 Ph, 온도, 수분 그리고 면역력을 조절하는 기능을 맡고 있는 생명유지의 필수적인 역할을 담당하고 있다.

  특히 적혈구는 체내 구석구석까지 산소를 공급해 줌으로써 살아 있는 생물체로 만드는 가장 중요한 역할을 담당하고 있다. 도너츠 모양으로 생긴 적혈구는 산소 운반 색소인 헤모글로빈이 33% 정도 들어 있고, 1개의 적혈구 내에는 2억 7,000만 개의 헤모글로빈 분자가 있으며 한 개의 헤모글로빈 분자는 574개의 아미노산을 가지고 있어서 결국 한 개의 적혈구에는 1,000억 개 이상의 아미노산을 가지고 있는 셈이다.

  이 헤모글로빈이 체내에 산소를 공급하는 과정을 보면 더욱 기가 막히다. 헴(Heme)이라고 하는 4개 구조가 한 개의 헤모글로빈에 조성되어 있고 이곳에 있는 철 분자에 산소가 붙어 있다. 운반 도중 주변 농도에 따라 산소가 필요한 곳에서는 붙어 있던 산소가 떨어져 그 조직에 남겨지고 산소가 너무 많은 곳에서는 오히려 산소를 붙잡아 가지고 감으로써 적정한 산소를 체내에 고루 전달한다.

산소를 공급하는 길은 혈관을 통해서 이루어진다. 안쪽에 상피세포(Endothelial)와 바깥쪽에 모세혈관(Capillary)으로 이루어진 혈관은 25조 대의 산소운반 트럭이 몸속을 거침없이 달릴 수 있도록 거미줄처럼 구축되어 있다. 총 10만㎞의 길이로 지구를 두 번 이상 돌 수 있는 거리이다.

피 한 방울(약 50ml)에는 약 2억 5,000만 개의 적혈구가 있고 인체 전체에는 25조 개라는 엄청난 숫자의 적혈구가 있으며 통상 수명은 120일 정도밖에 되지 않는다. 따라서 생명을 원활히 유지하기 위해서는 골수(Marrow Bone)에서 초당 200만 개 이상의 적혈구를 혈관을 통하여 만들어 내면서 몸 전체로 순환시켜야 한다.

이 피를 순환시키는 장치는 심장이 맡고 있다. 1분에 약 72회 박동운동으로 하루 10만 번 이상 움직여 4,000ℓ의 피를 순환시키고 있다. 심장은 중추신경계의 간섭을 받지 않고 잠시도 쉬지 않고 일생 동안 움직인다.

심장은 만에 하나라도 실수가 있으면 안 되는 중요한 기관이다. 작동의 중단은 곧 생명의 끝을 의미하기 때문에 휴식이 없는 불수의근의 역할을 비롯하여 피의 역류를 방지하기 위한 판막, 외상으로 인한 출혈을 방지하는 응고제 프로드로빈(Prothrobin) 등 생명연장을 위하여 준비된 것이 한둘이 아니다.

흙으로 사람을 지으시고 그 코에 생기를 불어 넣으신(창 2:7) 그 때 이미 인간은 이렇게 완벽한 하나님의 작품으로 만들어졌으며 그 운행에 우리의 상상을 초월하는 설계와 작동

이 관여하고 있다. 아무리 세월이 가도, 아무리 진화를 해도 꿈도 못
꿀 기적이 매일 우리의 몸속에서 일어나고 있는 것이다. 우리는 이 사
실을 인식해야 한다.

생명유지의 원천기능, 호흡

내가 근무했던 광산은 지하 600m까
지 갱도가 굴착되어 있어 거의 매일 수직 엘리베이터를 타야만 했고
막장까지 가는 데만도 두 시간 정도 걸리는 대형광산이었다. 그곳에서
지질조사를 했던 나는 40℃가 넘는 지열과 희박한 산소로 인하여 호흡
을 하는 데 무척 어려움을 겪었었다.

또 남미 아마존 유역의 자원조사를 위하여 해발 5,000m나 되는 안
데스 산맥을 넘을 때는 두통과 함께 호흡곤란으로 사경에까지 이르렀
는데, 그때 우리 몸에서 호흡이 얼마나 중요한 일인가를 체험한 적이
있다.

인간은 스스로 숨을 쉬지 않겠다고 작정하더라도 잠시뿐 더 이상은
계속할 수 없게 되어 있다. 그것은 의지로 되어지는 일이 아니라 생명
의 연장을 위하여 미리 입력되어 있는 자율신경계가 이 일을 맡고 있
기 때문이다.

인간은 말할 것도 없고 동물도 생명을 유지하기 위해서는 숨을 쉬어
야 한다. 숨을 쉰다는 것은 생명이 살아 있다는 증거이다. 이는 소화와

흡수의 과정을 통해 얻어진 영양분을 몸의 필요한 세포에 영양을 공급해 주고 발생된 이물질을 배출함으로써 이루어지는 일이다.

공급된 산소는 에너지를 만들기 위하여 필요하며 인간 몸에는 산소를 저장할 특별한 기관이 없기 때문에 외부로부터 산소가 중단 없이 공급되어야 한다. 즉 산소를 공급 받고 이산화탄소를 배출해야 하는데 이를 호흡이라고 하며 폐가 이 일을 담당하고 있다.

폐는 갈비뼈 안쪽 흉강 내에 좌우 두 개가 있다. 길이 25cm, 무게 약 1kg으로 코, 후두, 기관을 통하여 들어온 외부의 공기는 허파꽈리(Alveoli)라고 하는 기관으로 가게 된다. 허파꽈리는 직경 0.1mm의 크기로 한 쪽 폐에 약 3억 개 정도가 있다. 이곳은 공기와의 접촉면을 최대한 확대하도록 되어 있고 이들 벽에 모세혈관이 치밀하게 분포되어 있다.

이 허파꽈리의 전체 표면적은 피부 표면적의 50배 정도이고, 다 펼칠 경우 핸드볼 경기장만한 크기가 되며 이에 접하여 있는 모세혈관의 길이가 총 1,000km나 된다고 하니 인간의 능력으로는 만들 엄두도 내지 못하는 시스템이다. 생김새만 보아도 생명연장의 기관이 얼마나 정교하게 만들어져 있는지 알 수 있다.

성인의 경우 1분에 15회에서 18회를 호흡하는데, 회당 약 500cc의 공기를 들이마시며 최대 4,000cc까지 마실 수 있다. 이러한 호흡작용은 뇌의 연수에 있는 호흡중추신경이 맡고 있으며 체내에 이산화탄소의 양이 증가하면 이 신경이 민감하게 반응하여 호흡횟수를 증가하도록 반응한다.

어류와 조류의 호흡기관 역시 상상을 초월하는 신비한 구조로 되어 있다. 이들은 인간과 같이 한 통로에 입기와 흡기를 같이 사용하는 구조와는 달리 활동에 필요한 에너지의 효율을 높이기 위하여 양방향 구조를 가지고 있는 것이 특징이다.

새는 5개 또는 6개의 기낭(Air Sack)이 전기낭과 후기낭으로 구분되어 있다. 숨을 들이쉴 때는 후기낭을, 내쉴 때는 전기낭을 사용하며, 이를 통해 폐 내에 항상 이산화탄소와 섞이지 않은 산소를 보유할 수 있다.

또 혈관은 공기의 흐름과 반대방향으로 배치되어 있어 들어온 공기의 산소압력이 핏속의 산소압력보다 높으며 이로 인해 신선한 산소의 공급이 항상 가능한 호흡구조를 보이고 있다. 이러한 이유로 작은 참새도 높이 비상할 수 있는 능력을 가지게 되는 것이다.

물고기는 인간과 같은 허파꽈리나 새와 같은 부기관은 없으나 나름대로 독특한 구조의 호흡기관을 가지고 있다. 물속에 녹아 있는 산소를 아가미의 층판구조(Lamella)에서 역방향으로 갖추어진 모세혈관을 통하여 흡수하는 것이다. 산소는 물속보다 공기 중에 더 많이 녹아 있으나 아가미라는 특수조직을 통하여 아무런 불편 없이 호흡을 할 수 있도록 되어 있는 것은 물속에 사는 물고기를 그 환경에 맞도록 창조된 피조물이기 때문이다.

아무리 살펴보아도 아가미에서 사람의 허파까지 진화를 보여주는 점진적인 변이란 어디에도 찾아볼 수가 없다.

이렇게 인간과 조류, 어류에서 살펴보았듯이 모든 호흡 기관들은 각 종류의 생활 방식에 너무나 아름답게 설계되어 있다.

물고기에게는 그 환경에 맞는 아가미라는 호흡기관을, 하늘을 나는 각종 새들에게는 하늘을 나는 데 적합한 다른 멋진 모습의 호흡기관을 주셨다. 그리고 우리 인간에게는 땅에서 살기에 조금도 지장이 없도록 모든 기관들을 설계해 주셨다.

생명체가 우연히 생겨날 수 없는 이유

어렸을 적에 나는 주위 어른들에게 "넌 다리 밑에서 주워 왔다."는 놀림을 많이 받았다. 6 · 25 직후의 어려운 때에 조부모와 함께 시골에 살았던 나는 그런 놀림을 받을 때마다 어머니가 보고 싶어 얼마나 울었는지 모른다. 어린 마음에도 자신의 존재를 인정받지 못한다는 생각에 그렇게 서러웠던 모양이다.

누구든지 자신의 값이 저평가되거나 무시당하면 싫어하게 마련이다. 지구상의 모든 동물들 역시 자각능력이 있다면 자신이 무시당하는 일에 무덤덤하게 반응하지는 않을 것이다. 그런데 아무리 하찮은 동물이라고 하더라도 그 속의 비밀을 들여다보면 어느 것 하나 소홀히 여길 대상이 없다.

바다에 살고 있는 고래와 돌고래는 고성능 초음파 탐지시스템을 탑재하고 있어서 자기들끼리의 대화가 가능하고, 연어는 방향 기억 시스템을 생체 내에 내장하고 있어 자신의 출생지를 정확하게 찾아가며, 박쥐는 주파수 조절 레이더 인식 시스템을 이용하여 시각과 청각을 대신하고 있고, 벌새와 나비는 공기의 유체역학을 마스터하여 창공을 자유자재로 날고 있으며, 철새와 일부 곤충은 정교한 항법장치로 수천km를 여행하고 있다.

이렇게 지상의 동물들이 생존에 필요한 첨단장치를 스스로 갖추고 있지만 미세 세계에서 사는 미생물을 보면 벌린 입을 다물지 못하게 된다. 아무리 인간이 만들어 내는 컴퓨터 칩이 고도의 기술로 이룩한 것이라 하더라도 한낱 미물에 불과한 살모넬라균, 대장균 그리고 연쇄상 구균 등의 컴퓨터 칩에는 상대가 안 된다.

작은 생물들의 생존 모습은 육안으로 관찰이 안 되어서 사람들이 잘 모르고 있을 뿐이다. 이들에게는 초당 자기 몸길이의 15배 거리를 움직일 수 있는 운동력이 있으며 전후좌우의 방향 변경도 1분에 10만 번 이상 할 수 있다. 이는 물속에서 시속 240km의 속도를 내는 고속 잠수함에 비견할 수 있는 속도이다.

이런 운동은 편모(Flagella)라고 하는 가느다란 털이 모터 역할을 함으로 가능하게 된다. 사람의 머리카락 단면만한 면적에 이런 모터 800만 개가 들어가는 구조로 되어 있는 이런 세균도 우습게 볼 생물이 아님을 알 수 있다.

바이러스나 박테리아가 인체에 침입하면 병이 난다. 병이 나면 먼저 약국에 가서 약을 사먹지만 그래도 아프면 결국 병원에 가서 의사의 진단을 받아야 한다. 그러나 약국에 가고 병원에 갈 정도가 되면 그 병은 상당히 진행된 것으로 보아야 한다. 그것은 침투한 세균이 인체의 방호벽을 뚫고 들어온 후이기 때문이다.

몸 안으로 세균이나 바이러스가 침투해 들어오는 경우는 사실 무수히 많다. 이들이 모두 병을 일으킨다면 사람은 하루도 온전히 살 수 없을 것이다. 몸 안에는 침입한 세균이나 바이러스를 분해하여 그 세력을 줄이는 T세포라는 것이 있는가 하면 한번 침투한 경험이 있는 병원체에 대한 기억을 가지고 있어 재차 침입한 세균을 보다 효과적으로 제어하는 B세포 등 2중 3중의 방호벽이 설치되어 있다. 대부분의 세균이 이곳에서 막히기 때문에 사람은 건강하게 자기 몸을 유지할 수 있는 것이다.

사람의 뇌에 이상이 생기면 중추신경세포의 약 10%밖에 안 되는 소신경 교세포(Microglia)가 뇌 속의 손상된 부분이나 뇌혈관에 화학 주성인자(Chemoattractant)와 반응하여 방어벽을 형성하는 것으로 알려져 있다.

생명의 필수품인 적혈구 한 개에는 2억 7,000만 개의 헤모글로빈이 들어 있고 이 한 개의 헤모글로빈을 만들어 내기 위해서는 지구의 10의 50승 배에 해당하는 부피의 아미노산이 필요하다는 계산이다. 우리 몸에는 영양을 돕는 효소(Enzymes)가 200종류나 있는데 이들이 우연히 만들어질 수 있는 시간은 이론상으로 200억 년이라고 한다.

인간은 말할 것도 없고 하찮은 미생물에 이르기까지 그 생김새와 역할을 알고 나면 생각이 달라질 수밖에 없다. 각기 제 자리에서 제 기능을 하고 있는 조직을 보고 나면 시간이

지나면서 변화되고 개선된 결과물이라고 말하기 어려울 것
이다.

이 세상에 태어난 생명은 하나도 귀하지 않은 것이 없다. 스스로 생기를 불어넣으신 하나님이 그 생명을 돌아보지 않을 까닭이 없기 때문이다. 그렇지만 인간의 생명을 물질로 취급하는 진화론으로 인하여 수많은 사람들이 희생된 것은 역사에서 보아 알 수 있다.

과학으로 인정받고 있는 이 진화론의 허구성을 지적하면 잘못된 신앙으로 과학을 재단할 수 없다고 오히려 반격해 오기 일쑤다. 그들은 하나님이 있고 그 하나님이 모든 것을 주관한다는 사실을 인정하기만 하면 설명되지 않았던 고리가 풀린다는 사실을 알지 못하고 있다.

과학은 성경을 기초로 할 때 발전할 수 있으며 성경은 과학을 꽃피울 수 있도록 하는 밑거름이 될 것이다. 그래서 성경을 떠난 과학은 홀로서기를 할 수 없다. 그런데 최근 과학이 홀로서기를 시도하고 있다. 인간이 인간을 만들어 내겠다고 하는 일이 그것이다. 우선은 배아줄기세포로부터 시작하면서 더 이상 인간복제는 하지 않겠다고 큰 소리를 친다.

그러나 낙태가 처음 시작될 때 생명을 죽이는 일은 안 된다고 반대했고 인공수정이 처음 시작될 때 생명을 임의로 조작하는 것은 안 된다고 거부했지만 결국 아무런 죄의식 없이 받아들여진 것처럼 인간복제가 영원히 안 된다고 보는 사람은 아무도 없다.

여기서 우리는 인간의 유익을 위하여 인간을 희생시키겠다는 인본주의가 그 바탕에 깔려 있고 그 인본주의 밑에는 진화론이 도사리고 있음을 알아야 한다. 복제인간이 탄생하는 날, 우리는 하나님 앞에 얼굴을 들지 못할 것이다. 하나님의 진노를 어떻게 감당할 것인가.

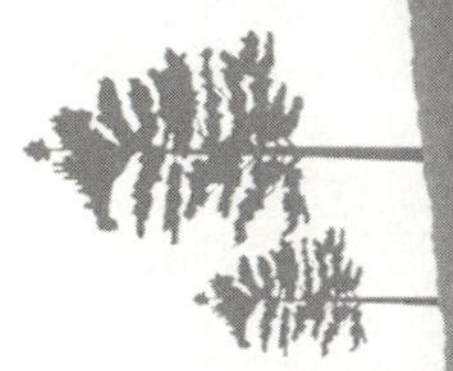

6부

하나님을 생각하면서

진화인가 창조인가

진화론은 과학적이라고 여겨지고, 창조론은 비과학적이라고 매도되고 있는 것이 일반적인 경향이다. 그러나 사물을 관찰하고 이에 대한 가설을 세운 후 실험을 거쳐 동일한 결과가 나오도록 증명(Prove)되어야 과학이라고 할 수 있다. 엄밀히 말하면 진화론도 창조론도 모두 가설은 세울 수 있으나 과학으로 증명할 수 있는 사실이 아니라는 점에서는 어느 이론이 낫다고 하기가 어렵다. 때문에 증명이 되지 않는 진화론만을 과학적이라고 한다면 그것은 잘못된 주장이다.

과학계에서는 과학의 합리성과 우월성을 내세워 창조론을 신빙성이 없는 신념으로 치부하려는 의도가 있으며 여기에 교황 바오로 2세는 1997년 "다윈의 진화론은 카톨릭 교리에 모순되지 않는다."라고 하여 그들에게 힘을 실어주고 있다.

진화론을 주장하는 사람들은 생명이 진화되었다고 하는 증거

(Evidences)로 화석(Fossil)과 오랜 시간을 제시하고 있다. 오랜 지층에 묻혀 있는 화석을 당시의 모습으로 재현하여 이를 시대별로 비교함으로써 진화과정을 설명하고 있는 것이다.

그러나 화석을 해석하는 일에서부터 시대를 추정하는 모든 일들이 가상의 추측일 뿐 어느 것도 확인할 수 없는 이론이라는 사실을 알면 매우 혼란스럽다. 더욱이 진화되는 과정을 합리적으로 연결시켜주는 고리마저 확인되지 않고 있어(Missing Link) 그 신빙성은 더욱 희미해진다.

이런 진화론이 넓게 받아들이는 이유는 간단하다. 먼저 창조주 하나님이 눈에 보이지 않는다는 점이다. 아무리 창조주의 존재를 설명해도 육안으로 관찰할 수 없기 때문에 실증적 사고를 가진 현대인은 창조주를 인정할 수 없게 된다. 둘째는 자연과학분야에 종사하는 대부분의 과학자들이 진화론을 지지하고 있기 때문이다. 이들은 증거가 없는 사실을 인정하지 않으려는 습성 때문에 그 증거가 한낱 허구임에도 불구하고 그 이론을 금과옥조처럼 답습하고 있는 것이다.

그러나 하나님이 세상을 창조하였다고 하는 증거들이 우리 주위에서 너무 많이 있다는 사실을 아는 사람들은 아무리 진화론을 인정하고 싶어도 인정할 수 없다.

이런 창조의 증거들은 수없이 많다. 아무리 오랜 세월이 지나도 식물은 각각 그 종류대로 번성하고 있으며 동물 역시 종류대로 세대를 이어 오고 있다는 사실은 자연선택과 돌연변이로 우연히 다른 종류가 되지 않는다는 것을 보여주고 있다.

마찬가지로 부모를 통하여 태어난 자녀가 그 부모의 형질(목소리,

외모, 성격)을 닮는다는 것은 누군가에 의하여 미리 예정되어 있는 섭리가 있지 않고는 불가능한 일이다. 물론 같은 개라도 큰 개와 작은 개라든지 검은 개와 흰 개라든지 하는 차이는 있으나 개가 오랜 세월을 지나 고양이가 된다든지 소가 된다든지 하는 진화는 있을 수가 없다. 야구선수가 눈 아래에 검은 색 페인트칠을 아무리 해도 그 자식의 눈 밑에 눈썹이 나는 경우는 있을 수 없다는 이치와 같은 것이다.

그래서 생명의 기원을 설명하는 데에 장구한 시간과 우연에 의해 발생한다는 진화론적 설명보다 분명한 성경의 기록을 보고 판단하는 것이 훨씬 더 과학적이라고 할 수 있다. 성경은 비과학적인 사실을 기록해 놓은 책이 아니라 인간이 아직 규명하지 못하고 있는 초과학적인 일들을 기록한 것이기 때문이다.

논쟁의 역사

누가 먼저인가 또는 어떤 것이 진실인가 하는 질문은 시대와 장소에 따라 승패가 갈리는 것이 상례이다. 어떤 이론과 주장을 누가 펼치는가에 따라서도 달라진다. 한 나라의 왕이 닭이 먼저라고 주장하면 대세는 닭이 먼저가 되지만 더 큰 영향력을 행사하는 다른 사람이 나타나 달걀이 먼저라고 하면 달걀이 먼저인 것처럼 보인다.

생명의 기원에 대해서도 역사적으로 수많은 사람들이 다양한 방법으로 규명하려고 했으며, 다양한 이론들이 있어 왔다. 그래서 생명체가 언제 그리고 어떻게 생겨났는가 하는 문제는 인간의 오랜 숙제였다.

일반적으로 생명체라고 하면 다음과 같이 몇 가지 특성을 가지고 있는 것으로 정의할 수 있다. 먼저 세포로 구성되어 있고, 에너지를 사용하여 물질대사를 하며, 이를 통하여 성장하고 증식하는 특성이 있고, 외부의 자극에 반응하며, 그 개체를 유지하려고 하는 항상성이 있는 유기체가 그것이다.

희랍의 철학자 아리스토텔레스(BC 384-322)와 그의 제자 레오프라테스(BC 374-297)가 생명의 기원 문제를 언급한 것을 시초로 하여 17세기 이전까지는 대체로 자연발생설(Spontaneous Generation)이 주류를 이루고 있었다. 어떤 과정과 원인인지는 확실치 않으나 자연에서 우연히 생명이 발생했다는 이 이론은 오랫동안 비판 없이 받아들여졌다.

17세기 중엽, 이탈리아의 물리학자 레디(Francesco Redi)는 고기덩어리를 넣은 플라스크 실험에서 한쪽은 밀폐를 하고 다른 한쪽은 개방하여 시간이 지난 후 보니 밀폐된 플라스크에서는 구더기가 생기지 않았으나 개방된 플라스크에서는 구더기가 생긴 것을 보고 생명체는 스스로 생길 수 없다는 주장을 처음으로 하였다. 그러나 자연발생설이 보편화되어 있던 당시 사회에서 그의 주장에 귀를 기울여 주는 사람은 아무도 없었다.

17세기 후반에 현미경이 발명되면서 생명체에 대한 연구가 활발해지기 시작함에 따라 영국의 박물학자 니담(John Needham)과 프랑스 과학자 버폰(George Buffon)은 1748년 자연발생설을 다시 인정하였으나 이탈리아 생물학자 스팔란자니(Lazzara Spallanzane)와 독일의 생리학자 슈반(Theodor Schwann)은 1768년과 1836년 각각 자연발생설을 부인하였다.

그러나 이 자연발생설이 결정적으로 잘못되었다고 주장한 사람은 프랑스의 화학자 파스퇴르(Louis Pasteur)였다. 1864년 그는 생물은 생물에서만 발생할 수 있다는 생물 속생설(Biogenesis)을 주장하여 생명의 기원에 대한 탐구의 첫 발을 디디게 되었다.

19세기에 들어서면서 생명의 기원을 우주에서 찾으려는 시도가 있었다. 생명의 씨앗이 지구가 아닌 우주에서 우주포자(Panspermia)로 유입된 것이라는 배종설(Cosmozoa Theory)을 리히터(Richter), 아레니우스(S. Arrhenius)등이 주장하게 되었다.

이 이론은 우주포자라면 그것이 우주 내 방사선과 우주선으로 인하여 생존이 불가할 뿐만 아니라 그 근원물질은 또 어디서 왔는가 하는 질문에 대답할 수가 없어서 받아들여지지 못했다.

생명창조는 역사적으로 단 한 번 있었던 사건이다. 이런 사건은 반복과 검증으로 풀어야 하는 과학으로는 설명되지 않는다. 그런 생명의 창조를 진화론이라는 유사과학으로 해석하려는 시도가 지금까지 계속되고 있는 것은 생명을 하나의 물성이라고 전제하기 때문이다.

아주 단순한 생명체인 대장균의 DNA염기쌍은 약 400만 개로 이를 늘이면 길이가 약 1mm가 된다고 한다. 인간의 DNA염기쌍을 모두 늘이면 2×1,014km로 지구와 태양 간을 수백 번 왕복할 수 있는 길이가 된다. 그래서 인간의 DNA염기쌍 길이는 대장균의 그것에 비해 10의 17

승 배가 된다. 아무리 진화에 진화를 거듭한다고 해도 이는 너무 과장된 이야기이다.

그래서 생명의 기원을 진화론에서 찾는다는 것은 무리다. 역사적으로 단 한 번 있었던 창조사건을 인정하는 방법 외에 어떤 이론과 학설을 내세운다고 하더라도 이치에 맞지 않을 뿐 아니라 진실에서 점점 멀어지게 된다.

과학과 신앙의 경계

나는 현장에서 1,000명 이상의 근로자들과 오랫동안 함께 생활했었지만 어느 누구도 나에게 진지하게 전도하려고 시도했던 사람이 없었다. 간혹 지나치는 말로 권유하는 사람들은 있었으나 그 때마다 나의 강력한 반격에 번번이 물러서곤 하였다.

그들의 눈에는 내가 철저한 과학으로 무장되어 있어서 아무리 설명을 해도 받아들일 사람이 아닐 것이라는 선입관이 있었을 것이다. 또한 내가 그들의 설득을 받아들일 준비가 전혀 되어 있지 않았다는 하나님의 판단이 있었을 것으로 생각된다.

현대의 많은 과학자들은 자신이 연구한 분야 이외의 분야에 대해서는 언급하기를 주저한다. 마찬가지로 남이 자신의 영역을 침범하는 데에도 관대하지 못하다. 더욱이 과학 이외의 영역에 대해서는 아예 담을 쌓고 마는 편협함을 가지고 있는 것이 일반적인 모습이다. 그래서 과학자들에게 신앙을 이야기한다는 것은 우물가에서 숭늉을 찾는 것만큼이나 어려운 일이다.

과학을 공부한 사람 중 어떤 부류의 사람들은 과학만이 합리적이고, 과학만이 진리를 밝히며, 다른 모든 것은 신념과 의견에 불과하다고 말한다. 그러나 과학이 진리의 유일한 원천이라는 말은 자기모순적인 가정이다. 과학적 지식이 다른 지식들보다 반드시 앞선다고 할 수 없다.

과학은 우리에게 많은 참된 것을 가르쳐 주는데, 그 근원은 하나님을 가리키고 있다는 점이다. 과학적 증거는 실제로 유신론에 대한 믿음을 뒷받침한다. 지난 50년 동안 폭넓은 과학 분야에서 밝혀진 증거들은 유신론의 확고한 논거를 제공해 주고 있다. 유신론만이 이 모든 증거들에 대해 지적으로 만족할 만한 인과적 설명을 제공할 수 있다는 의미이다.

최근 150여 년간, 많은 과학적 진보가 있었지만 이에 비례하여 실증적인 과학에만 매달리지 않고 무한하고 전능한 존재를 인식하기 시작하는 과학자가 점차 늘어나고 있다.

철저하게 자신의 이론만을 주장하다가 늘그막에 하나님을 영접한 과학자가 있다. 미국의 천체물리학자 샌디지(Allen Sendidge)는 전설적인 천문학자 허블(Adwin Hurbble)의 제자로 우주의 준항성(Quasar)과 구상성단(Globular Cluster)의 성인을 규명한 석학이었다. 그는 나이 50을 넘어 하나님을 알고 "물질, 시간, 공간과 에너지의 갑작스런 출현은 태초에 어떤 초월적 존재가 있었음을 증명한다."라며 창조론을 선택했다.

샌디지 이외에, 하버드의 저명한 천체물리학자 깅그리치(Owen

Gingretch)도 빅뱅이 유신론적 세계관에 가장 잘 들어맞는다고 결론을 내렸으며, 샌프란시스코 주립대학의 생화학자인 케니언도 과거에 자연주의적인 시각으로 저술한 자기 책의 결론을 부정하고, 세포 분자의 엄청난 복잡성과 정보를 포함하는 DNA의 특성들은 생명의 설계자를 대변하는 증거라고 믿게 되었다고 선언했다.

과학이 진보하면 할수록 하나님 편에 서는 과학자들이 늘어나는 데는 그럴만한 까닭이 있다. 우주를 연구하는 천체물리학자는 우주의 시작을 창조주에게 돌릴 수밖에 없으며 우주의 미세조정은 그 조정자가 주관하는 것이라고 결론지을 수밖에 없게 되는 것이다.

유전공학자는 유전자의 신비스러운 조직을 보고 그 설계자를 인정하지 않을 수 없으며 생물학자는 생물들의 신비한 작동에 감탄하여 그 창조자의 실재를 알게 되었고 지질학자는 캄브리아기 지층에서 급작스러운 화석의 발견으로 지구 격변설을 생각하게 되었다. 많은 창조의 증거들이 있음에도 이를 받아들이려 하지 않는 기존의 과학자들은 아직 그 신비의 증거에 접하지 않았거나 고정된 인식의 담을 너무 높이 쌓고 있기 때문일 것이다.

우주론, 물리학, 생물학의 증거를 살펴볼 때, 유신론이 훨씬 더 폭넓고 놀라운 설명력을 가졌다는 것을 알게 된다. 하나님의 존재는 자연주의나 범신론 등 주요 경쟁세력을 포함한 다른 어떤 세계관보다 더 간단하고, 적절하고, 포괄적으로 폭넓은 증거들을 설명한다. 그리고 유신론을 보강하고 보충하는 증거들은 지금도 계속 발견되고 있다.

그렇기 때문에 과학과 신앙은 적대관계가 될 수 없다. 과학적 증거와 성경의 가르침을 바르게 해석하고 적용한다면 과학은 더욱 발전할 것이며 성경은 그 터전을 마련해 줄 것이다.

성경 속의 인체 비밀

우리 인체는 영원한 미지의 세계이다. 창세 이래로 인간들은 자신의 몸에 대하여 이해하려고 수많은 노력을 경주해 왔고 앞으로도 영원히 노력할 것이다.

그러나 지금까지 알려진 것은 그 실체의 극히 일부분밖에 없으며 나머지 부분에 대하여는 인간들이 노력하는 만큼 미지의 영역이 커질 것임이 분명하다. 이는 하나님의 손수 지으신 생명체에 대하여 인간이 알아낼 수 있는 영역이 지극히 제한되어 있기 때문이다.

하나님께서는 인체에 대하여 성경 곳곳에 그 비밀의 실마리를 주고, 인간들이 이를 통하여 하나님의 크신 경륜을 알게 하시고 있다. 다시 말하여 인간들에게 그 비밀을 캐내어 알게 하려고 하신 것이 아니라 그 비밀을 통하여 하나님의 영역을 인간들에게 알려 주고자 하신 것이다.

과학자들은 인간게놈프로젝트를 통하여 DNA의 실체를 푸는 열쇠를 알아냈다고 법석을 떨었다. 현재까지 해독된 DNA의 유전정보는 대략 10억 개 정도로 보고 있다. 이는 전체 유전자 정보의 약 3%에 해당되는 수치일 뿐이다. 그럼에도 인간들은 '생명의 비밀상자'로 불리는 DNA 해독과 관련, 과학자들이 신비의 영역인 생명의 베일을 벗길 수 있을 것으로 기대하고 있다.

이런 최근의 과학적 개가를 성경에서는 어떻게 적고 있을까?

"하나님을 알만한 것이 그들 속에 보임이라 하나님께서 이를 그들에게 보임이라"(롬 1:19).

언뜻 보기에는 별 의미가 없는, 지나치기 쉬운 말씀으로 보이나 여기에 큰 비밀의 열쇠가 있다. '하나님을 알만한 것' 그것은 그분만이 설계하실 수 있고 운영하실 수 있는 인간의 기본구조인 DNA를 이르는 것이고 이 DNA가 있는 곳이 세포핵이기 때문에 '그들 속' 이라는 것은 세포핵을 이르는 것임이 명백하다.

여기서 DNA는 인간이 성장하면서 생긴 것이 아니라 생명을 창조하는 그때에 이미 인체에 입력되었음을 알 수 있는 말씀이 바로 이어지고 있다.

"창세로부터 그의 보이지 아니하는 것들 곧 그의 영원하신 능력과 신성이 그가 만드신 만물에 분명히 보여 알려졌나니 그러므로 그들이 핑계하지 못할지니라"(롬 1:20).

'보이지 아니하는 것들' 은 그분의 능력과 신성을 함축하고 있는 것으로 결국에는 인간들이 이를 알았을 때에는 그분의 창조역사를 부인할 수 없다는 사실을 미리 예고하고 있는 구절이다.

이것뿐만이 아니다. DNA는 핵산의 구성물질이지만 어떻게 이 물질이 생명의 정보를 전달하는 살아 있는 유기체로 역할을 하고 있는가 하는 의문을 현대과학은 풀지 못하고 있다. 과학이 어물거리고 있는 동안 성서는 이미 3,400년 전에 이에 대한 대답을 명쾌하게 제시해 주었다.

"여호와 하나님이 땅의 흙으로 사람을 지으시고 생기를 그 코에 불어넣으시니 사람이 생령이 된지라"(창 2:7).

외부에서 누구에 의해 생기를 공급받지 않고서 그 물체가 살아날 수 없는 것은 당연한 일이다. 그 일을 하나님이 하셨음을 성경은 분명히 밝히고 있다. 생령(living being)은 이렇게 하여 생겨난 것이다.

미리 치밀한 설계에 의해 조합되어 있던 인체는 생기를 얻자 곧 움직이기 시작하였다. 그 설계란 어떤 것일까? 간단한 예를 들어보자. 인체는 50조 개의 세포로 이루어져 있으며 몸속의 피는 심장에서 나와 다시 심장으로 돌아오는데 하루 1,000번 이상 반복작용을 계속하고 있으며 이 피를 운반하는 혈관의 길이는 지구를 두 바퀴 반이나 도는 길이에 해당하는 9만 6,000㎞이다. 숨을 쉬는 폐는 3억 개의 폐포로 구성되어 있어 이를 다 펴 보면 20평 아파트 크기에 해당한다.

유전자 덩어리인 DNA를 펴 놓으면 지구에서 태양까지 열 번 정도 왕복할 수 있는 길이가 된다. 더욱 오묘하게 만들어진 눈을 한번 보자. 눈의 바깥부분인 각막으로 빛이 들어오면 빛은 양을 조절하는 홍체로 가고 수정체를 통해 망막에 전달된 후 다시 대뇌로 가게 되는데 망막에는 흑백필름과 같은 역할을 하는 간상세포가 1억 3,000만 개나 있고 이 세포들은 1W보다 100조 배나 더 약한 빛까지 알아볼 수 있다. 컬러필름과 같은 역할을 하는 추상세포도 700만 개 정도 있어서 사람의 눈은 다양한 색깔을 즉시 알아 볼 수 있게 구성되어 있다. 이러한 신비가 어떠한 설계 없이 가능하다고 누가 단언할 수 있을까?

성서에 나타나고 있는 생명의 신비에 대한 언급은 이와 같이 현대 과학과 의학의 허를 찌르고 있다.

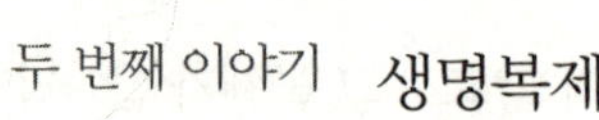

생명복제란 무엇인가

얼마 전, 미국의 마이클 베이 감독의 "아일랜드"라는 영화가 우리의 미래사회를 그린 작품으로 주목을 받은 바 있다. 일단의 인간그룹이 자신들이 기존의 인간들을 위하여 복제된 인간임을 알고 대탈출을 시도한다는 내용이었다. 사실 이런 예측은 지금의 과학 발달 속도로 보아 멀지 않아 우리 눈에 나타날 수 있는 현실일 수도 있다는 데 섬뜩해지지 않을 수 없다.

인류문명이 발달함에 따라 과학의 영역이 자연에서 인간으로까지 넓혀지고 있는 것은 너무나 당연한 순서라고 할 수 있다. 그러나 인간은 하나님의 최고 걸작품을 파악하고 검증함으로써 하나님의 경륜을 이해하고 경배하는 것에서 멈추지 않고 그 하나님과 같이 되려고 한다.(창 3:5) 이처럼 파멸의 끝 모를 벼랑으로 달려가고 있는 것이 현대 과학의 모습이다.

인류의 유익을 앞세워 달려온 현대 과학은 식물은 말할 것도 없고 동물이나 심지어는 자신을 닮은 인간을 인간의 손으로 만들어 이를 이용하려는 데에까지 이르고 말았다. 이런 맥락에서 나온 것이 생명복제이다.

생명복제란 유전적으로 동일한 생물체를 비정상적인 무성생식 방법으로 탄생시키는 것을 말한다. 1996년 영국에서 처음 복제 양 '돌리'의 성공으로 과학자들은 여러 동물들에 대한 복제 실험을 시도하여 지금까지 포유류 11종 어류 1종 등 도합 12종을 복제한 바 있다. 13번째로 한국의 황우석 교수팀이 가장 복제가 어렵다고 하는 개를 복제했다고 하여 우수한 종자의 복제를 통해 인간에게 많은 유익을 줄 것이라고 믿게 되었다.

이를 바탕으로 인간도 하나님처럼 창조할 수 있는 능력을 가질 수 있다고 믿는 사람들이 많아지게 되었다. 생명이 탄생되기 위해서는 정자와 난자가 결합해 수정란이 되는 과정이 반드시 필요하다. 그러나 사람들은 생명복제 기술을 생명을 창조하는 기술이 아니라 생명이 될 수 있는 세포를 만드는 수정란 복제기술이라고 생각하기 때문에 생명 탄생의 정상적인 과정을 임의대로 해석해 버리고 있다.

사실 생명의 시작은 여성이 잉태함으로 시작된다고 할 수 있으며 이 잉태는 히브리어로 '야함'이라고 하여 남녀간의 성교를 의미하고 있음을 볼 때 난자와 정자가 만나는 시점을 그 시작으로 보아야 할 것이다.

생명복제 기술은 정자와 난자가 합쳐져 완전한 수정란이 되는 대신 난자에서 핵을 제거하고 일반 세포의 핵을 넣는 '핵 치환 기술'로 수정란을 만드는 것을 말한다. 이렇게 만들어진 수정란을 자궁에 이식하여 성장시키면 새로운 생명이 탄생하는 것이다. 인간의 시도가 여기에까지 미치고 있는 것은 하늘까지 닿는 바벨탑을 쌓으려는(창 11:3) 인간의 끝없는 욕망에서 기인한다.

낙태와 인공수정 임신을 아무런 죄책감 없이 시술하고 있는 현재의 상황으로 볼 때, 동물에서 시작된 생명복제가 인간복제로 가지 않는다는 보장은 없다.

어떤 인간도 미리 다른 사람의 의도에 의해 결정되어 태어날 수 없으며 다른 사람의 인생을 대신 살아줄 수 없다는 것은 하나님의 창조질서이다. 다른 사람의 의도와 목적에 의해 생명이 이용될 수 없다는 사실을 인정한다면 생명복제는 어떤 경우에도 하나님이 원하시는 바가 아닐 것이다.

과학의 진보라는 이름으로 생명의 복제를 정당화하려는 것이 얼마나 위험한 유희인지를 인간들은 모르고 있다. 에덴동산에 아담과 이브를 살게 하셨지만 하나님으로부터 멀어지려고 하는 범죄 때문에 영원토록 인간은 하나님의 계명에 의지하고 살아야 하는 숙명적인 존재(창 3:19)일 수밖에 없다.

성경은 인간 생명의 기원이 하나님만의 특별한 영역이라고 하고 있다. 그것은 그 분만이 볼 수 없는 존재를 볼 수 있으시며 접근할 수 없는 부분도 꿰뚫어 보시며 존재의 모든 영역의 주인으로서 역사하시는 분이기 때문이다. 이를 망각할 때 그 하나님의 진노는 우리가 상상할 수 없는 데까지 이를 것임을 기억해야 할 것이다.

배아줄기세포는 물질인가

복제 배아줄기세포(Stem Cell)란 기증된 난자에서 핵을 제거하고 대신 환자의 세포핵을 난자에 넣어 일정기간 자라게 한 후, 세포분열로 세포가 많아졌을 때 실험실에서 그 하나를 배양해 낸 세포를 말한다. 이 세포는 환자의 몸에 다시 착상시킬 경우 모든 장기나 인체조직으로 분화할 수 있는 능력이 있어 만능세포라고도 한다. 그렇기 때문에 이 만능세포를 환자의 환부 대신 여성의 자궁에 착상시키면 새로운 인간이 탄생할 수 있다는 것이다.

배아줄기세포를 수립하는 과정은 몇 가지 어려운 단계를 거쳐야 가능한 것으로 알려져 있다. 먼저 핵 치환에 의한 체세포를 복제한 후 이를 세포분열을 통하여 배반포단계로 배양하여야 하고 이로부터 분리한 내부 세포 덩어리로 줄기세포 집합체를 배양한 후, 이 세포의 집합체에서 줄기 세포주를 수립하는 과정을 거치게 된다. 이렇게 수립된 줄기세포가 테라토마(Teratoma: 기형암) 확인, DNA검사 그리고 조직적합성 검사를 통하여 줄기세포주임이 최종 확인되는 것이다.

현재 이 분야에서 첨단 기술을 가지고 있는 한국의 생명공학 과학자들은 착상한 지 14일이 되는 시점부터 배아를 생명체로 인정하지만 14일 이내의 배아는 물질로 간주하여 어떤 인위적인 실험을 해도 윤리적·도덕적으로 문제가 없다고 하는 입장이다.

과거에는 생명체를 출산일로부터 계산하는 관행이 있어왔으나 과학의 진보에 따라 뇌파가 반응하는 3-4개월 이후부터라고 하다가 이제 수정 후 14일로 당겨진 것은 그나마 많이 진보한 것임에 틀림없다.

그 이유는 세포분열로 만들어지는 원시선이 이때부터 나타나기 때문이다. 그러나 이 원시선은 수정이 되는 시점부터 시작된 현상이 그때 나타난 것이지 14일이 되어서 갑자기 나타난 현상이 아니라는 데 유념할 필요가 있다.

생명의 시작은 생물학적으로 볼 때 외부로부터 자양분의 공급이 이루어져 자기복제와 단백질의 형성이 시작되는 시점인 수정란부터라고 보는 것이 타당하다. 그것은 수정란부터 모든 세포분열이 시작되기 때문이다.

성경에도 여러 곳에도 수정란으로부터 영혼의 실체를 인정하는 언급이 있다. "모태에서 너를 지은 나 여호와"(사 44:24), "내가 너를 모태에 짓기 전에 너를 알았고"(렘 1:5), "어머니가 죄 중에서 나를 잉태하였나이다"(시 51:5) 그리고 "주께서 내 내장을 지으시며 나의 모태에서 나를 만드셨나이다"(시 139:13)라고 표현한 것은 수정란 단계에서부터 영혼이 깃든 한 생명체임을 분명히 하고 있음을 알 수 있다.

14일이라는 시간적 관념은 문화가 다르거나 시대 상황이 바뀌면 쉽게 무너질 수 있는 인간적인 합의이다. 생명은 그 형질을 이루기 전에 이미 하나님이 보고 계셨으며 주의 책에 다 기록되어 있는 것(시 139:16)이다.

인간의 생명은 수정 순간부터 호흡이 멈추어 영이 떠나는 순간까지 똑같은 생명으로 보아야 하는 것이 성경의 가르침이다. 장기가 형성되지 않는 상태라고 해서 인간이 아니라고 한다면 갓 태어난 유아는 미성숙해서 인간이 아니고 8살 여아는 난자를 생성하지 못해 미성숙 여성이며 치매 걸린 노인은 폐기처분 해야할 물건으로 취급될 수 있다는 논리로까지 발전할 수 있다.

이러한 생명에 대한 인위적인 설정이나 가정은 모두 하나의 전제로부터 출발한다. 사후에 창조주를 보지 않을 것이라는 가정이다. 현대인이 창조주가 없다고 주장하는 일은 살아 있는 사람의 고통을 덜어주고 생명을 연장한다고 하는 인간적 명분을 우선시하는 가치관이다. 그러나 인간은 죽어서 반드시 심판을 받는 존재(히 9:27)라는 점을 모르고 하는 일이다. 사람들은 그 심판 때에 당할 일을 상상할 능력이 없기 때문이다.

배아줄기세포 연구에 문제는 없는가

'세계 배아줄기세포 허브'라고 하는 다소 생소한 기구가 한국에 설치된 것은 황우석 교수가 세계적인 생명공학의 기수로 주가를 한창 올리고 있을 때의 일이다. 한국은 말할 것도 없고 세계 유수의 관련 과학자들이 총 집합되어 구성된 이 기구의 책임자로 그가 선발된 것은 너무 당연한 일이었다.

자원이 없는 한국으로서는 전자분야(IT)와 생명공학분야(BT), 미세분야(NT) 등 첨단산업분야를 선점하는 것이 치열한 21세기의 무한 경쟁에서 살아남을 수 있는 유일한 방법이라고 여겨졌다. 거국적으로 그의 연구를 지지하였고 많은 사람들은 이러한 국가의 선택에 비판없이 공감하며 박수를 보냈던 것이다.

황우석 교수는 각계에서 몰려오는 지원금을 주체할 수 없게 되었고 국민적 관심이 한 곳으로 쏠리자 학문에 대한 진지함보다 장애자들에게 장밋빛 꿈을 던져주기에 여념이 없었다. 여기에 일부 종교계는 가히 무제한이라고 할 만한 지원을 약속함으로서 자기의 의도와는 상관없이 그는 하루아침에 국민의 영웅으로 올라서게 되었다.

그러던 그가 갑자기 과학자로서의 정직성을 의심받기 시작하면서 한국은 물론 전 세계 과학계의 지탄을 받았고 한국 과학계는 돌이킬 수 없는 오점을 남기게 되었다. 선수를 빼앗긴 세계 과학자들의 질시 그리고 한국의 독주를 막으려는 국가들의 견제가 이때를 호기로 삼은 것은 너무나 자명한 일이다.

그러나 배아줄기세포 연구는 무엇보다도 인체의 핵심조직이라고 할 수 있는 난자를 사용해야 하는 특성상 이에 따른 생명윤리 문제는 이들 과학적인 논쟁 이전에 반드시 짚고 넘어가야 할 과제라고 할 수 있다.

치료를 위하여 추출해 내는 모든 배아줄기세포는 난자에서 출발하고 있기 때문에 난자를 인위적으로 적출해 내는 행위부터가 잘못된 것이다. 현대의학은 난자에 이상이 생겼을 때에 한하여 그 치료를 위해 하나님이 허락하신 기술이지 그 난자를 적출해 내고 이를 다시 인간의 손으로 가공하는 기술까지 허락하지는 않으셨다.

뿐만 아니라 추출된 배아줄기세포 이외에 남겨진 세포는 모두 버리게 됨으로써 말 못하는 생명들을 죽이는 결과를 초래하게 된다. 생명은 존중되어야 한다는 명제가 여기서부터 출발하여야 하는 이유이다.

그리고 배아줄기세포가 성공적으로 이식이 되었다고 하더라도 그 이후에 발생할 수 있는 문제 또한 그리 만만치 않다는 점을 들 수 있다. 인간이 의도한 대로 세포가 자라지 않아 더 큰 장기문제를 야기할 수 있으며 이들 세포가 암으로 발전할 가능성을 배제할 수 없다는 점과 동물의 난자를 이용한 이종간 교잡을 했을 경우 그 동물이 가지고 있던 바이러스가 인간개체에 미치는 영향 등을 감안하면 소름이 끼칠 후유증을 안겨줄 수 있다.

아브라함은 100세에 아들 이삭을 얻을 때까지 아무런 시험관시술을 하지 않았어도 하나님이 바다의 모래같이, 하늘의 별과 같이 자손을 허락하셨음을 우리는 기억하여야 한다.

인간의 존엄성은 인간 생명체의 형태가 뚜렷해질수록 점차적으로 더욱 존귀하게 되는 것이 아니라, 인간 생명의 원초적 시작부터 존재한다고 보아야(시 36:9) 한다. 배아와 성인 사이에 본질적 차이가 없기 때문에 배아가 세포덩어리에 불과하다는 논리는 신생아도 지성이 없기 때문에 세포덩어리에 불과하다는 유물론적 사고로 확장될 가능성이 있으며, 또한 그러한 논리의 비약이 일어날 때에 이를 부정하기가 어려워진다.

그렇기 때문에 배아가 세포덩어리에 불과하다는 논리는 스스로 자신의 존엄성을 파괴시키는 위험한 생각이라고 하지 않을 수 없다. 자연의 만물이 모두 하나님의 피조물이기 때문에 하나도 그가 없이는 존재할 수 없다는 것(요 1:3)이 성경의 가르침이다. 경제적인 논리나 인간 생명의 연장이라는 명분을 내세워 행해지는 인체의 배아 실험은 그래서 하지 말아야 하고, 막아야 한다.

생명공학 분야에서 세계적인 스타로 발돋움했던 황우석 서울대 교수가 한국 미래의 희망이요 국보급 과학자로 되기까지 걸린 시간은 1년이 못 되었다. 그러던 그가 과학자로서는 치명적인 오류를 범하여 추락하기까지는 채 한 달도 걸리지 않았다.

2004년 개의 척추에 줄기세포를 주입하여 신경세포로 자라나는 모습을 본 대통령은 전기에 감전이라도 된 것처럼 흥분을 감추지 못하였다고 했으며 이를 지켜 본 척추손상 환자들은 자신도 다시 걸을 수 있다는 희망으로 환호성을 질렀었다. 그의 연구결과를 유일한 희망으로 살아 온 불치병 환자들의 집요한 요구와 이에 몰입하는 일반 국민정서가 제어할 수 없을 만큼 분위기가 고조되고 있을 때 그의 과학적 업적을 비판하거나 다른 의견을 낸다는 것은 온 국민의 뭇매를 각오하여야 할 만큼 용기가 필요한 일이었다.

그러나 그는 결국 추락하고 말았다. 과학적 오류는 말할 것도 없고 학자적 양심을 사회적 명성과 정치적 야망에 맡김으로써 돌이킬 수 없는 길로 들어서고 말았다.

그는 남의 아픈 곳을 치료하기 위하여 내 몸의 일부를 떼어 주어야 한다는 불교의 자비정신을 내세웠고 불교계는 그를 전폭적으로 지지하고 나섰다. 많은 국민들도 그의 인자한 웃음에 열화 같은 박수를 보냈다. 그러나 그의 연구는 시작부터 생명 경외심에서 벗어난 인본주의적인 발상으로부터 출발하였기에 문제를 안고 있었던 것이다.

수백 명이 넘는 여성으로부터 채취한 2,000여 개 이상의 난자에 체세포의 핵을 바꾸어 넣는 핵 치환 방식으로 수정란을 만드는 것은 시작부터 생명의 존엄성을 무시한 것이었다.

이러한 난자를 이용하여 만들어진 수정란은 수정된 지 3-5일 후 활발히 세포분열이 이루어지는 배반포기라는 단계에 이르면서, 분열된 세포들은 어떤 조직으로도 만들어질 수 있는 소위 만능세포가 된다. 그러나 배아줄기세포를 사용하기 위해서는 이미 만들어진 수정란을 반드시 파괴하여야 하고 추출된 배아줄기세포는 비로소 연구용으로 또는 치료용으로 사용하게 되는 것이다.

이렇게 과학의 진보에도 불구하고 우리가 박수를 칠 수 없는 이유는 생명의 경계를 아무런 자책 없이 넘었다는 데 있다. 이 경계는 사람들이 설정한 것이 아니라 그 생명을 주관하는 절대자가 설정해 놓은 경계이기에 더욱 그러하다.

생명의 인위적인 조작으로 시작한 그의 연구 성과는 이미 예상된 추락이었다. 황우석 교수가 줄기세포를 얻기 위하여 여성의 난자를 임의로 적출하고 이를 다시 인위적 수단으로 가공하고 파괴한 행위에는 목적이 정당하다고 하면 인간의 생명을 파괴해도 된다는 위험한 논리가 자리 잡고 있다.

여성으로부터 난자를 채취하는 일은 윤리적인 문제를 떠나서라도 의학적으로 많은 문제점을 가지고 있다. 한 달에 한 번씩 나타나는 배란기 난자로는 채취가 어려워 일정기간 대상여성에게 여성 호르몬을 투여한 후 생기는 10여 개의 난자를 대량으로 채취하는 것이다.

전신마취 후 가는 바늘로 찔러 난자를 채취하기 때문에 이상출혈과 불임이 있을 수 있으며 때로는 사망에 이르기까지 하는 어려운 과정을 거치게 된다.

여성의 난자는 생명을 담을 수 있는 원초적인 생명용기이다. 이것이 수정이 된다는 것은 생명이 이미 시작되었다는 것을 의미하며, 이는 아무도 훼손하거나 변형할 수 없는 존엄한 존재이다. 14일이라는 인위적인 기간을 설정하고 그 이전은 물질로 간주하여 인간의 의도에 따라 사용하는 것은 수명연장 또는 치료를 위하여 강한 인간이 약한 생명체를 죽이는 것으로 이는 강자의 논리만을 내세우는 인간의 오만함에서 연유한 것이다.

생명의 주인은 우리를 지으신(시 100:3) 하나님이다. 그 하나님은 인간의 장부를 먼저 지으시고 모태에서 발육하게 하셨으며 우리의 형질이 만들어지기 전에 이미 주의 책에 기록하셨음을(시 139:16) 기억하여야 한다. 그런 생명체를 우리 마음대로 취급할 수 있다는 권리를 하나님은 우리에게 주신 일이 없다. 전에도 없었고 지금도 없으며 앞으로도 영원히 없을 것이다.

세 번째 이야기   복제인간은 안 된다

배아줄기세포 연구를 지지하지 못하는 이유

인간은 처음부터 행복할 권리를 가지고 있고 추구할 권리까지도 부여받고 있기 때문에 살아 있는 동안 이를 위하여 부단하게 노력한다고 할 수 있다. 더욱이 육신에 고칠 수 없는 병을 가지고 있을 경우 인간의 능력이 허용하는 한 이를 해결하려고 해 왔으며 고도로 발달한 현대과학은 이에 그 힘을 보태고 있다.

최근 줄기세포연구 지지 세력은 날이 갈수록 그 세를 더해가고 있다. 심지어는 기독교인들마저도 그 내막을 정확히 알지 못하고 불치병 환자의 치료를 위해서 필요한 한 방법으로 여겨 이런 지지 세력에 동참하고 있는 실정이다. 인간의 생명을 천하보다 귀히 여기는(마 16:26) 생명경외사상이 기독교의 밑바탕에 깔려있기 때문이다. 그러나 이를 잘못 해석하여 자칫 생명경시사상으로 이어지는 예는 과거 기독교에서 흔히 저질렀던 일이었다. 이러한 오욕의 역사를 되풀이하지 않기 위하여 배아줄기세포 연구를 막아야 하는 것이 현대 기독교인들의 절대적 사명이라고 할 수 있다. 그 이유를 알아보자.

첫째, 수정 후 14일 이내의 배아도 엄연한 인간이라는 점이다. 난자가 착상 이후 3-5일이면 세포분열이 시작된다. 이는 배아와 태아, 신생아로 성장하면서 하나의 생명체로 되어 가는데 수정란에서부터 신생아까지의 모든 단계에 생명이라는 본질의 차이는 존재하지 않는다.

배아는 자연이 정한 순리대로 수정란에서 성장하였으며, 아직 시간이 얼마 지나지 않았기에 크기가 작고 형체가 불분명한 것일 뿐이다. 단순히 크기가 작고 형체가 불분명하다는 이유만으로 인간이 아니라고 판단하는 것은 옳지 않다.

둘째, 인간이 생명체의 경계를 임의로 설정할 수 없다는 점이다. 14일이라는 인위적인 기준을 정한다는 것은 당시의 과학적, 사회적 형편에 따라 이를 50일 또는 출산 직전까지로 바꿀 수 있다는 논리로 발전할 수 있으며, 아울러 인간의 존재기준을 임의대로 결정함으로 우등인간, 열등인간 또 장애인간 등 인간차별의 원인을 제공할 수 있다.

셋째, 인간은 어떠한 이유로도 실험대상이나 수단이 될 수 없다는 점이다. 배아는 수정란으로부터 성정한지 얼마 되지 않아서, 아직 크기가 작고 형체가 불분명한 것은 사실이지만, 그 자체가 생명인 것은 분명하다. 인간 배아 실험은 동의를 얻지도 않을 뿐더러 실험을 하는 과정에 부속 장기가 되든지, 혹은 해체되어서 생명을 상실하게 된다는 사실을 상기한다면 인간의 존엄성은 무너지게 되고 이는 인간 생명의 경시 풍조로 이어지게 된다.

넷째, 냉동 보관되어 있는 냉동배아도 실험의 대상이 될 수 없다는

점이다. 복제 배아줄기세포의 주 공급원으로 잉여 냉동배아를 꼽고 있
다. 사용 후 폐기될 배아를 사용한다는 편리함 때문이다. 그러나 냉동
배아는 정상적인 정자와 난자가 만나 생성된 생명체이기 때문에 역시
실험의 대상으로 할 수 없을 뿐만 아니라 폐기도 해서는 안 되는 것이
다. 어차피 폐기될 배아를 실험에 사용하자는 논리는 아프리카의 어린
이가 기아로 죽어가기 때문에 기왕 죽을 생명이라면 실험에 사용하자
는 주장과 다를 바가 없다. 이는 결국 인간의 생명경시사상의 발로이
며 유물론적 물질관에서 비롯된 결과이다.

다섯째, 배아줄기세포 연구는 인간복제로 이어질 가능성이 높다는
점이다. 인공수정시술이 처음 시도되었을 때 사람들은 생명윤리에 어
긋나는 행위라고 심한 반대를 하였으나 십수 년이 지난 지금은 불임시
술의 한 방편으로 보편화되어 있는 것을 볼 때 인간의 자제력은 가치
관의 변화에 따라 쉽게 달라질 수 있다. 불치병의 치료와 생명연장이
라는 명분 그리고 인간과 닮은 복제인간을 만들어 인간의 유익을 위하
여 사용해야 한다는 명분들이 생명 존중사상과의 경계는 종이 한 장의
차이일 뿐이다. 에덴동산에서 선악과를 따 먹었던 인간의 속성으로 보
아 배아줄기세포 연구를 허용할 경우 인간복제는 그 다음 수순이 될
것은 분명하다.

여섯째, 이종간 교잡은 인간의 정체성을 파괴시킨다는 점이다. 인
간의 손상된 장기를 만들기 위하여 돼지나 소와 같은 동물을 이용하여
그 장기를 성장시키는 실험을 하고 있다. 인간의 정자 또는 난자와 동
물의 정자 또는 난자를 결합시키는 이종간의 교잡은 인간을 동물의 수
준과 동일시함으로써 인간의 존엄성을 동물의 수준으로 격하시키는
행위이다. 이종간 교잡은 예상치 못한 유전적 질환이나 유해한 바이러

스로 인하여 생명에 치명적인 영향을 가져다 줄 수 있다. 이것은 생물을 종류대로 창조하신(창 1:24) 하나님의 섭리를 정면으로 부정하는 일이다.

배아줄기세포 연구, 대안은 있는가

배아줄기세포에 대한 기대가 온 나라를 뒤흔들고 있다. 한국뿐만 아니라 전 세계가 이 분야의 선두에 나서고자 각축을 벌이고 있다. 황우석교수가 국내에서 추락하고 있을 때 이 분야에서 앞서가고 있다고 자존심을 내세웠던 영국은 앞으로 2년간 1억 파운드(약 1,780억 원)를 투자하기로 했으며 2016년까지는 3억 5,000만 파운드(약 6,230억 원)의 투자를 계획하고 있고 미국의 켈리포니아 주만 해도 향후 10년간 30억 달러(약 3조 1,000억 원)라는 천문학적 규모의 자금을 투자하기로 결정했다고 한다.

이와 같이 세계가 이 분야에 관심을 가지고 투자를 서두르는 것은 미래의 무한한 잠재시장을 예상하기 때문이며 이 분야에서 뒤쳐지면 2등 국가로 전락하리라는 조바심 때문이다. 그러나 배아줄기세포 연구에 대해서는 생명윤리문제가 반드시 수반되기 때문에 윤리문제가 없는 성체줄기세포(Adult Stem Cell) 연구에 대한 관심이 점차 커지고 있다.

성체줄기세포란 제대혈(탯줄혈액)이나 성인의 골수, 혈액에서 추출한 미분화된 원시세포를 말한다. 이 세포는 배아가 아닌 다 자란 인체에서 세포를 얻기 때문에 성체줄기세포라고 한다. 시간이 지남에 따라 뼈나 간, 혈액 등을 만드는 세포로 분화되어 인체조직을 만들기 때문에 다기능 세포라고도 한다. 채취하는 목적에 따라 조혈모 줄기세포(Hematipoietic Stem Cell), 중간엽 줄기세포(Mesenchymal Stem Cell) 그리고 신경 줄기세포(Neural Stem Cell)로 구분하고 있다.

현재 성체줄기세포로 치료효과가 입증된 것은 백혈병에 대한 조혈모세포 이식으로, 나머지 치료법은 아직 임상실험 단계이다. 성체 줄기세포는 이미 다 자란 인체 조직에서 세포를 얻기 때문에 새 세포를 만들어 내는 증식 능력이 처음부터 시작하는 배아줄기세포보다 훨씬 떨어진다는 것이 한계다. 이것으로 고칠 질병은 신경질환, 심장병, 관절염 등 몇 개 분야에 그칠 것이라는 지적도 있지만 연구의 속도가 빨라 이런 문제는 앞으로 쉽게 해결될 전망이다.

배아줄기세포에 비하여 몸속에 소량밖에 없어 채취가 어려우며 치료용으로 타인의 세포를 이용할 경우 면역거부반응이 예상되는 등 문제점이 있으나 주변 조직으로의 분화력이 탁월하고 필요한 장기를 정확히 재생할 수 있기 때문에 연구의 진행에 따라 활용도가 확대될 수 있다.

우리나라에서는 이의 임상실험이 세계적 수준에까지 와 있으며 생명윤리 문제를 지적하고 있는 부시 행정부도 이 분야에 대해서는 200억 달러의 연방예산을 지원하기로 하고 있다. 특히 기독교계를 비롯한 종교계가 배아줄기세포 연구보다 이 성체 줄기세포 연구에 관심을 보이고 있는 것은 생명윤리 문제에서 자유롭다는 점 때문이다.

천주교에서는 이의 연구를 위하여 이미 100억 원을 지원하기로 하였으며 기독교계에서도 상당한 지원을 계획하고 있다고 한다. 그러나 인간적 자비정신으로 배아줄기세포 연구를 지원하고 있는 불교계에서는 성체줄기세포 연구만 고집하는 기독교계를 독선적 아집에 빠진 편협한 종교로 보고 있다.

윤리 논쟁

한국 생명공학의 기수라고 일컬어졌던 서울대 황우석 교수는 자신의 연구 성과에 대한 외부의 곱지 않은 시선에 대하여 기회가 있을 때마다 자신의 연구목적이 순수한 인간애에서 출발하고 있음을 강조한 바 있다.

현재 생명공학계에서도 동물복제에서 인간의 복제로 이어질 가능성에 대하여는 고도의 유전공학기술이 필요할 뿐만 아니라 유전적 결함 등을 들어 거의 불가능하다고 단언하면서 생명 윤리에 대한 외부의 공격을 차단하려고 하고 있다.

생명이라는 논쟁의 핵심은 비켜나가면서 인간적인 윤리문제로 국론이 분열되고 국가 전체가 불이익을 당하는 일은 바람직하지 않다. 논쟁은 인간적인 쟁점보다 근본적인 인간의 생명문제에 맞추어져야 한다.

그리고 그 생명문제는 어떤 생명이라 할지라도 하나님의 형상대로 지어진 존재이므로 경외감을 가지고 접근해야 한다. 그래서 인간의 생명을 구하는 일이 숭고하다고, 다른 생명을 희생시킬 수 있는 일이라면 그 행위는 이미 숭고하지 않는 일이 되는 것이다.

배아줄기세포 연구의 대상이 되는 줄기세포는 착상한 3-5일 후의 세포분열로 생성된 세포를 말한다. 이것은 이미 생명이 잉태된 수정란을 파괴함으로써 가능한 것이다.

모든 생명은 이렇게 작은 것으로부터 시작하는 것이다. 그러나 그 시작은 오래 전 즉 우리가 알지 못하던 그 때에 하나님이 지명하여 부르신 것(사 45:4)에서 기인한다. 이것이 생명윤리이며 하나님의 창조 섭리인 것이다. 보이지 않고 알지 못하던 그 때부터 예정하신 그 생명을 강자의 논리로 파괴하는 것에 대하여 우리는 심각히 생각해야 한다.

의사표시를 못하고 형태가 다 갖추어져 있지 않다고 죽은 생명일 수 없으며 일정기간 이전의 생명체는 생명체가 아니라고 하는 과학자들의 판단은 이를 물질로 간주하는 오류를 범하고 있는 것이다.

생명을 물질로 보는 물질관은 '저능아나 지진아는 쓸모가 없으니 실험대상으로 하여 보다 완전한 다른 사람을 위하여 사용할 수 있다'는 논리로 비약할 개연성이 높다. 여기에는 모든 면에서 부족한 생명체를 희생시켜 보다 완전한 생명체로 만들거나 그 수명을 연장함으로써 완전한 인간을 구현할 수 있다는 인본주의가 그 바탕에 깔려있음을 간과해서는 안 된다.

"나의 연구는 하늘을 감동시킬 것"이라고 호언했던 황우석 교수의 말은 그래서 인간을 감동시킬 수 있을지언정 하늘은 감동시킬 수 없다는 결론에 도달하게 된다.

지금 진행되고 있는 윤리적 논쟁은 본질을 두고 비본질적인 사안으로 맴돌고 있는 공론만 난무하는 행태이다. 이제 하나님을 믿는 백성들이 그 분의 형상인 생명을 다루고 있는 인간들에 대하여 '아니오.'라고 말할 수 있는 담대한 믿음이 어느 때보다 필요하다.

복제인간, 그 영혼의 문제

생명은 오로지 하나님으로부터 주어진다고 철석같이 믿어왔던 인류는 과학이라는 수단으로 그 밑동을 조금씩 허물더니 결국 그 생명을 넘보는 데까지 이르고 말았다. 생명이 귀하다고 하는 명분을 앞세워 그 생명을 죽이고 만드는 일을 합리화하는데, 겉모습만 보고 사람들은 고개를 끄덕이고 있는 셈이다.

생명을 물질로 보아 이를 조작하여 개량하고 심지어는 다른 모습으로 만드는 일에까지 이르게 된 현재의 과학은 슬금슬금 눈치를 보며 가고 있지만 언젠가는 옆도 돌아보지 않고 그 길로 갈 것은 과거의 예로 보아 확실한 행보이다.

1960년대, 낙태행위가 정당하다고 주장할 때만 해도 일부에서는 거센 반대가 있어 이를 내 놓고 시술하지 못했으나 지금은 의학적 지지를 기반으로 보편화되었다. 또 1980년대에 와서는 시험관아기의 출현을 놓고 한 때 생명의 존엄성을 논쟁거리로 하였으나 지금은 이를 입에 올리는 사람은 어리석은 사람으로 몰리기 일쑤일 만큼 세상이 변했다.

　현대과학은 인간의 복제는 아직은 멀었다고 말하고 있다. 돌연변이의 발생으로 장애자, 기형아 그리고 면역결핍 등이 발현할 수 있어 정상적인 생명유지가 어려울 것이라고 예상하고 있으며 체세포 제공자가 가지고 있던 각종 질병요인이 그대로 유전됨으로 수명이 단축될 것이고 특히 복제과정은 원자나 분자수준에서 극도로 민감하게 반응함으로서 가능하기 때문에 매우 어렵다는 것이다.

　실제로 생쥐의 체세포 복제의 성공률은 2% 내외이고 복제양 돌리도 434개의 난자를 사용하여 277번째에야 겨우 성공시킨 작품임을 감안한다면 인간복제는 그리 순탄하지는 않을 것이다.

　인간의 복제는 이론은 말할 것도 없고 시행하는데 여러 기술적 어려움을 모두 마친 이때에 나라마다 인간 생명의 존엄성이라는 주장 앞에 일시 몸을 사리고 있지만 멀지 않은 장래에 자기와 똑같은 사람들이 자신의 주위에서 활개 치며 살아갈 날이 멀지 않을 것이라는 추측은 어렵지 않게 할 수 있다.

　그 복제된 인간의 영혼은 어떤 모양일까 하는 것이 우리들의 초미의 관심사가 아닐 수 없다. 하나님의 뜻이 아니니까 영혼을 허락하지 않을 것이라는 주장도 있지만 세상의 죄악을 오래도록 보고 계시는 하나님의 속성상 어떤 형태로든 영혼이 스며들 것이라는 것이 보편적인 생각이다.

　영혼의 성립 시점에 대하여 많은 사람들이 다양한 의견을 내고 있으나 "주께서 내 내장을 지으시며 나의 모태에서 나를 만드"(시 139:13)신 그 때부터라고 보아야 할 것이다. 즉 수정되는 시점에 영혼이 스며

든다고 보면 될 것이다.

이러한 영혼을 가지고 태어난 복제인간은 우리가 예측하지 못한 분야에서 다양하고 새로운 문제를 야기할 수 있다는 점을 간과해서는 안 된다. 자신이 복제된 인간이라는 사실을 알게 된 시점에서 자신은 누구인가라고 하는 문제에서부터 자기를 만들게 한 체세포 제공자는 자기와 어떤 관계인가 하는 등 정체성 문제가 필연적으로 나타날 것이다.

그래서 복제인간은 개인의 가치를 떨어뜨리고 인간적인 삶의 존엄성을 훼손할 것이다. 복제인간은 인간을 공장에서 제작될 수 있는 것 또는 손으로 제작될 수 있는 것으로 여겨지게 함으로써, 개인의 가치나 존엄성을 훼손하는 결과를 낳는다는 것이다.

이렇게 인간 생명의 창조가 진실에서 떨어져 나옴으로써, 인간의 생명과 그것의 자연적인 창조를 바라보면서 느끼는 경이로움도 없어지게 될 것이다.

복제인간은 상업적 이익을 얻을 목적으로 사용될 수도 있다. 복제인간들에 서로 다른 가격이 매겨지고, 그들을 매매되는 대상으로 취급함으로써, 그들이 소유한 평등한 도덕가치와 존엄성을 근본적으로 침해하는 행위가 될 수도 있다.

나아가 복제인간은 정부나 다른 집단에 의해 비도덕적·착취적 목적으로 사용될 수 있다. 이는 오직 타인의 이익을 위한 수단으로 착취하는 것이며, 복제인간이 완전한 도덕적 개인으로서 지니고 있는 도덕적 가치와 존엄성을 인정받지 못하는 결과가 되는 것이다.

생명은 오로지 하나님의 주관 사항이다. 인간이 유익을 위해 그 영역을 침해당하신 하나님의 노여움은 인간들이 예측할 수 없다. 예측을 못하기 때문에 불을 보고 달려드는 부나비처럼 살아가는 인간은 스스로 그 명을 재촉하고 있는 것이다.

사람들은 자신이 영원히 살 수 있는 것처럼 생각하며 살고 있다. 병이 나서 병원에 가는 일이나 자동차 사고로 부상을 당하는 일에 대해서는 신경을 곤두세우면서도 언젠가 닥쳐올 죽음에 대해서는 조금도 걱정하지 않는다.

그래서 비만에 대해 관심이 많고 혈압에 대해 노심초사한다. 건강식에 대하여는 누구나 일가견을 가지고 있으며 운동에 대해서는 모르는 것이 없다. 그렇지만 결국 죽음 앞에서는 아무도 자유로울 수 없다. 그 앞에서는 엄숙한 현실만이 있게 마련이다. 살아 있을 동안에 하나님의 뜻에 맞추어 산 사람과 그렇지 않은 사람으로 나누어지며 이때 그 다음의 길이 정해지는 것이다.

하나님과 영원히 함께 사는 천국으로 가는 사람은 더 이상의 사망과 고통이 없지만 어둡고 아픔만이 끝없이 이어지는 지옥으로 가는 사람은 사랑했던 사람이 천국에서 노니는 모습을 보고 더욱 고통스러워하게 될 것이다.

성경은 인간의 원죄의식을 인정하고 이를 용서하시는 하나님의 사랑을 받아들이라고 하고 있다. 이 두 가지를 인정하는 것 그것이 신앙이다. 그렇지 않은 것을 죄라고 하며 이 죄를 다루는 방법에는 두 가지가 있다. 심판과 용서가 그것이다.

법과 질서라는 공의를 세우기 위하여 심판이 필요하다. 그러나 이 심판은 사람을 변화시키지 못하나 죄를 용서하면 사람이 변한다. 그렇기 때문에 그리스도의 십자가는 끝없는 용서의 상징이며 승리의 표상이 되는 것이다.

죄로 얼룩진 이 세상에서 하나님을 바라보면서 살지 않고 무작정 좀 더 살려고 애쓰는 일은 이 세상의 고통일 뿐만 아니라 저 세상에서는 더 큰 고통이다.

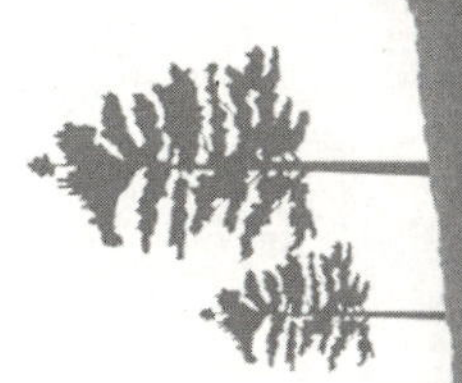

7부

하나님을 바라보면서

죽음이란 무엇인가

환갑을 넘긴지 몇 년이 지나면서 죽음을 두고 좀 더 심각하게 생각하게 되었고 그 죽음을 어떻게 아름답게 맞이할 것인가 하는 것이 요즘 나의 주된 관심사가 되어가고 있다. 특별히 연세 많으신 주위의 어른들이 타계하는 모습을 지켜보는 나의 시선은 그래서 예사롭지 않다.

세상의 많은 사람들이 죽음이 자신과 상관없다고 생각하며 살다가 어느 날 갑자기 닥친 죽음 앞에서 허둥댄다. 죽음을 당하는 모습을 보고 그 사람이 천국을 바라보고 준비하고 살았는지 준비하지 않고 살았는지를 알 수 있다고 한다.

생명이 있는 곳에는 반드시 그 끝이 있으며 이때 그 끝의 모습을 죽음이라고 정의할 수 있다. 그래서 죽음은 마지막과 마무리라는 의미로도 사용되고 있다. 의학적으로는 심장의 박동운동과 폐의 호흡운동이 멈춰 돌이킬 수 없는 상태로 변화하는 것을 말하며 심장박동이 중지될 경우 심장사로, 호흡이 중지될 경우를 폐사로 규정하고 있다. 최근에는 육체의 기능은 정상이나 뇌의 기능이 중지되는 경우를 뇌사로 따로 구분하기도 한다.

특별히 인간의 마지막에 대하여는 역사를 통하여 많은 관심을 두고 있으나 모두 피상적인 추측에서 멈추고 만다. 그것은 죽음 자체에 대한 의문보다도 그 이후에 대하여 분명하게 확인된 바가 없기 때문이다.

세상의 생을 마치고 가야 할 곳이 어디인지, 그곳이 어떤 곳인지 그리고 그 곳을 위하여 무엇을 해야 하는지 등에 대한 구체적인 답은 아무도 가르쳐 주지 못하기 때문에 사람들은 추측과 잘못된 경험으로 혼돈하고 있을 뿐이다.

그러나 성경에서는 죽음에 대하여 분명하고도 정확한 설명을 하고 있다. 즉 죽음은 혼과 영과 육신으로 구성된 인간의 생명이(히 4:12) 육신의 장막을 벗어 버리는 행위(고후 5:1)로 설명하고 있다.

하나님이 흙(땅)으로 형상을 만드시고 그 코에 생령(하늘)을 불어넣어 인간을 창조하셨다. 그렇게 만든 존재이기 때문에 인간이 살아간다는 것은 육신과 영혼이 동거하면서 시간을 이어가는 현상이다.

옛 우리 조상들도 인간의 죽음을 靈氣歸天(영기귀천)이요 魂氣歸地(예기)라고 하여 영혼의 실체를 인정하고 있다. 바울이 "차라리 세상을 떠나서 그리스도와 함께 있는 것이 더 좋은 일이라"(빌 1:23)라고 고백하고 있듯이 기독교인들은 죽음을 내세의 영생복락을 보장받는 것으로 여기고 있다.

성자 J. 번연은 "죽음은 인간 최후의 승리"라고 하며 현재의 연장(삶을 계속하는 일)은 오히려 "대망하고 있는 영생을 안타깝게 늦추고 있는 행위"라고까지 표현한다.

이러한 죽음은 누구에게나 반드시 닥치는 과정이라는 것을 사람들은 잘 인식하지 못하고 살아간다. 특히 젊은이일수록 죽음을 자신과 상관 없는 일로 여기고 있다. 휴가철이 다가올수록 도서관이나 서점에서는 여행관련 서적이 평소보다 30% 이상 더 팔린다는 통계가 있다. 예정된 여행지에 대하여 지명과 교통사정, 역사 그리고 여행코스를 익히는 것은 말할 것도 없고 사용할 화폐와 입국비자 등 미리 익혀야 할 일들이 한두 가지가 아닐 것이다.

그렇게 해도 목적지에 가면 빠트리고 온 것이 많이 있음을 우리는 자주 경험하게 된다. 그러나 이런 여행은 갈 수도 있고 가지 않을 수도 있는 선택사항인데 반하여 죽음은 누구에게나 어김없이 찾아오는 필수사항임을 감안할 때 사람들은 죽음에 대한 준비를 너무 소홀히 한다.

최근 간 질환으로 사망한 호주 최대의 갑부 K. 펙커(Kerry Packer)는 죽기 전 8분 동안의 임상적 죽음에서 깨어나 "좋은 소식은 그곳(저세상)에는 악마가 없다는 것이고 나쁜 소식은 그 곳에 천국이 없다는 것"이라고 하였다. 천국의 소망을 가지지 않는 사람들이 흔히 가지는 준비되지 않은 죽음의 한 단면을 보여주고 있다.

우리 주위에는 죽었다가 다시 살아난 사람들의 이야기가 심심치 않게 돌아다니고 있다. 그러나 그들이 다시 살아나서 그 때의 기억을 되살리는 경우는 흔치 않다. 이는 죽음의 상태에서는 아무것도 기억할 수 없기 때문이다.

죽음의 커튼을 열고 그 뒤편을 보려는 시도는 과거 수없이 많이 있었다. 죽음 저편에서 일어날 일에 대하여 알려고 하는 것은 인간본래의 호기심에서 기인한다. 그것은 죽음 이후의 세계에 대하여 아는 사람이 없기에 마음에 두려움을 가지고 있기 때문이다. 그래서 죽음이 코앞에 다가온 사람들은 죽음에 임하는 모습이 두 가지 부류로 나누어진다고 한다.

그 미지의 세계에 대한 두려움과 이웃과의 영원한 이별로 오는 심한 고독감을 피해 보려는 처절한 몸부림으로 고통스러워하는 사람과, 자신이 거쳐야 하는 마지막 운명적 과정으로 받아들여 다음 세계에 대한 동경으로 마음을 승화하면서 조용히 죽음을 감내하는 사람들로 나누어진다.

그 죽음의 커튼 뒤를 보고 왔다는 사람들이 있다. 우리는 영혼이 사후에도 존재한다는 사실에 동의하지만 죽음의 저편에서 보고 들었다는 것을 말하는 사람들에게 얼마나 믿을 만한 정보를 얻을 수 있을지 알아볼 필요가 있다.

먼저 무당이나 접신자(영매)를 통하여 죽은 사람과의 대화를 한다는 영교(Channeling)가 있다. 자유주의 신학자 파이크(James Pike)는 그의 저서 『저승』(*The Other Side*)에서 자신보다 일찍 죽은 동료신학자 틸리히(Paul Tillich)의 영혼과 대화한 내용을 적었다. 그는 영매가 들려준 친구의 독일어 사투리를 듣고 이내 알아봤다는 것이다.

성경에도 이런 예가 있다. 사울왕이 불레셋 군대와의 전쟁을 앞두고 신접한 무당 엔돌 여인에게 사무엘 선지자를 불러 오게 하여 그와 대화한 적(삼상 28:3-25)이 있다.

또 사후의 생에 대한 정보를 제공하는 방법으로 이 세상 이후의 세상에서 다른 모습으로 다시 태어난다는 환생(Reincarnation)사상도 사후세계를 볼 수 있는 방법으로 여기고 있다. 자신이 전혀 가 보지 않았던 곳의 기억을 되살리며 자신의 전생을 기억하는 사람들을 보고 전생의 존재를 확신하는 사람들이 의외로 많다.

이러한 일들은 저급한 영들(귀신)이 인간의 과거와 미래를 모두 알 수 있는 능력을 이용하여 광명의 천사로 위장하여(고후 11:14) 인간을 속이고 있는 현상일 뿐이다. 이런 귀신들은 이를 받아들이는 영매들과 교통하면서 조상이나 부모, 형제친지들의 과거와 미래를 모두 흉내 낼 수 있는 능력이 있기 때문에 인간들이 현혹되고 있는 것이다. 산 자를 위하여 죽은 자에게 구하는 이러한 일들은 환난과 흑암의 고통만이 뒤따른다고(사 8:19-22) 성경은 밝히고 있다.

그러나 무엇보다도 사후세계에 대한 모습을 가장 구체적으로 설명하는 것으로는 유사죽음(Near Death)을 들 수 있다. 임상적으로 일시 죽었다가 다시 소생했을 때 그들이 겪은 기억들에 대하여 무디(Raymond Moody)는 『삶 이후의 삶』(*Life After Life*)이라는 책에서 구체적으로 기록하고 있다.

이들의 기록은 대체로 일정한 패턴을 따라 진행되고 있지만 '심판이 없다' 든가 '모든 사람들이 다 구원을 받는다' 는 메시지를 던지고 있는 것은 사후세계의 경험들을 사탄이 간섭하여 왜곡한 결과이다. 인간을 가능한 한 하나님으로부터 멀어지게 하려는 그들의 흉계에 사람들은 쉽게 현혹되는 것이다.

이와 같이 인간이 사후세계에 대하여 직접 엿볼 수 있는 방법은 없다. 그러나 그곳을 갔다 온 사람이 있다. 바로 예수이다. 예수는 분명 죽었고 다시 부활하여 많은 사람들에게 나타나 전하는 말은 그래서 신뢰할 수밖에 없는 것이다. 그는 미리 영생의 삶을 준비하기도 할 뿐만 아니라(요 14:3) 그 세계의 모든 것을 주관하여 사망과 음부의 열쇠까지도 가지고 있는(계 1:18) 생명의 주관자이기 때문이다.

심판은 어떻게 이루어지는가

얼마 전, 나는 이해할 수 없는 한 꿈을 꾼 적이 있다. 많은 사람들이 심판을 받기 위하여 길게 줄을 섰는데 내 앞에 서 있는 사람은 평소 예수도 제대로 믿지 않고 교회생활도 성실히 하지 않는 한 친구집사가 있었다. 나는 마음속으로 그는 아마도 지옥판정이 날 것으로 생각하며 내 차례를 기다리고 있었다. 드디어 그의 차례가 와서 받은 심판이 천국행이었음을 보고 꿈에서도 깜짝 놀란 적이 있다.

나의 기대가 어긋나 실망과 정의롭지 못한 심판에 항의를 하다가 잠이 깬 뒤, 나는 인간의 심판은 하나님의 심판과 그 기준이 다르다는 것을 알게 되었다. 그 후 사람을 대할 때는 더욱 조심하는 버릇이 생겼다.

죽어서 하나님 앞에 선다는 사실을 알고 있는 사람들은 그 심판을 두려워한다. 그 두려움은 불신자들보다 오히려 기독교인들이 더 심하다. 불신자들은 그러한 심판이 있다는 사실 자체를 모르고 있기 때문에 두려워하지 않지만 기독교인들은 엄정하신 하나님 앞에서는 누구나 자신의 죄를 감출 수 없다는 사실을 알기 때문에 두려워하는 것이다.

인간이 죽어 심판에 이르는 것은 피할 수 없는 일(히 9:27)이지만 그 심판으로 한번의 기회마저 박탈하고 영원한 형벌을 준다는 것은 너무 지나친 일이라고 보는 시각들이 있다. 그러나 모든 사람들은 다 벌을 받을 만한 죄를 가지고 있는 것이 사실이다. 그 죄를 회개하지 않는 죄만큼 더 큰 죄는 없다고 하는 점(계 2:22)에서 하나님은 엄격하실 수밖에 없다는 점을 기억해야 한다.

그 심판은 먼저 죽은 자들이 자신의 생명책에 기록된 행위대로 이루어지게 된다.(계 20:12) 이는 누구든지 자신의 행위대로 구원을 받는다는 것을 의미하지 않는다. 구원은 행위에 따라 이루어지는 것이 아니라 전적으로 하나님의 선물이기 때문이다. 따라서 구원받지 못한 사람들에 대한 심판의 기준은 자신의 행위에 따라 이루어질 수밖에 없는 것이다.

예수를 알지 못하는 사람들은 그들의 양심에 따라 심판을 받을 것이나(롬 2:14-16) 누구도 양심에 따라 바르게 살지 못하기 때문에 반드시 구원을 받을 수 있다고 할 수 없다. 그렇기 때문에 이것이 구원을 받기 위하여 예수를 알아야 하는 주된 이유이다. 예수만이 구원을 받을 수 있는 유일한 통로이기(행 4:12) 때문이다.

다음으로 심판은 예수를 자신의 구원자로 인정하는가 아닌가에 따라 분류된다. 예수를 모르는 불신자이거나 알아도 자신의 구원자로 받아들이지 않는 믿음이 약한 사람들은 심판 때에 영원한 유죄가 되어 지옥으로 가게 된다. 예수의 긍휼을 느끼지 못한 사람들은 긍휼 없는 심판이 뒤따를 것이어서(약 2:13) 그 자체만으로도 죄로 분류되기 때문이다.

마지막으로 죄에 대한 하나님의 벌에 대하여 인간은 추측조차 하지 못한다는 점이다. 하나님은 분명 사랑이시며 긍휼이 크신 분인 것은 알고 있으나(엡 2:4) 그 깊이와 높이 그리고 넓이를 알지 못한다. 우리는 세상에서 수많은 사람들이 종류를 알 수 없는 불행으로 고통스러워하는 것을 보면서 하나님의 공의를 의심하기도 한다.

지진으로 수만 명이 한꺼번에 죽고 해일과 홍수로 한 지역이 휩쓸리는 참혹한 재해에도 불구하고 더 많은 사람들이 하나님을 찬양하면서 살게 하는 역사도 있음을 기억하여야 한다. 그 무한한 경륜을 인간은 가름조차 할 수 없는 것이 하나님의 심판기준인 것이다.

하나님의 심판은 정확하고 엄정하게 이루어진다. 사람의 일생을 분 단위, 초 단위로 분석되고 판단된다는 것을 알면 소름이 끼칠 정도이다. 모든 행동과 태도들 속에 숨겨진 생각과 동기까지 재연되며 이때에는 의지할 사람도, 변호해 줄 사람도 없을 뿐만 아니라 피할 방법이 없는 엄숙한 순간만이 있을 것이다.

아무도 하나님을 예단할 수 없다. 그분은 인간을 심판하기 위하여 우리에게 조언을 구하지 않는 완전한 분이시기 때문이다.

죽음 후의 모습

호주는 한국 이민의 역사가 미국에 비해 짧아 첫 세대라고 할 수 있는 분들이 이제 타계하고 있다. 교회의 연세 많으신 교우들이 하나 둘씩 우리 주위를 떠날 때는 남겨진 가족들과 함께 아픔을 겪게 된다. 그때마다 떠나가신 그분의 생전의 모습을 떠올리곤 하지만 내가 그 주인공이 되지 않았던 것에 안도하는 것도 사실이다.

남겨진 사람들은 마음속으로 명복을 빌면서 이내 일상의 생활로 돌아가서 그 분을 잊게 되지만 나는 이제 얼마 남지 않은 인생을 생각하고는 죽음이라는 사실이 먼 남의 이야기가 아니라는 사실을 조금씩 실감하게 된다.

누구나 다 죽는다는 사실을 인식하면서도 그 죽음 이후에는 어떤 삶이 있을까 하는 궁금해 한다. 여기서부터 신앙의 문제가 출발하게 된다.

죽음 이후의 일들에 대하여 언급하는 것은 불가능하다. 인간은 그곳을 다녀와서 정확하게 그곳의 모습을 설명할 수 없으며 설명할 수 있다고 하더라도 그것은 자신의 판단이랄 수 없고 또 인간의 언어로는 설명이 불가능하기 때문이다. 그래서 그 곳의 모습을 설명하기 위해서는 예수님의 설명에 전적으로 의지할 수밖에 없다.

스데반이 돌에 맞아 죽으며 "주 예수여 나의 영혼을 받으옵소서"(행 7:59)라고 했을 때 예수님이 그를 맞으러 와 계신 것을(행 7:55) 알 수 있듯이 믿는 자들은 예수님의 영접을 받게 된다. 죽음이라는 큰 사건을 맞으며 하늘이 무너지는 엄청난 경험을 하면서 육신은 장사되고 땅에 묻히게 되지만 그의 영혼은 여러 가지 모습으로 천국으로의 여행을 시작하게 된다.

죽음 후에는, 각자의 정신과 기억은 살아있을 때보다 더욱 분명해질 것이다. 부자가 죽어 거지 나사로를 쳐다보며 "내 형제가 다섯이 있으니"라고 하면서 그들을 자신이 있는 곳으로 오지 않게 해 달라고 부탁(눅 16:23-26)한 것으로 보아 생전의 의식을 그대로 유지하고 있음을 알 수 있다. 다만 죄를 짓고자 하는 인간적인 욕망은 더 이상 존재하지 않을 것이라고 생각할 수 있다.

또 죽음 후에는, 생전의 사랑했던 마음 역시 그대로 유지될 것이다. 천국에는 시집도 안 가고 장가도 안 가는 평등 성(性)의 상태이지만 부모, 형제의 관계는 이어질 것이고 이들과의 사랑 역시 그대로 존속할 것이다. 부자가 자신의 형제들에 대한 사랑이 없으면 그런 부탁도 하지 않았을 것이다. 다만 부자와 나사로 사이에 큰 구렁이(눅 16:26) 있기 때문에 그 사랑의 마음을 남겨진 유족들에게 전할 수 없을 뿐이다.

지식과 감정과 사랑과 정의에 대한 욕구들은 그대로 천국으로 이어진다. 우리의 인성 전체가 사후의 삶으로 그대로 옮겨 가는 것이다. 천국은 현생의 모습과 분명 다르지만 그곳에는 '진정한 나'가 있다는 것은 분명하다.

　그래서 죽음은 길의 끝이 아니다. 단지 길이 굽었을 뿐이다. 죽음을 통하여 믿는 자들은 한 곳을 떠나 다른 곳으로 가는 것이다. 슬퍼할 수 있으나 '소망 없는 사람들'과는 다르게 기뻐할 수 있다. 예수께서 "나 있는 곳에 너희도 있게 하리라"(요 14:3)라고 하신 그 약속을 믿기 때문이다.

생로병사와 안락사

　　나이가 들어가게 됨에 따라 사람들은 자신의 살아온 평생을 뒤돌아보는 시간을 자주 갖게 된다. 특히 인생의 큰 여울이라고 할 수 있는 이민을 겪으면서 그 이전과 이후가 많이 다른 환경에서 살아온 나로서는 자신의 정체성과 함께 앞으로 다가올 죽음에 대한 준비가 절실한 형편이다.

　　세상의 눈으로 보면 남들처럼 큰 돈을 벌지도 못했고 높은 지위도 가지지 못해서 죽은 후 나의 비석에 무엇이라고 써 넣을까 하고 주저한 적이 있었다. 다가오는 죽음이 조금씩 보이고 두려워 질 즈음, 나는 하나님을 만났고 그 분을 통하여 영생을 알고 난 다음에는 죽음에 대한 생각이 많이 달라졌다.

　　주의 종 된 사도 바울은 그가 순교하기 4년 전 빌립보교회 교인들에게 보낸 서신에서 '살든지 죽든지, 죽는 것도 유익함이라' 라고 하면서 죽음에 연연하지 않고 오히려 하나님의 품으로 가기를 원하고 있음(빌

1:20-21)을 보고 그의 사생관에 감탄한 적이 있다.

"생로병사(生老病死)의 비밀"이라는 텔레비전 프로가 인기가 있다. 모든 사람이 건강에 관심을 가지고 있다는 것을 텔레비전 방송국의 제작진이 재빨리 알아차리고 만들어낸 프로그램이다. 많은 사람들이 관심을 가지고 이 프로그램을 시청하고 있는 이유는 태어난 삶을(生) 늙지 않고(老) 병들지 않게 유지하여(病) 죽음을(死) 늦추어 보려는 욕심 때문일 것이다.

자신의 눈을 어디에 고정하는가에 따라 물체가 달리 보이듯이 죽음 역시 다양한 빛깔로 보일 수 있다. 죽음 이후를 모른다고 하는 눈을 가진 사람들은 그 죽음을 피해 보기 위하여 무슨 짓이든지 다 하려고 한다.

건강식품이 인기가 있고 운동시설이 성업 중이며 각종 웰빙 제품들이 불티나게 팔리는 것은 말할 것도 없고 자신의 무병장수를 위하여 출산을 거부하고 낙태와 대리모 출산 심지어는 안락사를 주장하는가 하면 자신들의 병 치료를 위해 인간복제를 시도하는 데에까지 이르고 말았다.

특히 안락사는 팽배해 가는 물질사회 속에서 자연스럽게 나타난 인본주의적 주장 중의 하나이다. 안락사의 영어 'Euthanasia'는 '좋은 죽음'이라는 합성어이다. 죽어가는 사람들에게 고통 없는 죽음을 허용하자는 뜻으로 시작된 안락사는 그 동기에 따라 다양하게 설명되고 있지만 그 핵심은 인간의 생명을 경제 논리에 맡기자는 내용에 지나지 않는다.

이곳 호주는 복지제도로는 세계 최고를 자랑하는 북유럽에 뒤지지 않을 만큼 선진화되어 있고 특히 노인복지제도는 세계 최고를 자랑할 만 하다. 그래서인지 대형 병원마다 노인환자로 병실은 만원이고 복지시설에는 노인들로 넘쳐나고 있다.

이들에게 투입되는 비용이 매해 천문학적으로 늘어나 정부에서는 다양한 정책이 연구되고 있으며 그 중에서도 가장 설득력을 얻고 있는 것이 안락사문제이다. 아직 내놓고 언급은 하지 않으나 언젠가는 수면 위로 떠오를 과제라고 할 수 있다.

생명은 하나님이 우리에게 허락하신 사명이다. 생명을 주실 때 그냥 세상에서 무의미하게 살다 오라고 하시지 않았다. 하늘나라의 소식을 전하는 사명을 수행하라는 지엄한 명령이라고 할 수 있다. 이런 명령을 눈으로 보고 깨닫기 위해서는 생명이 죽음에 의해 없어지는 존재가 아님을 알 때 그 명령을 따를 수 있게 된다.

생명은 또한 사랑의 결정체이다. 태어나서부터 무덤에 이르기까지 하나님은 그 생명을 한 순간도 놓치 않으신다. 하나님은 자신에게로 돌아옴으로서 영생이 있다는 사실을 알게 하기 위하여 그의 삶 전체를 주관해 주시고 결국에는 죽음이 또 다른 세계로의 새로운 출발임을 확신시켜 주시기 위하여 오래 참으시고 다 회개하기를(벧후 3:9) 기다리고 계신 것이다.

천국에는…

예수를 믿는 삶이라는 것은 세상에 살면서 천국에 소망을 두고 사는 삶이라고 할 수 있다. 예수께서 세상 사람들에게 천국복음을 전하시면서 세상에서 복을 받는 사람은 천국에 갈 수 있다고 하여 천국에 대한 소망을 구체적으로 알리고(마 13장) 있다. 그래서 예수를 믿는 사람들은 죽음이 가까이 올수록 그 천국에 대한 동경으로 죽음을 맞이하게 된다.

죽음이 임박한 사람이 마지막으로 희미하게나마 들을 수 있는 것은 의사가 죽음이 가까웠다는 말일 것이다. 임종이 가까웠을 때 가장 늦게 기능이 소멸하는 기관이 청각기관이기 때문에 그 소리를 들을 수 있으나 이를 부정할 만한 이유도 힘도 없이 그대로 듣고만 있어야 한다. 그리고 드디어 숨을 거두며 천국으로의 새로운 여행을 시작하게 된다.

천국은 하나님이 통치하시는 곳(계 19:6)이라 영원히 찬송과 예배가 이어지는 곳일 것이다. 그러나 그 행위들이 결코 반복되는 지루함이나 권태가 없고 하나님의 권능과 속성을 배우고 익히면서 충만한 기쁨으로 지내는 곳이 될 것이다.

이 천국에서는 이 세상에 있었던 것이 없는가 하면 없던 것이 있는 새로운 질서의 세계가 펼쳐질 것이다. 먼저 다시는 사망이 없을 것이다.(계 21:4) 그곳에서는 더 이상의 장례식이 없을 것이다. 세상에서 가장 두려워하는 죽음이 없기 때문에 영원한 평안이 넘치는 곳일 것이다.

그리고 다시는 바다도 없을 것이다.(계 21:1) 세상에서 바다는 만국 특히 하나님을 대적하는 무리를 의미한다. 그곳에서는 이러한 반역의 무리가 없기 때문에 민족과 민족의 갈등, 소요가 없는 평온한 곳일 것이다. 다시는 애통하는 것이 없을 것이다.(계 21:4) 수많은 사건과 사고로 얼룩져 있는 세상에는 이런 일들로 가슴을 치며 애통하는 사람들이 많다. 그러나 그곳에서는 방해받지 않는 기쁨과 조용함만이 넘쳐흐를 것이다.

다시는 곡하는 일도 없을 것이다.(계 7:17) 사랑하는 사람을 잃어 흘리는 눈물과 상처받은 마음으로 심령 깊은 곳에서 끓어오르는 오열을 하나님의 따뜻한 손이 눈물을 훔쳐주시는 곳이다. 하나님의 사랑과 공의가 이어지는 곳일 것이다. 다시는 아픈 것이 없을 것이다.(계 21:4) 질병과 사고로 병원에 실려와 치료를 받는 일이 없는 완전한 곳이다. 이곳에서는 죄가 모두 소멸되었기 때문에 그 결과로 얻어진 육신적 그리고 정신적 고통이 추방되어 모두가 영원히 무병장수하는 곳일 것이다.

다시는 성전이 없을 것이다.(계 21:22) 인간의 죄와 하나님의 진노가 있는 세상에서는 예배를 통한 회개를 위하여 성전이 필요하나 그곳에서는 하나님자신이 성전이기 때문에 회개할 성전이 필요 없는 곳이다. 예전의 예배형식은 사라지고 새로운 천지 새로운 질서가 있는 곳일 것이다.

다시는 해와 달이 없을 것이다.(계 21:23) 지구를 위하여 준비해 주신 해와 달이 필요 없는 곳이다. 이는 빛이신 하나님이 저희에게 직접 빛을 비춰시기 때문이다. 그곳에는 빛으로 충만한 곳일 것이다. 다시는 가증한 것이 없을 것이다.(계 21:27) 세상의 속된 것이나 우상 숭배

자, 가증한 일 그리고 거짓말하는 자는 들어오지 못하는 곳이다. 오직 어린 양의 생명책에 기록된 자들만 들어올 수 있는 선별된 곳일 것이다.

다시는 주리지도, 목마르지도, 뜨거운 기운도 없을 것이다.(계 7:16) 세상 사람들이 지고 있는 무거운 짐들이 영원히 사라질 것이다. 풍족한 물과 음식, 생명나무와 하늘낙원만이 있는 곳일 것이다. 그래서 그곳은 예수가 약속하신 대로 다 이루어지는 영원한 곳일 것이다.

지옥에는…

눈으로는 차마 볼 수 없는 잔인하고 고통스러우며 견디기 어려운 최악의 상태를 흔히 지옥이라고 표현한다. 현실세계에서 이런 특별한 상황으로는 자동차사고로 사람이 죽어가는 광경에서부터 지하철에 화재가 발생하여 모두 살려고 발버둥치는 모습 등을 표현할 때 쓰는 용어다.

1970년대 말, 근무하던 광산의 지하갱도에서 화재가 발생한 적이 있었다. 당시 나는 현장 책임자로 그 속에 갇힌 광부들의 안전을 확인하기 위하여 열기와 매연, 유황가스가 찬 좁은 갱도 약 100m를 기어서 통과한 적이 있었다.

방진 마스크를 착용하였으나 숨이 막히고 시야가 보이지 않아 시간이 지날수록 의식마저 희미해져가는 상황에서 살기 위해서 사력을 다해 기어서 나왔던 기억이었다. 암흑 속에서 유황성분이 가득 찬 화약

가스와 매연으로 숨은 점차 쉬기가 어려워지고 꺼져가는 의식 속에서도 살아야 한다는 생각만으로 사투를 한 그런 상태가 지옥이 아니었나 싶다.

신약성경에서는 지옥을 각각 다른 세 가지 단어로 사용하고 있다. 먼저 타르타루스(Tartarus), 즉 '어두운 구덩이' 라는 의미로 사용되고 있으며(벧후 2:4) 다음으로 게헤나(Gehenna)라는 단어로 구약의 '힌놈의 골짜기' 에서 유래한 통상적인 지옥을 의미하며(수 15:8) 마지막으로 헤이디즈(Hades)로 우리말의 '음부' 로 번역되는(마 11:23) 단어들이 있다.

결코 즐겁지 않은 이 지옥이라는 단어들에 대하여 성경은 구체적으로 그 모습을 설명하고 있지 않음에도 불구하고 중세 바티칸에서는 자의적인 묘사로 사람들을 현혹하는 우를 범한 적이 있다. 그러나 지옥에 대하여 예수님은 영원한 형벌이 있는 최종장소가 되는 곳으로 여러 곳에서 암시하고 있다.

지옥은 불을 연상한다. 불은 그냥 불이 아니라 유황이 뒤섞인 불가마를 뜻하고 있다. 이 불과 유황의 못에는 그치지 않는 고통이 있는 곳이다. 불과 고통은 단지 육신의 뜨거움에서 오는 고통만을 의미하는 것이 아니다. 그곳에서는 성취되지 못하고 만족을 얻지 못하는 정욕이 한없이 이어지고 고문을 당하는 양심은 결코 위로를 받거나 용서를 받지 못하는 고통이 더해지는 곳이다.

육신은 더욱 형편이 어렵다. 그 뜨거운 불 속에서 차라리 타서 없어지면 고통이 덜하리라고 육신의 소멸을 원해보지만 결코 없어지지 않는 육신으로 고통이 계속되는 곳이다. 이 곳에서는 사탄과 그의 마귀들도 사람들을 고통스럽게 할 수 있는 존재가 되지 못한다. 오히려 고통 받는 자들 속에서 함께 있어야 하는(계 20:10) 장소인 것이다.

지옥은 버려진 장소이다. 아무도 관심을 가져주지 않고 대화를 할 수 없는 고독한 장소이다. 부자가 아브라함 품에 안긴 나사로에게 자신의 형제들에게 자신의 형편을 알려달라고 사정을 하고 있으나(눅 16:28) 거절되고 있다. 아무도 돌아보지 않고 어떤 희망도 없는 곳이다.

영국의 설교가 스펄전(Charles Spurgeon)은 지옥에 있는 사람들을 이렇게 비유하였다. "지옥에 있는 사람들에게 최악의 상황이 있다면 그것은 천국에 있는 자신의 부인의 모습을 보는 것이다."

또 지옥은 영원한 장소이다. 영원이라는 시간은 어떤 것인가를 음미해 볼 필요가 있다. 100만 년 만에 한번씩 지구의 해변에 와서 모래 한 알을 입에 물고 20억 광년이나 더 걸리는 은하수까지 옮기는 것을 지구의 모든 해변의 모래를 다 옮길 때까지라고 하는 시간 정도일 것이다. 나사로에게 물 한 방울을 달라고 간청하는 그런 갈증이 영원히 계속되는 곳이다.

마지막으로 지옥은 쉽게 갈 수 있으나 영원히 나오지 못하는 곳이다. 지옥으로 가기가 쉽다는 것은 세상에 살 때 예수를 부인하는 것으로 충분하다. 예수라는 존재를 알고 있으나 그를 인정하지 않거나, 예수를 믿으나 구원의 확신이 없거나 아예 예수를 외면하는 일이 그것들이다. 그 지옥으로 일단 들어가기만 하면 영원히 나오지 못하는 그런 곳이 지옥이다.

하나님은 아직 세상에 있으면서 자신을 외면하는 사람들을 주시하고 있다. 그들에게 아들 예수 그리스도를 믿음으로 영생을 보장하게 하고 순종치 않는 자들에게는 진노가 있을 것임을(요 3:36) 경고하기 위해서이다.

죽음, 그 축복의 통로

사람들에게는 누구나 기억하고 싶지 않은 경험들이 있게 마련이다. 나 역시 직업상 다른 사람의 죽음을 비교적 많이 본 경험이 있어 다시 떠올리고 싶지 않은 광경들이 많이 있다. 광산은 지하에 갱도를 개설하고 광물을 채굴하는 특별한 장소라 위험도가 대단히 높은 곳이다. 이런 환경에서는 아무리 안전사고를 미연에 방지한다고 해도 일정비율의 사고는 피할 길이 없다. 발파 조작의 미숙으로 인한 사고를 비롯하여 추락사고와 낙반사고로 1년에도 수십 명의 사상자가 나게 마련이어서 그 뒷수습을 하느라고 많은 어려움을 겪은 적이 있다.

죽음은 에덴동산에서 아담과 이브가 하나님에게 불순종한 결과(창 2:17)로 얻어진 소산이었다. 비록 육신은 죽지 않았지만 하나님이 주신 영은 그로부터 죽어 남자는 땀을 흘려야 먹을 수 있었고(창 3:19) 여자는 해산의 고통(창 3:16)을 가지게 되었다.

그러나 그 원죄가 예수를 통하여 속죄 받음으로 우리가 세상에서 살수 있었고 육신이 죽어 그의 품속으로 갈 수 있다는 것은 대단한 축복이 아닐 수 없다. 살려야 할 것은 육신이 아니라 영이기(요 6:63) 때문이며 혈과 육은 하나님 나라를 유업으로 받을 수 없기(고전 15:50) 때문이다.

인간 내면에 자리 잡고 있는 그 고향을 거슬러 올라가면 하나님이 만들어 놓으신 곳에서 평화롭게 살았던 에덴에까지 이르게 된다. 고통과 슬픔이 없었던 곳, 온 동산을 마음대로 다니며 하나님과 온전히 교제하던 그 곳의 기억은 무의식의 형태로 인간의 내면에 면면히 이어져 오고 있는 것이다.

그래서 세상의 삶을 마치고 죽음에 이르러서는 가야할 그 곳을 떠올리게 되고 사람들은 죽는다는 현상을 그 옛날의 동산으로 '돌아가셨다'라고 표현하고 있는 것이다.

죽음에는 영의 죽음, 육신의 죽음으로 구분할 수 있다. 영의 죽음은 에덴동산에서 이미 죽었던 그 죽음이다. 그렇지만 사람들은 육신이 살아 있는 동안에는 영의 죽음에 대하여 그리 심각하지 않게 생각하는 경향이 있다.

이런 생각이 지나치면 동물들의 삶과 구별되지 않는 삶이 되어버리는 것이다. 대부분의 불신자들이 이에 속한다. 현재 육적인 관점을 가지고 살아가고 있으나 영혼세계에 대한 신령한 지식이 없기 때문에 살아서는 소망이 없으며 죽음 앞에 섰을 때 두려워 떠는 모습을 보이게 된다.

육신의 죽음은 형태만의 육신이 그 기능이 중지되어 굳어 부패되는 현상을 이른다. 대부분의 사람들은 죽음을 이 현상으로만 생각하여 분리되는 영혼을 도외시하기 때문에 죽음을 두려워하고 가능한 한 피하려고 한다.

그러나 신령한 영으로 일생을 보낸 사람들이 육신의 죽음을 맞이하는 모습은 아름답기까지 하다. 죽음에 이르러 죽음이후의 세계에 대한 동경과 기대로 육신의 죽음을 차분히 받아들이는 모습을 보이는 사람이 많다.

사도 바울은 죽음에 대하여 "만일 땅에 있는 우리의 장막집(육신)이 무너지면(죽음) 하나님께서 지으신 집 곧 손으로 지은 것이 아니요 하늘에 있는 영원한 집이 우리에게 있는 줄 아느니라"(고후 5:1)라고 하며 믿는 자들에게 죽음 앞에서도 천국의 소망을 잃지 않기를 가르치고 있다.

그래서 죽음은 하나님이 인간에게 베풀 수 있는 마지막 축복의 선물이다. 에덴동산에서 선악을 알게 하는 열매를 따 먹은 인간은 생명나무의 열매에까지도(창 3:22) 손을 내밀고 있다.

만약 그때 하나님이 그들을 동산에서 내어쫓지 않았다면 생명나무의 열매마저 먹었을 인간은 비록 죽음을 맞지 않을지라도 결코 그 죄를 용서받지 못하는 존재가 되어 영원한 죄인으로 살아가게 되었을 것이다.

죽음이 없는 죄인의 모습은 상상하기 어려울 정도로 비참한 것이다. 그러므로 하나님은 아담과 이브에게 죽음을 선물로 주심으로써 이생을 퇴장하여 다가오는 멋진 생에 안전하게 도착할 수 있는 길을 열어주시고 영원한 죄 속에서 살아가야 하는 인간에게 은총을 베푼 것이다.

죽음은 그래서 인간들에게 가장 큰 원수처럼 보이나 결국에는 인간의 가장 친한 친구가 되어 하나님에게로 갈 수 있는 유일한 통로가 되기도 한다.

에필로그

세상의 모습을 담은 책을 만나다 |
삶의 마지막에 서서

　　　　　　　　　　　　　　　세상에 무서울 것이 없었
으며 무엇이든지 작정만 하면 다 할 수 있다는 자신감으로 살면서, 보
이지 않는 하나님을 맹목적으로 섬기는 사람들이 불쌍하게 보였던 때
가 있었다.

교회에는 나가주지만 깊이 빠지지 않겠다고 오만하게 굴던 나는 하
나님이 처음부터 지켜보고 계시는 것도 모르고 하늘에 대고 주먹질을
해 대었다.

교회 문턱만 넘으며 살다가 하나님을 알고 난 후 거듭난 교인이 되
고 보니 세상이 달라져 있었다. 그렇게도 내가 바꾸려 해도 안 바뀌던
세상이 내가 바뀌니 단박에 변해 버렸다. 그 달라진 세상의 모습은 나
에게는 별세계였으며 축복의 세계였다.

이런 별세계에서 놀고 있던 나는 그 하나님으로부터 호된 꾸지람을
들었다. 받은 은혜를 혼자만 가지고 놀 것이냐는 질책에 서둘러 준비
한 것이 하나님의 솜씨를 세상에 알리는 일이었다. 그러나 그게 어디
작은 재주로 감당할 수 있는 일이던가.

그래서 맨 처음 시작한 일이 성경읽기였다. 예수 믿기 전에는 말할
것도 없고 예수 믿는다고 교회에 나가기 시작한 이후에도, 교회에서는
집사도 되고 직분도 맡아 하는 처지였으나 그간 성경을 읽어볼 엄두를
한번도 내지 못했던 것이다.

그러나 무엇보다도 내가 성경을 가까이 하지 못한 이유는 그 내용
때문이다. 오랫동안 교회를 다녔기 때문에 성경을 한번쯤 읽어보는 것
이 예의일 것 같아 여러 번 읽기를 시도한 적이 있다.

그 때마다 처음의 몇 페이지를 훑어보는 정도에서 그치고 말았다. 내용이 기승전결(起承轉結)로 진행되는 소설처럼 재미있지도 않고 감미로운 시어(詩語)로 된 사랑의 문체도 아니며 신비한 경지로 이끄는 비법(秘法)이 담긴 책도 아니라고 생각했기 때문이었다.

특히 "태초에 하나님이 천지를 창조하시니라"라고 하는 창세기 1장 1절의 말씀은 자연과학을 익힌 사람이 쉽게 받아들일 수 있는 문장이 아니었다. 말도 안 되는 서론에 이어지는 6일 창조의 기록은 해괴하기 그지없는 논리로 전개되고 있어 자칫 내가 그런 맹랑한 이론에 세뇌될지 모른다는 두려움마저 느끼게 되었다.

그러나 읽기로 작정한 이상 다 읽어보면 무슨 감이라도 오지 않겠는가 하고 읽어나갔다. 마지막 요한계시록까지 다 읽었는데도 그 뜻을 이해하기에는 역부족이었다. 성경을 수십 번 통독을 한 후에도 그 이치를 깨닫지 못해 다음에는 창세기만을 집중적으로 파고들었다.

그 큰 하나님의 경륜을 다 알 수는 없으나 점차 그 속에 하나님의 숨결이 느껴지기 시작했다. 이 세상을 하나님이 손수 지으시고 좋아하시고 축복해 주셨다는 사실을 조금씩 알게 된 것이다. 하나님이 세상의 모습을 담은 이야기를 우리에게 알리시려고 온갖 사랑의 몸짓을 하고 계시는 모습이 보였던 것이다.

그날 이후 성경은 내 손에서 떠나지 않았고 마음의 기둥이 되었으며, 하나님을 만나는 통로가 되었고, 그 말씀의 맛이 달고 내 입에 꿀보다 더 단 꿀 송이(시 119:103)가 되었다. 하나님의 도를 담고 있는 이 성경은 내가 어려울 때 말씀이 정미하여 모든 대적의 방패가 되었던(시 18:30) 것이다.

이는 나를 사용하실 하나님의 예정이 분명하다. 하나님은 나에게 주의 계명을 금 곧 정금보다 더 사랑하게 하시어서 하루라도 빨리 성경의 말씀을 소화하도록(시 119:127) 옆에서 안타깝게 지켜보고 계신 것이다.

삶의 마지막에 서서

　　　　　　언제부터인가 늙음에 대한 세상의 한마디가 나의 의식을 흔든 적이 있다.

"노인은 아무나 되나?"

그때는 아무런 의미도 없는 말로 들었지만 그 여운이 나의 머리에 맴돌면서 한동안 떠나지 않은 적이 있었다. 사람이 태어나서 자라고 배우고 나이가 들면서 인생이 시작되고 그 인생의 여울마다 고뇌하고 고통하며 성장한 후에 찾아오는 마지막 과정을 노인이라고 한다면, 나는 어느 곳에 서 있을까 하고 생각해 보았다.

하나님의 시간으로 보면 한 경점에도 미치지 못하는 인생이지만(시 90:4) 그 속을 살아가는 사람들에게는 긴 세월일 수밖에 없다. 이제 그 세월의 마지막에 들어서면서 나는 내 지난날들을 돌아보고 아쉬워한다. 또한 나의 모습을 거울에 비춰보게 되었다.

나는 무슨 소리를 들어도 노하지 않는 60세 이순(耳順)의 나이를 지나 모든 일에 힘이 빠지는 70세 종심(從心)으로 가고 있다. 그래도 하나님이 주신 은혜 속에 침잠하지 않고 무엇인가 그분에게 잘 보이려고 무진 애를 쓰고 있다.

어떨 때는 청년들을 불러놓고 예수에 대하여 설명하기도 하고 또 어떨 때는 교우들에게 십자가의 의미를 설명하려고 시도해 보지만 평생 하지 않던 일이 하루아침에 될 리가 만무하다. 이럴 때마다 나는 젊어서 예수를 믿지 않은 것이 후회되고 일찍 신학을 하지 않은 것이 더욱 안타깝다.

'기각시의 노망선지(其覺施矣 老妄旋至)' 라는 말이 있다. 평생을 아무런 뜻을 세우지 않고 목적 없이 살다가 불현듯 찾아온 백발의 때에 철이 들지만 이내 망령이 든다는 중국의 이담속찬에서 나오는 말이다.

백발의 면류관은 그래서 그냥 얻어지는 것이 아니다. 인생의 시작이라고 할 수 있는 10대 중반인 지학(志學)의 나이 때부터 어른대접을 받는 약관(弱冠) 20세를 지나 드디어 뜻을 세우는 입지(立志)에 이르기까지 반듯한 교육을 받고 스스로 다져가며 형성된 인격과 영성이 없이는 노인이 되기 어렵다는 의미이다.

노인의 자리는 그리 만만한 자리가 아니다. 지나온 인생의 과정마다 맞은 고통과 환난을 지혜로 극복한 사람만이 노인이라는 영예를 얻을 수 있는 것이다. 의로운 인생을 살아 얻은 영화의 면류관이 백발일진대(잠 16:31) 어떻게 아무나 노인이 된다고 그 이름을 탐할 수 있겠는가?

무한한 가능성과 활력이 넘치는 젊은이들은 자신이 원하든 원하지 않던 간에 시간이 지나면 노인이 된다. 그러나 그 때에 어떤 노인이 되어 있느냐가 중요하다.

어려서부터 모든 일에 도전하는 힘이 그 원천이 되며(잠 20:29) 주의 말씀을 따라 행실을 깨끗이 함으로써(시 119:9) 새벽이슬 같은 청년(시 110:3)으로 항상 주를 경외하는 삶을 산다면 하나님이 그 인생을 품어주실 것(사 46:4)이다. 그러나 주님과 동행하는 삶을 살지 않을 경우에는 백발이 다 될지라도 그 이치를 깨닫지 못하는(호 7:9) 어리석은 노인이 될 것이다. 제대로 훈련받고 준비된 젊은이만이 노인이 될 수 있다는 것이다.

비록 나는 늦게 하나님을 만난 노인 예비생이지만 아직도 세상의 즐거움에 취하여 눈을 뜨지 못하는 이웃들에게 하나님의 모습을 보여주려고 노력하고 있다. 하나님께서 주시는 백발의 면류관을 얻기 위해 나는 내 생명이 다 하는 날까지 어설픈 몸짓을 이어갈 것이다.